Michael A. Musmanno

Hitlers letzte Zeugen

Michael A. Musmanno

Hitlers letzte Zeugen

Authentische Darstellung der
dramatischen Ereignisse der letzten
Wochen im Führerbunker
der Reichskanzlei

Mit einem Vorwort von Dr. Hermann Graml
Institut für Zeitgeschichte

Edition Erik Droemer

© 2004 Edition Erik Droemer,
Verlagskontor E. Droemer e. K., München
Überarbeitete und gekürzte Neuauflage
Titel der amerikanischen Ausgabe: »Ten Days To Die«
by Michael A. Musmanno, 1950
Vertrieb: F. A. Herbig Verlagsbuchhandlung GmbH, München
Umschlaggestaltung: Wolfgang Heinzel
Produktion und Satz: VerlagsService Dr. Helmut Neuberger
& Karl Schaumann GmbH, Heimstetten
Druck und Binden: GGP Media GmbH, Pößneck
Printed in Germany
ISBN 3-7766-2413-2

Inhalt

Vorwort von Dr. Hermann Graml 7
Vorwort des Verfassers 10
Die Klause eines Dämonen 13
Was macht Steiner? 37
Adolf Hitler und Eva Braun 56
Der Übermensch und seine 28 Arzneien 73
Versunkene Welt 81
Ein Ultimatum! 88
Bis zur letzten Ruine 101
Bunkergestalten 121
»Dafür werden die Juden büßen« 139
Frühling und ›Ofenrohre‹ 149
Zwei Wanderer vom anderen Stern 157
Das Wiesel und die Hühnerfarm 169
Der Wundermann 185
Mord in der Untergrundbahn 194
Der Sohn eines illegitimen Sohnes 199
»Daß er mir das antun mußte« 212
Thermopylen in Flammen 219
Hochzeit in den Katakomben 229

Blut auf dem Telegramm 252

Es klopft an die Tür 259

In steinerner Zwangsjacke 270

Der Tanz im Garten 277

Im Korridor der sterbenden Motten 282

In Nürnberg fällt ein kalter Regen 296

Skizze von Hitlers Bunker in der Reichskanzlei 316

Namensregister 317

Vorwort von Dr. Hermann Graml,
Institut für Zeitgeschichte, München

In der Auseinandersetzung mit Adolf Hitler und dem Nationalsozialismus, nie endend, weil stets notwendig, haben gerade in letzter Zeit wissenschaftliche Werke höchsten Ranges und nicht minder eindrucksvolle Leistungen der Medien die Öffentlichkeit erreicht. Man braucht nur an Ian Kershaws Hitler-Biographie, an Joachim Fests »Der Untergang« und an Bernd Eichingers gleichnamigen – nach Fests Buch gedrehten – Film zu denken. Daß dabei die Endphase des nationalsozialistischen Regimes und seines »Führers« besondere Aufmerksamkeit fand, ist nicht verwunderlich. Wie in einem Brennspiegel zeigen sich in den letzten Tagen wesentliche Züge Hitlers und des Dritten Reiches in vollendeter Prägung, namentlich die Verbindung brutalsten Vernichtungswillens und unmenschlicher Grausamkeit mit zum Lachen reizender, doch jedes Lachen sogleich erstickender schauerlicher Komik: Wahnwitz, Verbrechen und Groteske in einem.
Daß die deutsche Gesellschaft auf Publizistik der genannten Art mittlerweile nicht nur mit größtem Interesse, sondern offensichtlich auch mit tiefem Verständnis reagiert, darf wohl als Anzeichen dafür gewertet werden, dass wir im Umgang mit jener dunkelsten Periode unserer Geschichte eine Reife erlangt haben, die es uns erlaubt, ja uns auffordert, zu den Quellen zurückzukehren.
Diesem Zweck soll die Neuauflage des 1950 erschienenen Buches »*Hitlers letzte Zeugen*« dienen. Sein Verfasser, *Michael A. Musmanno*, hat zwar den April 1945, mit dem auch er sich beschäftigt, nicht im Bunker der Reichskanzlei erlebt. Doch

hatte er, der 1945 als Angehöriger der amerikanischen Streitkräfte nach Deutschland gekommen war, die Möglichkeit, sofort beginnend und dann in jahrelanger Anstrengung alle aufzuspüren, die damals zu Hitlers Umgebung gehört hatten, und ihr Gedächtnis zum Sprudeln zu bringen. Einen zeitlichen Abstand zu den berichteten Ereignissen gab es noch kaum, und so haben die Erzählungen von »*Hitlers letzten Zeugen*« eine Frische und auch eine Genauigkeit, wie sie viele Jahre später naturgemäß nicht mehr erreicht werden konnten. Auch hat der Einfluß wissenschaftlicher oder populärer Literatur, der ja der Erinnerung häufig so schädlich ist, noch völlig gefehlt. Die Lebendigkeit der Schilderungen findet sich im übrigen bei ihrem Sammler wieder. Wer befürchtet, mit so etwas wie polizeilichen Vernehmungsprotokollen konfrontiert zu werden, die gewiß nicht selten trocken und manchmal leblos sind, wird angenehm enttäuscht werden. *Musmanno* verarbeitet die Aussagen seiner Augenzeugen vielmehr zu einer spannenden Darstellung, und die Dramatik des Geschehens wird nicht zuletzt durch die Dramatik seiner Sprache fassbar. Daß so die Atmosphäre jener seltsamen Tage lebendig wird, bringt dann auch die handelnden Personen unserem Verständnis näher.

In diesem Sinne waren »*Hitlers letzte Zeugen*« schon 1950 ein wichtiges Buch, und für die jetzt zur Auseinandersetzung mit dem Dritten Reich bereiten jüngeren Generationen sollte es heute wiederum ein wichtiges Buch sein.

Dr. h.c. Hermann Graml, ehem. wissenschaftlicher Mitarbeiter am Institut für Zeitgeschichte, München, gilt als Doyen neuzeitlicher Geschichtsforschung. 1928 geboren, studierte er Geschichte, Politische Wissenschaften und Germanistik an den Universitäten München und Tübingen. Er ist Autor und Herausgeber zahlreicher wissenschaftlicher Bücher, u.a.: »Die Alliierten und die Teilung Deutschlands« (Frankfurt a. M. 1985); »Reichskristallnacht. Antisemitismus und Judenverfolgung im Dritten Reich« (München 1988); »Europas Weg in den Krieg. Hitler und die Mächte 1939« (München 1990); »Zwischen Stresemann und Hitler« (München 2001). Hermann Graml ist Träger des Bundesverdienstkreuzes.

Vorwort des Verfassers

»Zeitzeugen zu Hitlers Ende« ist eine historische Darstellung. Sie wurde von Leuten gegeben, die die Dinge selbst erlebten. Die Ergebnisse meiner Untersuchungen, die drei Jahre dauerten, füllen zwanzig Bände mit beweiskräftigen Zeugnissen. Die wiedergegebenen Ereignisse und Episoden wurden von Personen berichtet, und die Unterhaltungen und Zwiegespräche wurden mit Leuten geführt, die an den einzelnen beschriebenen Szenen teilgenommen oder doch als Augen- und Ohrenzeugen zugegen waren, so daß sie die Vorgänge entweder aus ihrer unmittelbaren Erinnerung oder durch dokumentarische Niederlegung wiederzugeben vermochten.

Als Adjutant der amerikanischen Marine bei General Mark W. Clark, dem Kommandeur der britischen und amerikanischen Armeen in Italien, war ich bei der Übergabe des deutschen Oberkommandos in diesem Lande im Mai 1945 zugegen.
Ich flog nach Berlin und besichtigte den berühmten Führerbunker, ich bereiste ganz Europa und suchte mir all jene heraus, welche die Einzelheiten der letzten Ereignisse in der von Flammen umlohten Reichskanzlei kannten. Mit diesen Zeugen habe ich nicht nur einmal gesprochen, sondern ich ging mehrmals zu ihnen, um sie auszufragen und sie in ein Kreuzverhör zu nehmen, um ihre Aussagen nachzukontrollieren und immer wieder miteinander zu vergleichen. Die Möglichkeiten geheimer Verabredungen wurden ausgeschaltet, weil ich die Zeugen einzeln sprach und an weit auseinanderliegenden Orten. Zudem waren sie seit dem letzten bomben-

schweren Tag von Berlin nicht mehr zusammengewesen. Ehe ich dann Deutschland im September 1948 verließ, rief ich noch einmal in Nürnberg alle wichtigeren Zeugen zusammen, die mit Hitler in jenen letzten Tagen in enger Verbindung gestanden hatten: den Haushofmeister und den Koch, die Sekretärin und seine Adjutanten, seinen Friseur und seinen Diener, seine Leibwachen und seinen Fahrer, seinen Zahnarzt und seinen Hausverwalter und andere mehr, und ich stellte sie einander gegenüber, um ihre besonderen Reaktionen zu beobachten. Hier waren sie zum ersten Male seit ihren gemeinsamen Bunkertagen wieder zusammen.

Die zahlreichen Aufnahmen des Verfassers mit den Überlebenden aus Hitlers Umgebung bringen auch den bildhaften Nachweis über die Vernehmungen von Hitlers Generalen, Admiralen, Gefolge, Haushaltangestellten und anderen, die mehr als irgendwer sonst berichten konnten, was schließlich aus Hitler wurde und warum sich alles so zugetragen hat.

Michael A. Musmanno
Pittsburgh, Pennsylvania

Die Klause eines Dämonen

Berlin brennt. Feuersäulen peitschen zum Himmel, indes Ziegelsteine sieden, Basaltgestein schmilzt und Stahlträger sich krümmen. Mit jedem Strudel der Rauchfahnen enthüllt sich ein neues Bild des Ruins dieser gewaltigen und einst imperialen Metropole mit ihren geräumigen Alleen und baumgesäumten Prachtstraßen, den turmhohen Monumenten, Palästen, Parks und Seen. Es scheint, als stritten sich Himmel und Erde um den Besitz des Torsos von Deutschlands Hauptstadt.

Dieser Torso aber will nicht tot sein; noch kämpfen Hunderttausende um die Unverletzlichkeit ihrer Bastion. Gräben umschließen sie wie Burggräben, Tankbarrieren erheben sich an den Zugängen zu allen Dörfern und Stadtgemeinden der weitläufigen Vorortbezirke. Die Annehmlichkeiten großstädtischen Lebens, Theater und Konzerte, Tanz, Cafébesuch und wählerischer Einkauf, sind dem elementaren Kampf gewichen um einen Platz in der Schlange um Brot. Drei Millionen Einwohner der größten Stadt des europäischen Festlandes wollen essen. Kein Heulen der Luftwarnsirenen und kein Himmel voll sengender Glut können sie aus den Schlangen vertreiben, denn wenn sie einmal aus der Linie heraustreten, könnte der begrenzte Vorrat zu Ende sein, ehe sie wieder zur Stelle sind. Luftabwehrbatterien kämpfen an gegen die Wolken todbringender Flugzeuge, indes hämmernde Maschinengewehre ihr vergebliches Geknatter fortsetzen. Zischend explodiert ein Stahlfisch und schneidet wie ein zackiger

Sensenhieb durch die sich duckend zusammengekauerten, ausgehungerten Bürger. Die Toten werden zur Seite gezogen, Verwundete jammern, aber keiner verläßt die Reihen. Die Schlangen formieren sich wieder.
Brot ist Brot.
Seit siebzehn Monaten schon lastet der Krieg immer furchtbarer in gesteigerter Unerträglichkeit auf den Berlinern.
Sie führen nur noch ein primitives Dasein. Kein Wasser rinnt mehr durch die Rohre, und der Durst muß am Brackwasser der Bombenkrater gelöscht werden. Elektrizität und Gas sind ohne Leitung. Zur Nacht schläft die Bevölkerung in Kellern und improvisierten Schuppen, in Notbauten und Untergrundbahnen, zwischen verbogenen Trägern und ganzen Knäueln geknickter Kabel. Die Untergrundbahnen sind in Schlafsäle umgewandelt worden. Da liegen sie zu Tausenden gedrängt in genossenschaftlicher, stiller Resignation. Scheinwerfer streifen die Himmel ab und malen trügerische Regenbogen der Hoffnung. Sie scheinen gar die Angreifer in der Luft zu ihren Zielen zu lenken, über die immer neue Schwärme ihre krepierenden Flammenpackungen abladen. Von Gebäude zu Gebäude fressen sich die Flammen mit hochgreifenden Sätzen, bis eine Straße erreicht ist, die zu weit ist für ihren wildesten Sprung.
Wie ein Regensturm, der nieder rauscht über Gerechte und Ungerechte, sprengen die unkontrollierbaren Bomben Hospitäler und Hilfsstationen wie militärische Ziele auseinander. Den Verwundeten fehlen Verbände, Kranke rufen nach Arznei. Alte Männer, auf Wache als Posten an der Peripherie der Stadt, schleichen sich verstohlen nach Hause, um Frauen und Kindern eine helfende Hand zu leihen; viele werden ergriffen und wegen Feigheit und Pflichtvergessenheit vor Exekutionskommandos gestellt. Deutsche Offiziere werden auf dem Wege durch die Stadt verflucht und geschmäht. »Bluthunde!

Ihr Bluthunde!« – solche Apostrophierungen treffen manchmal ihr Ohr.
Berlin ist ein Feuerdschungel, ein Meer von Wracks, ein Irrenhaus peinigender Qual; es ist ein Fegfeuer, ein Friedhof, eine Schlangengrube, eine Stadt der Verlorenen und Verdammten.

In dieser sengenden Wüste von Tod und Verstümmelung, von Hunger und Durst liegt eine Oase voll Komfort und Sicherheit. Obwohl die gelben Zungen des Krieges schon an ihrer Türschwelle lecken, ist sie so fern dem wirbligen Nachtmahr der umkämpften Stadt wie eine Hütte nahe dem Meer. In dieser unterirdischen Karawanserei lebt der Beherrscher des nationalsozialistischen Deutschlands: Adolf Hitler. Und mit ihm die schöne Eva Braun.
In der Behaglichkeit von Ventilation und Teppichen, von Baderaum und Möbeln mit Intarsien, beanspruchen der Führer und seine Geliebte nur wenig mehr an Komfort und nichts an Bequemlichkeit. Zur Linken des Wartezimmers des Gebieters liegt das Lagebesprechungszimmer, wo er mit seinen militärischen Führern zu den täglichen Konferenzen zusammenkommt. Ein Wachraum seitlich des Lagebesprechungszimmers führt in den äußeren Warteraum und zur Garderobe am Fuß der Treppe, die sechzehn Meter hoch zum Notausgang in den Garten der Reichskanzlei führt. Nur fünf oder sechs kurze Schritte entfernt vom Hauptraum und auf der anderen Seite des Korridors ist eine Gruppe von drei Zimmern als Räume für Hitlers Ärzte und Arzneien und als Operationsraum bestimmt. Ein Hauptempfangsraum liegt offen am Korridor, dicht bei den Arzträumen; der nächste Raum birgt eine Dieselmaschine für die Ventilationsanlage; ein Reservetelephonapparat nimmt die nächste Kammer ein. Wachmannschaften und Sekretäre nutzen den restlichen Raum auf dieser Seite der unterirdischen Zuflucht.

Der Korridor selbst ist drei Meter breit und sieben Meter lang; er ist mit schönen italienischen Gemälden behängt, in der Mitte durch Vorhänge geteilt und mit bequemen Bänken und Polsterstühlen möbliert; so könnte er als Warte- und Faulenzerraum eines kleinen exklusiven Klubs dienen. Am linken Auslauf des Durchgangs führt eine Rundtreppe von dreizehn Stufen zu einer weiteren Flucht von Räumen, zwölf an der Zahl: vier als Küchen und Speisekammer, zwei als Dienerquartiere, zwei als Lager- und Gepäckräume und vier für Gäste. Der Korridor in diesem Oberstock, der nur die Fortsetzung des unteren Flures darstellt, ist durch Tische und Stühle wohnlich gemacht und dient als gemeinsamer Speiseraum.

SS-Wachen in grauen, wie angegossen sitzenden Uniformen und mit glänzenden schwarzen Stiefeln, mit schwarzen Armbändern, die in Silberstich den Namen Adolf Hitler tragen, stehen, den Revolver umspannt, an jeder Tür und kontrollieren alle Personen, die in diese geheiligten Bezirke des Asyls eines Großen kommen. Durch das Gesumme der Ventilationsmaschinerie hört man das Orchester der Telefone und Schreibmaschinen, der Radios und Klappenschränke, der Funk- und Telegrafenapparate; und durch diese ganze klappernde Oktave lauscht man der wildesten Musik des Menschen: dieser Serenade von Kanonen, Bomben, Granaten, Minen, Gewehren, Maschinengewehren und Explosionen.

Während die feurigsten Nummern gespielt werden, zerreißen die Drähte der Spezialkraftanlage und tauchen den Millionärsklub der Unterwelt in Dunkelheit. Taschenlampenaugen flammen die Korridore entlang auf, als wären Leuchtkäfer durch eine Dachspalte eingeflogen. Dann werden Kerzen angezündet, und die Zuflucht des Dämonen gewinnt das erstaunliche Aussehen eines Klosters.

Als ich wenige Tage nach dem letzten Widerstand diese historische Bastion betrat, hatte ich den Eindruck von einem Bienenkorb aus Stahl und Beton. In diesem befestigten Bienenstock von dreißig Räumen konnte ich mir im Geiste die Königsbiene vorstellen, die hier hauste und die mit dem Gift ihrer gewalttätigen Raserei den Freund sowohl wie den Feind stach und vergiftete. Drei Jahre lang habe ich dem Klang und Echo, dem Geflüster und Gewimmer der Stimmen nachgehen müssen, die aus diesem Resonanzboden drangen. In allen Teilen Deutschlands, in Gefängnissen und Gerichtssälen, in den Lagern der Internierten, in Hospitälern, Schuppen und Höhlen habe ich mit Menschen gesprochen, die diese unterirdische Welt bewohnten und mit der Königsbiene konferierten, die Hiebe ihres Zornes, die Jämmerlichkeit ihres Zustandes und all ihre schwankenden Launen gefühlt hatten, die die ganze Skala ihrer Gefühle von der grimmigen Rache und der Strafbesessenheit bis zur kriechenden Hilflosigkeit und zum entwürdigenden Selbstbedauern mit durchlaufen hatten.

Am ersten Tage, da sich der Kreis schließen sollte, am 20. April 1945, sehen wir Hitler, wie ihn die vernichtendsten Schläge des nahenden Schicksals treffen. In einer Vision, die jedem anderen absurd erscheint, vermag er an seinem 56. Geburtstag noch die Blumen eines Sieges zu sehen, die auf den weltweiten Wiesen blühen, die einst den Nektar und Honig seiner traumbeflügelten Herrschaft lieferten. Selbstzufrieden in einen Lehnstuhl zurückgelehnt, lauscht er süßlichen Worten, die aus einem Zimmerradio kommen. Sein Schüler seit zwanzig Jahren, Joseph Goebbels, verpasst der Welt hämisch die scharfsichtige Weisheit einer Vorsehung, die den amerikanischen Präsidenten Roosevelt fällte und Adolf Hitler ein Weiterleben gestattete. »Der Führer der feindlichen Koalition ist durch eben jenes Schicksal hingestreckt worden, das den

Führer am 20. Juli 1944 inmitten von Toten und Verwundeten am Leben ließ, auf daß er sein Werk vollenden möge.« Dies Werk werde zahllose Wohltaten für Deutschland bringen, für dies große Land, das aufblühen wird wie nie zuvor. Seine verwüsteten Gebiete werden mit neuen und schöneren Städten und Dörfern, die von glücklichen Menschen bewohnt werden, geschmückt sein. Reiche Kornfelder werden uns unser tägliches Brot liefern.

Vergnüglich in einem Lederarmstuhl an des Führers Seite sich ausruhend, lächelt Eva Braun stolz, als der brillierende Redner Wortbilder von den Leistungen ihres Geliebten, seinen übernatürlichen Talenten und seinem edlen Herzen entwirft. Auch dann erstirbt ihr Lächeln noch nicht in Ungläubigkeit, als der behagliche Raum von den stutzig machenden Phrasen widerhallt: »Unser Führer führt, wie immer, seine Truppen. Er verleiht ihnen Mut und Begeisterung. Seine Gegenwart ist gleichbedeutend dem Einsatz von zwanzig Panzerdivisionen. Um seinetwillen wird Deutschland Ruhm erwerben, gegen den der Roms verblassen wird. Unser Führer wird in der Geschichte gefeiert werden wie nicht einmal Cäsar.« Sodann aber proklamiert der große Prophet, um die Möglichkeit eines Vergleiches zwischen Cäsars gewalttätigem Ende und der nahen Zukunft des Führers auszuschalten: »Und lassen Sie mich versichern, daß unser Führer im Frühling seiner Gesundheit steht.«
Radios deklamieren die gleiche Rede in den anderen Räumen der unterirdischen Feste, wo die Hörer unbehaglich Goebbels' Wortbild mit dem zu versöhnen suchen, was sie vor ihren Augen haben, denn am 20. April 1945 hatte Adolf Hitler nicht nur Frühling, Sommer und Herbst hinter sich, vielmehr war er schon in die graue Winterdämmerung hineingeschritten, wenn er nicht schon überhaupt in den

Schneewehen eines verbrauchten und mißbrauchten Lebens stand.

Die an diesem Tage ihre Glückwünsche zu seinem Geburtstag aussprachen, sahen einen Menschen, der sich gänzlich von dem Manne unterschied, dem die deutsche Öffentlichkeit in den posaunenhaften Schlagzeilen und auf donnergewaltigem Podium applaudierte. Der schreiende, gestikulierende, kraftmeierische Übermensch war verschwunden, und geblieben war nur die groteske Karikatur eines feuerspeienden Ungeheuers. Sein Rücken war gekrümmt wie der eines Achtzigjährigen, sein Kopf war zwischen buckligen Schultern eingesackt; seine Augen, die man als magnetische Leuchten beschrieben hatte, flackerten nur tiefliegend unter der Helle der Glühlichter des Bunkers, und er konnte nur noch kurze Zeit stehen, indem er sich an Möbelstücken festhielt. Seine Beine bewegten sich wie automatische Gliedmaßen metallisch mit müder Greisenhaftigkeit, und seine Hände flatterten ständig unter der Einwirkung eines unkontrollierbaren Schlagflusses. Wenn er seine Gäste begrüßte, baute er sich gegen einen Stuhl auf, um seinem wackligen Körper einen Halt zu geben, und steifte seinen Nacken, um seinen Kopf gerade zu halten.

Die Besucher versuchten ihre schockartige Überraschung durch die Emphase zu überwinden, mit der sie den Sieg voraussagten. Reichsmarschall Göring übertraf selbst den Glanz der funkelnden Messingknöpfe an seiner scharlachroten und blauen Uniform, als er Deutschlands Herrn zu seinem Geburtstage seine glühenden Glückwünsche darbrachte. Feldmarschall Keitel, ganz Lächeln in seinem hübschen Gesicht, beglückwünschte seinen gesalbten Meister, der ihn als Chef des Oberkommandos belassen hatte, weil er Befehle mit geschlossenen Augen unterschrieb.

Generaloberst Jodl, dessen Nase ganz spitz geworden war, weil er sie dauernd in die Karten stecken mußte, um einen Ausweg aus den militärischen Fallen zu finden, in die der Führer stümperhaft seine Armeen hineinmanövriert hatte, sagte dem Meisterstümper nur Lobhudeleien. Unter Donner und Blitz der Bomber über ihnen, unter ihrem Krach und Widerhall kamen die Pharisäer einer nach dem anderen aus dem immer enger sich schließenden Ring des Reiches, und einer um den anderen fügte sich ein in den hammerartigen Chor überspannten Lobes und rhetorischer Vorschau auf den Sieg. Da standen Admiral Dönitz in schmucker Marineuniform, von Ribbentrop hochmütig mit Monokel und Heinrich Himmler in seiner Uniform, der wahrscheinlich kein Schneider bei seinem Gesicht, das aussah wie ein Ameisenfresser, den Zauber verleihen konnte, ihn anziehender zu machen.

So wenig die Besucher sich mit den körperlichen Gebrechen des Führers befaßten, er selbst schien noch weniger Notiz davon zu nehmen; seine militärische Aggressivität wütete mit unvermindertem Eifer. Obwohl seine Armeen panikartig an allen Fronten sich zurückzogen, dabei Ausrüstung und Verwundete in den Ländern zurücklassend, die sie schon gänzlich erobert hatten, rief er noch laut nach Offensiven, Gegenangriffen und anspannenden Ausfällen. Seine Generale sahen bereits, daß das Kriegsschwert zerbrochen und nie wieder brauchbar sein würde; jeder Vorschlag einer Waffenstreckung aber bedeutete nicht nur Hinrichtung, sondern auch die Verhaftung der ganzen Familie mit allen ungewissen Folgen. Auch die schlachtmüden Soldaten wußten, wie vergeblich sie noch ihr Blut vergossen; wer aber in dem hoffnungslosen Kampf vor einem weiteren Aderlaß zurückschauderte, wurde vors Kriegsgericht gestellt oder gar einem einfacheren Verfahren unterworfen. Bäume und Laternenpfähle, zum

Galgendienst gezwungen, stellten abschreckend jene unglücklichen Realisten zur Schau, die ausgewählt waren, um anderen zur Lehre zu dienen.
Unter der deutschen Bevölkerung ging ein Wort um: ›Lieber glaube ich an den Sieg, als ohne Kopf zwischen den Schultern herumzulaufen.‹ Als Generaloberst Heinz Guderian, derzeitiger Chef des Generalstabes der Wehrmacht, im Januar 1945 den Minister des Auswärtigen, von Ribbentrop, dahin unterrichtete, daß er glaube, der Krieg sei verloren und ein unverzüglicher Waffenstillstand geboten, wurde ihm Verletzung von Hitlers Grundbefehl Nummer eins vorgeworfen. Dieser Befehl bestimmte, daß keiner mit irgendeinem anderen Dinge besprechen dürfe, die außerhalb seines Arbeitsbereiches lagen; keiner durfte irgendwann irgend etwas von den Aufgaben eines anderen wissen, und keiner durfte von seinen eigenen Aufgaben bis zum Augenblick der Ausführung etwas erfahren. Nur eine einzige Person durfte den Tätigkeitsbereich anderer kennen, nur ein einziger konnte den Horizont sehen, der dem Rest des Universums verschlossen war – und das war Adolf Hitler. In dieser Welt der verschlossenen Lippen ereignete es sich oft, daß die Ausführenden eines Schlachtplanes den Anteil, den sie selbst darin spielen sollten, nicht kannten, bis die Verhältnisse des Konfliktes sich so grundlegend geändert hatten, daß der ihnen zugedachte Anteil völlig überholt war.
Schon 1934 hatte Hitler erklärt, daß er, wenn sich drei Menschen, die er als ›verräterisch‹ anspreche, träfen und ihre Zusammenkunft vor ihm geheim hielten, ›solche Leute erschießen‹ lassen werde, selbst wenn ›es sich als wahr erweisen sollte, daß in dieser vor mir geheimgehaltenen Besprechung über nichts anderes als über das Wetter, alte Münzen und ähnliche Dinge gesprochen worden wäre‹. Auch werde es für ihn späterhin gar kein Problem darstellen, wenn einer der

Teilnehmer ›zu schwer bestraft‹ worden sei. Selbst Mussolini beklagte sich nach einer zehnjährigen Verbindung mit Hitler: »Der Arm der Gestapo reicht so weit und ist so meisterlich, daß ich nur dann gewiß bin, allein zu sein, wenn ich im Bett liege.«

Die Armeen des Dritten Reiches, die zur Zeit ihrer größten Stärke 313 Divisionen zählten, konnten sich nur mit Hitlers Billigung bewegen, und zu Rückzügen gab er niemals eine Ermächtigung. Wie die Legionen des alten Roms mit hochgehobenen Schilden und Schwertern auf dem Wege zu fremden Eroberungsfeldern den Konstantinsbogen durchschritten, so durchmaßen die 313 deutschen Divisionen mit ihrem gesamten Kriegsgepäck im Gänsemarsch den Triumphbogen des Reiches schon vor der Schlacht. Dieser Triumphbogen war das Gehirn Hitlers – ein Gehirn, das der Aufsaugung dieser erstaunlichen Massen fähig war.

Die Jahrhunderte hindurch hat immer wieder ein Gegenstand die klösterlichen Scholaren zur klassischen Aussprache vereint: Wer vermag mehr Weisheit aufzunehmen: der Geist, der gleich einem Magneten alles behält, was er berührt – oder aber jener, der wieder mehr ablegt, als er behält? Würde Hitler, wenn er an weniger Dinge sich erinnert hätte, mehr vollbracht haben?

Unter den wahrhaft hervorstechenden langweiligen Schwätzern in der neuzeitlichen Gesellschaft übertrifft keiner den, der Konversationslexika und Weltalmanache verschlingt und ihre unverdaute Masse den Mitmenschen aufbürdet. Glücklicherweise kann man diesen federlosen Papageien durch Ersinnen eines Auftrages oder durch die Vortäuschung von Schlaf ausweichen; kein Entrinnen aber gibt es vor dem mit Buchwissen vollgepfropften Pelikan, der auf Autorität pocht und Befehle erteilt. Nachdem Hitler sich einmal für den Krieg entschieden hatte, beutete er die Büchereien Berlins nach

Kriegsbüchern aus und sog sie leer. Wie einer, der niemals einen Schraubenschlüssel gehandhabt hat, nach dem Buch eine Lokomotive zu bauen versucht, so unterfing sich Hitler, aus der Perspektive und mit der Erfahrung eines Gefreiten eine Kriegsmaschine zu betreiben.

Dennoch waren seine Gedächtniskünste so verblüffend, daß selbst sachlich und sachverständig geschulte Menschen erheblich beeindruckt wurden. Ein General, der sich beklagte, daß er eine gewisse Stellung nicht zu halten vermöge, mußte sich darauf gefaßt machen, daß Hitler von ihm die Zitierung der verschiedenen Artilleriebestückung, die Munitionsmenge, Zahlen und Typen der Fahrzeuge an seinem Sonderfrontabschnitt verlangte. Wenn der geplagte General zögerte oder aber, wie das meistens der Fall war, einfach eine Schätzung wagte, dann rasselte Hitler bestimmt die genauen Statistiken herunter und schleuderte sie ihm ins Gesicht, und wenn er so seine Überlegenheit bestätigt hatte, dann fuhr er fort, dem General für sein Unwissen eine Lektion zu erteilen. Dann ließ er gewöhnlich über sein Opfer eine solche Lawine logistischer Argumentationen über Feuerkraft, Strategie und Taktik hernieder brechen – all das hatte er die Nacht zuvor aus einem Buch gemolken –, daß der General verwirrt, bestürzt und erschrocken davonging. Da der General der Unrichtigkeit seiner Zahlen überführt war, wagte er nicht mehr, dem Führer in seiner Logik oder in seinem Aktionsplan, zu widersprechen.

Gerade wegen seines Gedächtnisses betrachteten nicht wenige Hitler als einen Sachverständigen auf technologischen Gebieten. Wenn man seinen technischen Phrasen lauschte, die an seinem Fliegenpapier-Gehirn hängen geblieben waren wie die Illustrationen von Maschinenteilen auf einer Katalogseite, dann konnte man schon annehmen, er sei ein großer Techniker. Jedoch dies Magazin unzusammenhängender

Zahlen auf ein praktisches Problem anwenden zu wollen, wäre eine genau so vergebliche Prozedur gewesen wie die Erwartung, mit den Abbildungen auf einer Katalogseite einen Maschinenschaden reparieren zu wollen.

Und doch gab es Zeiten, so berichtete mir General Gerhard Michael Engel, da Hitler ›bemerkenswerte Einfälle und Geistesblitze‹ hatte. Einen solchen Einfall hatte er im Krieg gegen Frankreich. »Es schien wichtig, das Fort Eben-Emaël zu nehmen, um an diesem Punkt einen Durchbruch zu erzielen. Hitler hatte den Einfall, daß Segelflugzeuge geräuschlos landen sollten, und dann sollte das Fort im Handstreich genommen werden.« Diese Taktik gelang, und von diesem Zeitpunkt an war Hitler überzeugt, daß sein Genie den Feldzug in Frankreich gewonnen habe. Ihm diesen Glauben streitig zu machen oder ihm verstehen zu geben, daß er weniger sei als ein Kompositorium von Hannibal, Napoleon und Clausewitz, bedeutete ernstlichen Verdruß für den Ehrabschneider. Als Generaloberst Kurt Zeitzler, als Generalstabschef Nachfolger des Generals Halder, Hitler zu berichten wagte, um Stalingrad ›ständen die Dinge schlecht‹, sah er sich bald auf der Liste der Verabschiedeten und außerdem noch gedemütigt. Zeitzler berichtete mir von seinen Schwierigkeiten mit Hitler: »Hitler bereitete es Freude, die Gefühle von Menschen, die ihm irgendwie opponiert hatten, zu verletzen. Obwohl ich mein ganzes Leben der Armee gewidmet hatte, untersagte er mir das Tragen der Uniform, nahm er meinen Wagen und meinen Burschen und beschränkte meine Bewegungsfreiheit auf ein kleines Dorf. Er dachte wahrscheinlich, ich würde mir das Leben nehmen. Als General von Paulus Stalingrad übergab, geriet Hitler in eine sinnlose Wut, die geradezu unmenschlich war. Er kreischte los, daß von Paulus nach der Niederlage sich hätte erschießen müssen.«

Obwohl die Literatur der Jahrhunderte einen erstaunlichen Nachdruck auf die Bedeutung von Selbstvertrauen und Selbstgenügen gelegt hat, sind gerade diese Eigenschaften des Menschen zu seinem Verbrechen geworden. Alle Tyrannen der Geschichte auf politischem, wirtschaftlichem und militärischem Gebiet strotzten von absolutem Selbstvertrauen. Nicht einer aber glaubte mehr an sich selbst als Adolf Hitler.
Hitler war bis zum Ende dessen sicher, daß der Glücksstern, der ihn wiederholt von einem Schatzfeld auf das andre geführt hatte, ihn nicht trügen werde. Als er lebend dem Bombenattentat vom 20. Juli 1944 entgangen war, wurde sein Selbstvertrauen darin bestärkt, daß eine übernatürliche, blitzgesicherte Leibwache immer an seiner Seite marschiere. Dr. von Hasselbach, der Hitler gleich nach der Explosion behandelt hat, drückte mir seine Überraschung darüber aus, daß er den Führer hysterisch vor Freude angetroffen habe, obgleich vier Mann aus seiner unmittelbaren Umgebung getötet und viele andere schwer verwundet worden waren. Dies Ereignis bewies ihm sein Übermenschentum und rechtfertigte die Tötung derjenigen, die tatsächlich oder im stillen den Anschlag gebilligt hatten.

So zahlreich auch die Rückschläge in den vielen Feldzügen waren, nichts vermochte ihm den Gedanken nahe zu bringen, daß am Ende nur die Niederlage von Dauer sein werde. Seit Februar 1943, als er – bei Stalingrad – die entscheidendste Wende erfuhr, kannten seine Armeen nur noch Fehlschläge. Zeichen, die selbst einen Napoleon bei Austerlitz, einen Alexander bei Granicus und einen Marc Antonio bei Philippi überzeugt haben würden, ließen Hitler ungerührt. Zwei Jahre lang mußten nun seine Divisionen, außer denen, die sich ergeben hatten oder vernichtet worden waren, einen Krieg des Ausweichens durchstehen.

Der Feind, den er am tiefsten verachtete und gegen den er seine wildesten, weitgreifendsten und härtesten Offensiven entfesselt hatte, und dies selbst im Gegensatz zu der Meinung seiner fähigsten Generale, hatte ihm unaufhörliche und erniedrigende Schläge beigebracht. Dieser Feind hatte von Hitlers Seite die Kampfgenossen Bulgarien, Rumänien und Finnland gerissen und hatte seinem Klammergriff die kostbaren Früchte Bessarabien, Bukowina und Weiß-Rußland entwunden. In Kürze würde er auch die baltischen Staaten gewinnen.

Das Jahr 1944 war geradezu eine Parade von Katastrophen für Hitlers steifbeinig gewordene Legionen. In Bewegungen, deren Gangart bis zum Eiltempo beschleunigt worden war, verließen sie die Hauptstädte der Welt, deren Einnahmen zuvor das verzückte Berlin zu Flaggen, Musik und Siegesaufmärschen begeistert hatten. Still und finster räumten die graugrünen Krieger am 4. Juni Rom, Minsk am 13. Juli, Paris am 28. August, Bukarest am 31. August, Sofia am 16. September, Belgrad und Athen am 4. Oktober.

Mit standhaftem Hochmut jedoch verkündete Hitler am Jahresende 1944, daß das Jahr 1945 das Hakenkreuz trotzig im Winde flatternd über den Ländern wehen sehen werde, die nur vorübergehend freigegeben worden seien, und daß die Feinde des Reiches auf der Suche nach Frieden miteinander wetteifern würden. Was Stalin angehe, so würde er an der unüberwindlichen Barriere der Weichsel endgültig aufgehalten. Zwei Wochen später beantworteten die Russen diese geschwollene Kundgebung mit einer geräuschvollen und jubilierenden Überschreitung des Stromes, indem sie auf einer Front von 900 Kilometern angriffen. Sie nahmen Warschau, Schlesien und den Großteil von Ostpreußen und drangen in achtzehn Tagen 450 Kilometer tief vor. Am 31. Januar

erkannte Hitler, daß ›im Osten ein widriges Geschick Gestalt annehme‹, doch es werde ›am Ende abgewendet‹ werden. Die Roten würden an der Oder vernichtet werden.
General Guderian schlug in klarer Erkenntnis, was diese Linie für Deutschland bedeutete – Küstrin an der Oder lag nur 70 Kilometer östlich von Berlin –, vor, die sechzehnte und achtzehnte Armee aus Litauen zurückzuziehen, um sie unverzüglich in die Flußbarrikade zu werfen; der Führer aber verwarf diese Anschauung – er müsse sich mit der Möglichkeit eines Angriffes auf Schweden befassen, so sagte er. Berichte seines Gesandten und seiner Agenten wiesen alle auf das Gegenteil hin, doch in solchen Dingen war, wie er sagte, sein Instinkt verläßlicher als die Berichte.
So wütete er schon im November 1942, als ihm eine Verkürzung der Ostfront, die sich in einer irregulären Linie vom Baltikum bis zum Schwarzen Meer hin erstreckte, vorgeschlagen worden war, gegen die ›Kleingeister, die nicht über ihren Schatten hinaus sehen konnten‹.
Als General Gehlen, der Chef der ›Abteilung Ausländische Armeen Ost‹, die genauen Zahlen der feindlichen Stärke östlich der Oder nach Tanks, Flugzeugen und Kanonen umriß, explodierte Hitler: »Das ist nicht die Arbeitsart, für die der Generalstab eingesetzt ist. Sind Sie ein Genie, mir zu sagen, was der Feind vor hat? Und wenn Sie sagen, daß Sie dazu in der Lage wären, dann würden Sie selbst dieser Versicherung widersprechen, denn ein Genie würde solche Einzelheiten, wie Sie sie hier gegeben haben, gar nicht ausarbeiten!«

Major von Loringhoven, Adjutant von General Guderian und dann von General Krebs, berichtete mir, daß Hitler oft, wenn der Nachrichtendienst des deutschen Generalstabes Daten und Analysen von russischen Plänen geliefert hatte, erwiderte: »Sagen Sie mir nur nichts von Ihren Nachrichten! Mein

Hirn funktioniert weit besser als Ihr Nachrichtendienst. Wenn ich hier die Stellung der russischen Armeen bekomme, dann entwerfe ich mir mein eigenes Bild von der Lage, und dann bin ich imstande, die Absichten der Russen besser zu verstehen als Ihr ganzer Nachrichtendienst!«

So sicher war er seines telegraphischen Unterbewußtseins, daß er oft eine wichtige Information einfach in den Wind schlug und es ablehnte, ihr nachzugehen. Oberst Nikolaus von Below, Hitlers Luftwaffenadjutant, erinnerte sich nach dem Kriege daran, daß der deutsche Auslandsnachrichtendienst im Frühjahr 1944 Hitler ein Dokument vorgelegt hatte, in dem zwei Daten für die Invasion der Alliierten angegeben waren. Eines dieser Daten hat sich später als absolut richtig erwiesen. Hitler warf nur einen Blick auf das Dokument und erklärte dann, daß ihm ›etwas‹ sage, daß es falsch sei.

Die Folgen und Wirkungen von Schlachten auf die Zivilbevölkerung berührten ihn nicht mehr als das verbrauchte Pulver einer abgeschossenen Kugel. Obwohl er gerade wegen der Sudetendeutschen der Tschechoslowakei mit Krieg gedroht hatte, ignorierte er höhnisch das Schicksal von Millionen seiner Landsleute, die durch den flutartigen Vorstoß des Feindes von ihren Heimstätten in Ostpreußen, Pommern und Schlesien vertrieben worden waren. In ihrem Hunger und ihrer Verwirrung hatten diese Flüchtlinge nur einen Trost: Sie würden an den ›großen Führer‹ appellieren. Der ›große Führer‹ aber wütete, daß diese Unbesonnenen seine militärischen Pläne störten.

Von Zeit zu Zeit greift Guderian seinen Vorschlag wieder auf, die 22 Divisionen an der lettischen Front, insgesamt eine halbe Million Mann, zurückzuziehen, um sie im Reich selbst einzusetzen. Mit diesen Mannschaften könnte Guderian die Oderbefestigungen verstärken, die Russen aus Schlesien und

Pommern zurücktreiben und den deutschen Flüchtlingen ihre Heimstätten wiedergeben. Hitler ist so erzürnt über Guderians dauerndes Anraten, daß er ihn seines Kommandos enthebt und ihn auf die Verabschiedungsliste setzt – und schließlich werden die sechzehnte und die achtzehnte Armee von der russischen Flut verschlungen.

Immer zurückweichend wie einer, der am Rande eines jähen Abgrundes steht, spricht Hitler noch davon, die Russen bis Moskau zurückzutreiben; er wirft Verstärkungen nach Ungarn, wo die Schlacht bereits verloren ist; und als dort sein Günstling Sepp Dietrich, der die sechste Panzerarmee befehligende SS-General, geschlagen wird, flucht er ihm, degradiert ihn zum Rang eines Gemeinen, gibt der Leibstandarte, die an der Schlacht teilnahm, einen scharfen Verweis und nimmt ihr das so begehrte Privileg, das ihr verliehene Armband mit der Aufschrift ›Leibstandarte‹ zu tragen. Zur Rettung Deutschlands ruft er den Volkssturm auf, und in einer Imitation von Churchills unvergänglicher Kampfrede proklamiert Goebbels: »Die Heimatarmee ist bereit, Deutschland zu verteidigen, Haus um Haus, Straße um Straße.«

Nachdem Hitler Guderian erniedrigend verabschiedet hatte, so wie vorher schon dessen Vorgänger Zeitzler und noch früher schon Halder, rief er jetzt als Kriegspferd den General Krebs von der Weide und machte ihn zum Chef des Generalstabes des Heeres. Bescheidenen Geistes wie ein Einhorn, bot Krebs die Gewähr dafür, daß er niemals dann ein ›Nein‹ produzieren würde, wenn ein halbes Dutzend ›Ja!‹ dem Führer viel dienlicher wären. Während die Russen im Osten die Deutschen immer mehr bedrängten und die westlichen Alliierten sie im Westen in voller Jagd verfolgten, waren die Fähigkeiten von Krebs jedermann hinlänglich bekannt, so daß keiner, außer Hitler, sich irgendwelchen Illusionen über

die Möglichkeit der Errichtung einer Barriere auf jener Bahn hingab, auf welcher der Führer mit schwindelerregender Schnelligkeit zum endgültigen Untergang dahinfuhr.
Nach einem täglichen Vorstoß von 32 bis 40 Kilometern steht die neunte US-Armee, die die Weser bei Hameln überschritt, am 11. April nahe Magdeburg an der Elbe. Am folgenden Tage reißt die zweite US-Panzerdivision einen Brückenkopf bei Braunschweig ein, und am 13. kämpft die vierte US-Panzerdivision in den Außenbezirken von Chemnitz an der Nordwestgrenze der Tschechoslowakei.
Inmitten des Feuerwerks unaufhörlicher Bombenangriffe, die die ganze Wilhelmstraße in einen gelbschwarzen Feuerorkan einhüllen, beugt sich Hitler über seine Karten und folgt den Pfeilen, die sich so schnell bewegen, als wären sie von den Bogen afrikanischer Eingeborener abgeschnellt. Am 12. April sieht er, wie französische Streitkräfte Baden-Baden nehmen; am 14., wie die dritte Panzerdivision des VII. Korps nach Dessau hineinrollt und am 15. April beobachtet er den Start der Jagd der kanadischen Armee durch Holland, indes die französische Trikolore über Kehl entfaltet wird und die Deutschen in die Flucht durch den Schwarzwald geschlagen werden. Von allen Seiten her drängen die alliierten Armeen zerschmetternd vor, das wellenförmige Land hinauf und hinunter, dringen in die im Frühlingsduft stehenden Tannenwälder ein, brausen polternd durch Dörfer, die ausgestorben scheinen, und klirren rasselnd über Chausseen, vorbei an einsamen Kirchlein. Gebrochene Wagen, tote Gäule und vernichtete Munitionskarren zeichnen den Rückzugsweg der grüngrauen Kolonnen der Krieger Hitlers.
Am 16. April fällt Nürnberg, die Stadt der Parteitage, in die Hände des XV. Korps. Am gleichen Tage überschreitet die weißrussische I. Armeegruppe unter Schukow im Schutz einer stählernen Decke von Flugzeugen und über den gleich

furchtbaren Stahlteppich von 4000 Tanks die Oder, als wäre sie mit Zement gepflastert. Hitler springt vom Kartentisch auf, und in Zorn und Wut schleudert er Flüche nicht gegen die Russen, sondern gegen seine eigenen Generale. »Sie sind untauglich, sind Verräter und Schurken! Wenn sie nicht einmal einen Fluß verteidigen können, dann ist das der positive Beweis dafür, daß sie überhaupt nicht verteidigen wollen. Jeder kann doch einen Fluß verteidigen!«
General Busse, dessen neunte Armee an der Oder im Kampfe liegt, telegraphiert an Hitler um die Erlaubnis zum Rückzug: Er ist zahlenmäßig drei zu eins und auch an Ausrüstung unterlegen, und ihm fehlt die Unterstützung aus der Luft. Hitler drahtet zurück, er solle zum Gegenangriff übergehen und bis zum letzten Mann kämpfen. Beide Flanken von Busse werden zerschmettert, sein Zentrum hält, jedoch aller Widerstand ist nutzlos, da die Russen durch die zerbrochene Linie wie Wasser durch einen geborstenen Damm fluten. Am 14. April schon war Marschall Konjew mit der I. Ukrainischen Armeegruppe über die Neiße gegangen, mit dem Ziel Dresden und Leipzig. Dann hatte er plötzlich die Richtung gewechselt, er durchquerte jetzt den Spreewald und zielte auf die südlichen Ausläufer von Berlin. Jetzt stieß er täglich zehn bis dreißig Kilometer auf sein Ziel vor, während Schukow gleich unwiderstehlich im Anlauf gegen den Raum nördlich von Berlin war.
Am 20. April hört Hitler, daß die westlichen Alliierten am Südufer der Elbe Hamburg gegenüber stehen. Als ein weiteres Geburtstagsgeschenk pulverisieren britische und amerikanische Flieger Hitlers unverwundbare Festung Helgoland in der Nordsee.
Rote Abzweigungen sowohl nördlich wie südlich von Berlin verlängern sich wie ausgezogene Fernrohre auf die Elbe zu. Hitlers Karte enthüllt, so klar, als wenn sie spräche, die

Absicht der Sowjets – eine Zangenbewegung entwickelt sich. Wenn keine dieser Linien gebrochen wird, dann werden sie sich in den westlichen Außenbezirken Berlins ringartig schließen, und Berlin wird von einem eisernen Wall eingeschlossen sein.

Wie ein verwundeter Tiger wankt Hitler im Kartenraum herum. Seine dritte Panzerarmee, die noch von Stettin bis Eberswalde die obere Oder hält, wird von Süden her bedroht und kann sich daher nicht in Richtung Berlin absetzen. Um ihre eigene Einkreisung zu verhindern, muß sie sich von Berlin isolieren, indem sie eine Verteidigungsstellung aufwirft. Hitler befiehlt der neunten Armee den Angriff in Schukows Rücken, eine Bewegung, die Schukow so viel antun würde wie der Stich einer Biene einem vorüberkreuzenden Bären. Er weist Feldmarschall Schörner, den Befehlshaber der Armeegruppe Süd in der Tschechoslowakei, an, seine Streitkräfte nordwärts zu wenden, und den Generalobersten Heinrici, den Kommandeur der Armeegruppe Weichsel, die Kampffront gegen Süden zu nehmen, alles, um den angeschlagenen Busse zu entlasten.

Die Luft siedet geradezu bläulich vom Knistern all der Befehle, die wie so manche rächenden Blitze aus dem Naziolymp kommen. Die Generale in Hitlers Gefolge stehen so hilflos herum wie Schulbuben. Keiner besitzt den Mut, den Führer darüber zu informieren, daß die Streitkräfte, die er aufbietet, wie ein Jäger seine Hunde ruft, nur noch dem Namen nach Kampforganisationen sind. Zerschlagen, verbraucht, kriegsmüde und gerade noch im Besitz von 25–50% ihrer Kampfstärke, sind sie bloß noch so einsatzfähig wie verkrüppelte Pferde zu einem Kavallerieangriff. Zudem stehen sie Feindkräften gegenüber, die genau so furchtbar sind wie die, welche Busse zermalmen. Hitler vergegenwärtigt sich auf seinen

Karten jede deutsche Einheit so wie am Tage ihres ersten Einsatzes, in voller Stärke mit Kanonen, Lastwagen, Hospitälern, dem ganzen Intendanturapparat, ihrer blanken Ausrüstung und ihrem endlosen, munitionsbeladenen Wagenpark. Das ist eine furchtbare Selbsttäuschung. Er hat es allen, die ihm schlechte Botschaften überbrachten, immer so unangenehm gemacht, daß Generale und Adjutanten es mit der Zeit vorzogen, die Berichte über ihre Verluste nicht durchzugeben. So befiehlt er denn Skelettarmeen zum Einsatz, wie er mit einem Fingerschnipp eine Produktionssteigerung befiehlt. Er fragt Speer: »Wie viele Feldhaubitzen produzieren Sie?« Speer erwidert: »160.« Hitler entgegnet: »Ich befehle 900! Wieviel Schuß Flakmunition?« »200 000.« Hitler: »Ich befehle zwei Millionen!« Und in Hitlers Vorstellung stehen die 900 Feldhaubitzen und die zwei Millionen Schuß Munition bereits ablieferungsbereit.
Berlin wird nicht fallen, fremde Truppen sind seit 1806 nicht in Berlin einmarschiert, so erinnert Hitler jeden, als sei das eine Bürgschaft dafür, daß das auch 1945 nicht geschehen könne.

Für einen Augenblick läßt er die Kriegskarte unbeachtet. Eine Delegation hat sich im Garten der Reichskanzlei versammelt: Offiziere von hohem Rang von der Armeegruppe Nord, Abordnungen seiner Leibwache und Soldaten der HJ-Kampfverbände. Mit einem Aufgebot an Stärke, das vom Willen, nicht von den Muskeln getragen wird, steigt er die Stufen des Bunkers empor, um die Geburtstagsglückwünsche seiner Besucher entgegenzunehmen. Er nimmt auch noch etwas anderes entgegen: Die Truppen haben eine Sammlung für ihn veranstaltet, und ohne Zittern, außer dem von seiner Schwäche herrührenden, nimmt er das Geld an und bemerkt, daß die Stiftung nicht so groß ist wie die letztjährige in Höhe von zwei Millionen Mark. Schwitzend in der ungeheuren Hitze des im Reichskanzlerpalais wütenden Feuers und keuchend von der Anstrengung des Treppensteigens, sammelt der Führer die Umstehenden zu einer Ansprache. Der Klang seiner Stimme wirkt angespannt, wie er die Zuhörer zum Kampf auffordert, um erbarmungslos die Russen zu vernichten, die die Unverschämtheit besessen haben, die Eroberung Berlins zu wagen.

Sein erster Gefolgsmann, Reichsfeldmarschall Göring, aber ist dessen gar nicht so sicher, daß den Russen ihr Wagnis nicht gelingt. Er ist kein Narr, und es bedarf keiner Hellseherei, um inne zu werden, was aus den in Berlin Verbleibenden werden wird. Er spricht auf Hitler ein, der in den Komfort und die Sicherheit des unterirdischen buddhistischen Tempels zurückgekehrt ist: »Mein Führer, ohne irgendwie den Wert unserer unbesiegbaren Armeen herabsetzen zu wollen, die niemals einem feigen Feinde erliegen werden, möchte ich doch die ungewöhnliche Möglichkeit zu erwägen geben, daß den Amerikanern und Russen eine Verbindung gelingen könnte. Würde das eintreten, dann würden Sie von den Hauptkräften in Bayern abgeschnitten sein, und so möchte ich empfehlen, daß Sie Berlin verlassen, um Deckung im Süden zu nehmen.«
Hitler durchschaut die Strategie seines korpulenten Mitarbeiters. »Was Sie in Wirklichkeit empfehlen, Göring, das ist ja nicht, daß ich Berlin verlassen soll, sondern daß Sie nach einem Platz von größerer Sicherheit aufbrechen.«
»Nein, nein, mein Führer! Zusammen haben wir die Reise angetreten, und gemeinsam werden wir sie beenden. Ich werde Ihnen treu und ergeben bleiben, so wie ich immer treu und ergeben gewesen bin.«
»Ich freue mich, die Treuebekundung zu hören.«

»Mein Führer, ich bin der Meinung, einer müßte Sie im Süden vertreten, wenn Deutschland in zwei Stücke zerschnitten werden sollte, was allerdings, wie ich annehme, den Russen und Amerikanern niemals gelingen wird.«
Göring nimmt Haltung an und verabschiedet sich linkisch. Auf der Wilhelmstraße erwartet bereits ein Konvoi von Autos und Lastwagen den Reichsmarschall. Er hatte schon gepackt, ehe er zum Führer ging. Die amerikanischen und russischen Streitkräfte haben sich noch nicht vereinigt, und noch ist ein schmaler Korridor zwischen den sich entgegenarbeitenden Armeen offen. Durch diesen freien Durchgang in deutscher Hand jagt Göring seinen Mercedes-Benz-Rennwagen.

In der Erbitterung darüber, daß sein erster Gefolgsmann eine so unschickliche Eile zeigte, den Staub Berlins von seiner Perlmutteruniform zu schütteln, um sich selbst zu retten, ruft Hitler aus: »Man sollte sofort das ganze Kommando der Luftwaffe aufhängen!« Sechs Tage vorher hatte er zu General Koller gesagt: »Wo ist das Schwein von Knipfer?« Knipfer hatte einmal vom Gefreiten Hitler gesprochen, und dieser hatte davon gehört. »Ich weiß nicht, was Knipfer vorgeworfen wird«, hatte General Koller erwidert, »und was gegen ihn einzuwenden ist. So weit ich unterrichtet bin, ist er entlassen worden. Er ist über das dienstpflichtige Alter hinaus.«
Hitler aber erlaubt es nicht, daß ihm irgendwer in seiner Argumentation dazwischenfährt, so befiehlt er, daß ein Flugzeug nach Knipfer gesandt wird, der dann in die »Dirlewanger Brigade« abgeschoben wird. Diese Organisation besteht aus Kriminellen und wird üblicherweise an einen Frontabschnitt geschickt, von dem es eine Rückkehr nur in der Form der Karteikarten gibt.
Nun verlangte der Führer zu wissen, warum die Flugplätze nicht während der Nacht ausgebessert worden wären. »Selbst

die Eisenbahner wissen es zu schaffen, daß die Züge schon nach wenigen Stunden wieder rollen!«
Koller erläutert: »Allein auf der Startbahn von Oranienburg gibt es 250 Bombentrichter, die mit Wasser angefüllt sind und bei denen der lockere Boden ausgeschachtet werden muß, und das bedeutet ein Umschaufeln von zwanzig bis fünfundzwanzig Kubikmetern Erde.« Er weist ferner darauf hin, daß die Kraterlöcher mit festem Material angefüllt werden müßten und daß die Arbeit schwierig wäre, weil man immer nur eine gewisse Höchstzahl von Menschen, Maschinen und Kraftwagen gleichzeitig auf einer Startbahn beschäftigen könne. Eine Eisenbahnstrecke sei etwas ganz anderes. Mit Startbahnen für schwere Flugzeuge wie unsere Düsenjäger könne man das nicht so schnell machen. Auf jedem nicht gefestigten Boden würde ein Flugzeug beim Start oder bei der Landung zu Bruch gehen.
Der Führer aber hört gar nicht hin. »Ich befehle, daß jeder bombardierte Flugplatz über Nacht wieder instandgesetzt wird.«

General Koller verläßt eilends den Raum, weil er fürchtet, die Zunge könne ihm durchgehen und er dadurch in Schwierigkeiten geraten. Im Vorraum flüstert ihm der Munitionsminister Albert Speer zu: »Lassen Sie ihn doch wüten. Schließlich hat er ja keine Ahnung von den Dingen, er hat doch noch niemals ein bombardiertes Flugfeld gesehen!«

Was macht Steiner?

Das Deutschland von 1945 ist ein Ruinenreich, seine Städte erinnern an Pompeji, seine Landstriche liegen aufgerissen da wie ein Land der Erdbeben. Es ist unglaubwürdig, daß es auch nur einen lebenden Deutschen gäbe, der während des Krieges nicht persönlich von dieser verheerenden Vernichtung Kenntnis genommen hätte. Nichtsdestoweniger aber bleibt die Paradoxie bestehen, daß gerade der Urheber dieser Verwüstung derjenige gewesen ist, der sie niemals gesehen hat. Wie Hitler niemals einen ausgebombten Flugplatz gesehen hat, so hat er auch nie eine Großstadt, eine Stadt oder ein Dorf, die bombardiert worden waren, besucht. Wenn ihn sein Weg durch verwüstete Gebiete führte, hatte ein Adjutant oder eine Ordonnanz laut bestehenden Instruktionen immer die Vorhänge seines Wagens dicht zuzuziehen. Seine Haushälterin, Frau Anni Winter, berichtete mir, daß sie eines Tages zu ihm gesagt habe: »Mein Führer, Sie sollten einmal all das Elend sehen, das durch die Bombenangriffe angerichtet wird!« Eine Stunde später ermahnte sie ein Adjutant, sie möge niemals wieder eine solche Sprache führen.

Keine geringere Paradoxie aber ist es, daß Hitler von 1940 an, mit einer einzigen Ausnahme, niemals einen Kampfabschnitt besucht hat. Für diese offenkundige Vernachlässigung militärischer Kenntnis hatte er zwei Entschuldigungen, die ihm selbst gänzlich hinreichend schienen: Er vermied die Gefahr, und er wich Fragen aus, auf die er keine Antwort zu geben vermochte. Viele Meilen vom wirklichen Kampfort entfernt, konnte er, vor einer Kriegskarte stehend, das Genie spielen, mit schwatzhaft glatter und flinker Zunge, wobei er Befehle, Statistiken und Verdächtigungen nur so ausspie; auf dem Schlachtfeld jedoch, wo jeder Befehl durch Blut sich selbst einträgt, wären ihm die den Kämpfenden gesteckten Grenzen sichtbar geworden.

Während des ersten Weltkrieges hing sein ganzes Herz an einem Portepee, diese begehrte Silberquaste aber baumelte nie an seinem Seitengewehr, und die höchste Auszeichnung, die ihm zuteil wurde, waren die Gefreitenknöpfe. Die daraus erwachsende krankhafte und unverminderte Enttäuschung grub ihm die geringgeschätzten Gefreitenknöpfe bis ins Innerste seiner Seele. Sein Minderwertigkeitskomplex trieb ihn nach und nach zur Entlassung aller seiner Generale von hohem Rang und zu den ekelhaften Ränken, die ihn, diese Null des kriegerischen Amateurismus, an die Spitze der militärischen Pyramide brachten.
Hitler wünschte immer, die ›Entfremdung‹ mit seinen Generalen auszugleichen; immer argwöhnte er, sie könnten seine Gefreitenknöpfe sehen. Einer der sichersten Wege zur Ausschaltung eines Rivalen war damit gegeben, dem Führer einzuflüstern, daß die fragliche beamtete Person Hitlers militärische Vergangenheit glossiert habe. Hitler führte niemals eine Untersuchung, die Axt fiel unverzüglich. Hitler glaubte in der Tat, die Glut einer inneren Lichtquelle zu fühlen, deren Funkzeichen ihm mehr offenbarten als der Rat von Feldmarschällen und Generalen.
Im Herbst 1941 riet General Halder, als Chef des Generalstabes des Heeres, Hitler von einem weiteren Vordringen in den russischen Winter hinein ab, er möge vielmehr eine Verteidigungsstellung in Blockhäusern hinter den Linien beziehen. Hitlers innerer Mahner jedoch flüsterte ihm ein, kühn zu sein, mit Kühnheit könne er den russischen Feldzug noch vor

Wintereintritt beenden. Und Hitler stieß weiter vor, hinein in die Bataillone aus Schneemassen und die Artillerie aus Eis. Seine Kanonen erstarrten, seine Tanks versanken in dem weißen Meer, und seine Männer erfroren in den eisigen Schneestürmen. Die Katastrophe war über ihn gekommen. Hauptmann Gerhardt Boldt, der als Ordonnanzoffizier der Generale Guderian und Krebs diente und bis zum Ende bei dem Diktator blieb, ersuchte mich, seine Aussage zu berichten, daß er auf Grund seiner nahen Verbindung zu Hitler zu der Überzeugung gekommen sei, daß die Behauptung, Hitler sei ein großer Kommandeur oder Staatsmann gewesen, vollständiger Unsinn wäre. Ein jeder Beruf will erlernt sein, und man muß die ganze Materie kennen, insbesondere in der Außenpolitik; es war Hitler unmöglich, etwas Außergewöhnliches auf diesen Gebieten zu leisten. Hans Frank, der Präsident des ›Hauses des Rechts‹ in München und spätere Generalgouverneur von Polen, charakterisierte Hitler als einen ›Dilettanten‹. Speer sagte von Hitler, daß er nicht einmal die Folgewirkungen der Proklamation eines militärischen Befehles gekannt habe. Auch hatte er nicht die Geduld zur Abfassung eines richtigen Befehles; er warf ihn einfach der nächstbesten Person hin, die gerade zufällig bei ihm stand.

Hitler war jeder Beratung so abgeneigt, daß er auch ohne Ohren hätte auskommen können. General Koller legte mir seine Schwierigkeiten mit dem Führer am Fall der Jagdflugzeuge dar: »Der ME-262-Düsenjäger war unser bestes Jagdflugzeug. Hitler bestand darauf, daß wir dieses Flugzeug in einen Bomber umbauen sollten. Das bedeutete Kanzelumbau, Einbau von Zielanlagen, von Bomben-Auslöse- und -Aufhängeeinrichtungen und die Konstruktion eines anderen Fahrgestells, das stark genug sein mußte, die Last einer Tausendkilobombe beim Start zu tragen, ohne zusammenzubrechen. Jeder Sachverständige weiß, was Änderungen solcher Art bedeuten, wenn die Produktion einmal angelaufen ist. Das Ergebnis bestand darin, daß sich die Produktion geradezu verbrecherisch verzögerte und daß Hitler die Auslieferung dieses Flugzeugtyps an die Jagdflieger verbot. Allen Vorstellungen zum Trotz hielt er an seiner despotischen Dummheit fest und warf praktisch jeden hinaus, der zu ihm kam, um ihm Vernunft einzureden. Seine Halsstarrigkeit ging so weit, daß es schließlich untersagt wurde, überhaupt die Worte auszusprechen: ›ME-262 ist ein Jagdflugzeug!‹ Später erklärte er, er werde die gesamte Produktion von Jagdflugzeugen einstellen und statt dessen nur Flugzeugabwehr-Artillerie bauen. Ich weigerte mich, an diesem Irrsinn teilzuhaben. Von einer Inspektionsreise telegraphierte ich zum Hauptquartier: ›ME-262 sofort als Jäger an die Front.‹ Das gleiche Telegramm wurde gerichtet an OKW-Führer, an OKW-Chef Oberkommando der Wehrmacht Keitel und Wehrmachtführungsstab und an den Reichsmarschall; aber niemand wagte es, dem Führer dieses Telegramm vorzulegen.«

General Gerhard Michael Engel sagte mir, daß nach seiner Meinung ›Hitler strategisch und technisch der größte Amateur gewesen sei, den die Geschichte aufzuweisen habe‹. Als ich in Nürnberg General Halder nach seiner Meinung über Hitlers Führung des russischen Feldzuges befragte, erwiderte er: »Hitlers Pläne und die vorgeschlagenen Methoden ihrer Ausführung hätten fast den Eindruck erwecken können, als sei er ein Verbündeter Rußlands gewesen.«

Am 20. April hatten Marschall Schukow mit seiner I. weißrussischen Armeegruppe und Marschall Konjew mit der I. Ukrainischen Armeegruppe eine Einkreisungsbewegung um Berlin begonnen. Mit den Zielen Nauen im Nordwesten und Beelitz im Südwesten rückten diese beiden Armeen wie die Zangen einer gigantischen Eisschere, deren Heft bei Küstrin lag, näher an Hitler heran, der beim Studium der Kartenlage nicht glauben wollte, daß die Situation hoffnungslos sei. Alles, was er nötig habe, sei die Ansammlung von Truppen an der nördlichen Schneide der Schere, um so die eiserne Barriere zu zerschmettern und sich mit den Kampfkräften in der Hauptstadt zu verbinden. Nachdem er so die roten Eindringlinge nördlich von Berlin vernichtet habe, werde er sich der südlichen Schneide zuwenden, um sie, wie ein Schmied ein heißes Metallstück wendet, einfach umzubiegen, und die verwirrte Flucht der Russen würde angehen.

Um Mitternacht läßt Hitler seinen Friseur kommen, und während der Ritter von der Schere ihm die Haare zurechtstutzt, ruft er seinem Adjutanten zu: »Sie werden sehen, die Russen werden die größte und blutigste Niederlage ihrer Geschichte vor den Toren Berlins erleben!« Während des Restes der Nacht und am folgenden Tag zischen die Telefon- und Telegraphendrähte unter der Last der Befehle. Kuriere in Flugzeugen, auf Motorrädern und in schnellen Wagen überbringen den Trägern des Planes die Einzelheiten eines kühnen taktischen Gegenzuges, der die Sowjets zum Wanken bringen und sie schwer angeschlagen über die Oder zurückwerfen soll.
Der Angriff von Norden wird unter dem Kommando des SS-Obergruppenführers Steiner stehen, dem alle in dieser Operation eingesetzten Einheiten unterstehen. Hitler wird all diesen untauglichen Armeegeneralen beweisen, wie eine offenbare Niederlage in einen glorreichen Sieg verwandelt werden kann. Er läßt sich mit General Koller in dessen Luftwaffen-Hauptquartier in Wildpark-Werder verbinden:

»Jeder verfügbare Mann der Luftwaffe im Gebiet zwischen Berlin und der Küste, von Stettin bis Hamburg, wird dem Angriffsplan unterstellt.« Koller erklärt, daß er nur noch Haufen bilden kann, nicht aber mehr kampfgewohnte Einheiten. Und wo solle der Angriff stattfinden? Aber Hitler hat schon eingehängt. Nun telephoniert Koller mit General Krebs, dem Generalstabschef: »Hören Sie mal, Krebs, ich soll meine Leute für einen Angriff bereitstellen, aber wo denn in Teufels Namen soll der Angriff stattfinden?« Hitler schaltet sich in das Gespräch ein. Plötzlich ertönt im Apparat seine erregte Stimme: »Haben Sie noch einen Zweifel an meinem Befehl? Ich glaube, ich habe mich klar genug ausgedrückt: Alle Kräfte der Luftwaffe im Nordraum, die für den Einsatz auf der Erde verfügbar gemacht werden können, müssen sofort Steiner zugeführt werden. Jeder Kommandeur, der Truppen zurückhält, hat binnen fünf Stunden sein Leben verwirkt. Das müssen die Kommandeure auch erfahren. Sie selbst haften mir mit Ihrem Kopf, daß der letzte Mann eingesetzt wird!« So spricht der Führer.

Koller ruft den General Detlevsen an, den Operationschef im Generalstab der Armee, und erkundigt sich über den Angriff. Detlevsen gibt zur Antwort: »Wissen wir selbst nicht. Alles, was wir wissen, ist, daß der Obergruppenführer Steiner den Befehl führt und daß er irgendwo bei Schönwalde aufmarschiert.«

Noch tappt Koller über die Entfaltung des Planes im Dunkeln, über die Einzelheiten der Offensive, über ihre Anlage und ihren Zeitpunkt, über die Nachschubplätze der Truppe und so weiter. Wieder ruft er General Detlevsen an: »Wo steht Steiner?« Er weiß es nicht, er meint, es könne in Oranienburg sein.

Wie ein Kaiserlicher Hofmarschall, der auf kaiserlichen Befehl für seinen Herrscher ohne Mehl, Eier und Butter einen

Kuchen backen lassen soll, versucht Koller in Eile das benötigte Material zusammenzubringen. Er befiehlt dem General der Luftwaffe Stumpf, seine Bodenmannschaften in Kompanien und Bataillone zu organisieren. Er benachrichtigt Hitlers Luftwaffenadjutanten Oberst von Below über die Flugzeuge, die er zum Angriff ansetzen muß. Von Below berichtet ihm vom Führerbefehl, daß die Flugzeuge ihre Tätigkeit auf die Bresche südlich von Kottbus beschränken sollen. Koller fragt General Krebs nach der genauen Ausdehnung dieser Kottbuser Bresche. Krebs erwidert, er habe mit dem Führer gesprochen, und dieser habe nun befohlen, daß die Operation nicht auf dies Loch begrenzt bleiben .solle. Koller murmelt vor sich hin: »Das ist typisch, alle fünf Minuten etwas anderes. Nur der Teufel könnte unter solchen Verhältnissen operieren.« Von Below gibt an Koller weiter, der Führer erwarte, daß die Spremberger Einheit aus der Luft versorgt würde. Eine Stunde später berichtet Morzick als Chef für Lufttransporte an Koller, daß ›niemand weiß, wo die Einheit Spremberg sich tatsächlich befindet. Die Operationsabteilung des Heeres kann uns nichts darüber sagen‹.

In der Zwischenzeit haben die russischen Tanks den inneren Ring der Verteidigungsstellung der Hauptstadt durchbrochen. Erkner an der äußersten östlichen Stadtgrenze und sieben andere befestigte Vorstadtstellungen in einer Entfernung von fünf bis sechzehn Kilometern von der Hauptstadt sind in die Hände der Sowjets gefallen, die auch vom Nordosten her durch die Stadtbezirke Weißensee und Pankow in die Hauptstadt hineindrängen. Sowjetartillerie beschießt das Stadtzentrum. Steine und Ziegel, Mörtel und Pflasterstücke springen wie Fontänen unter dem Streufeuer himmelwärts.
General Stumpf vermochte nur zwölf- bis fünfzehntausend Mann für die Schlacht zusammenzubringen. Gegen Mitter-

nacht des 21. April befiehlt der Führer Koller zum Rapport über den für den Tagesanbruch angesetzten Angriff. Koller ist pessimistisch. Was kann er schon mit kampfungewohnten Truppen, denen die zureichende Ausrüstung und vor allem die schweren Waffen fehlen, ausrichten? Er vergegenwärtigt sich bereits, wie die Eisscheren unerbittlich sich im Westen schließen. Hitler aber belehrt den Luftwaffenchef: »Sie werden sehen, die Russen werden die größte und blutigste Niederlage ihrer Geschichte vor den Toren Berlins erleben!«
Der Lagebericht vom frühen Morgen des 22. April enthüllt, daß die Russen auf einer unregelmäßig verlaufenden Front von fünfzig Kilometern in die nördlichen und östlichen Stadtbezirke eindringen. Vom nordwestlichen Distrikt Glienicke bis Friedrichshagen im Osten sind sie elf Kilometer tief in Berlin eingedrungen. Die Einschließungsbewegung im Norden bedroht das Oranienburger Gebiet. Ein Maschinengewehrkampf wütet am Stettiner Bahnhof, zwei Kilometer nördlich des pulsierenden Herzens Berlins. Die Hauptstadt ist bis auf eine fünfzehn Kilometer breite Öffnung bei Spandau, westlich der kochenden Großstadt, eingeschlossen. Hitlers Stirn aber bleibt kalt. Bald werden die Angreifer in überraschenden Flankenangriffen verschlungen werden, und panikartig werden ihre zerschmetterten Reste in bunten Haufen auf die verfluchte Oder zu flüchten, wo sie von Busses Armee, die von dem Meisterstrategen in weiser Voraussicht dort zurückgehalten worden ist, in Stücke zerhackt werden.
Der Führer verlangt Information von Koller; das Telephon im Luftwaffenhauptquartier ist ein ununterbrochener Schrei: Was macht Steiner? Steiner? Steiner? Ist er durch die russischen Linien gebrochen? Leisten die Russen Widerstand? Sind sie auf schmählicher Flucht?
Generale, Adjutanten und Verbindungsoffiziere im Bunker zermartern ihr Hirn auf der Suche nach Gründen, aus dem

unmittelbaren Bereich des Führers herauszukommen. Keiner wagt ihm die Wahrheit über Steiner zu sagen. Es ist bereits Mittag. Die Sowjets haben sechzehn Vorstädte genommen und haben einen Keil durch den Hauptverbindungsweg der Hauptstadt nach Dresden getrieben.

Der Führer sammelt seinen bebenden Stab um sich. Seine Stimme, die das Sparrenwerk von Hörräumen von der tausendfachen Größe dieses Raumes hier zum Erschüttern gebracht hat, explodiert: »Hat Steiner angegriffen?«
Der Chef des Operationsstabes, Generaloberst Jodl, tritt an den Opferblock: »Mein Führer, Steiner hat nicht angegriffen.«
Im Nordwesten und Südwesten von Berlin streben die russischen Armeen wie Lanzenspitzen in tollem Rasen auf ihre Vereinigung zu. Die gelähmten Hände auf den Tisch gestützt, reckt Hitler sich über die Kriegskarte hoch, auf der die Schatten der eisernen Schere, die stark einer Sichel gleichen, ihn wie ein böses Vorzeichen anstarren. Er klammert sich zur Stütze an den Stuhl. Wie einer, der das Beben unter seinen Füßen hat ignorieren wollen, so bemerkt er jetzt, wie sich der Boden, auf den er bestürzt hinunterblickt, vor seinen Augen öffnet. Kann denn ihm das geschehen? Die Niederlage seiner Armeen ist unerträglich, das geht über seine Vorstellungskraft; daß aber seine Befehle mißachtet werden, das ist einfach unfaßbar, undenkbar. Er fühlt, wie ihm das Mark in den Knochen erstarrt. Für einen Augenblick ist er sprachlos, und dann bricht es wie ein Vulkan aus ihm hervor: Er ist betrogen worden!

Immer hat er die reguläre Armee verachtet. Nun aber knistert und ächzt die Luft unter dem Wutausbruch, als der Herr und Meister sein eigenes Schoßkind, seinen prächtigsten Sprößling, die SS, verdammend herunterreißt. Als er im Jahre 1934 die SA säuberte, da hob er die SS zu höchstem Rang, indem jedermann darin ihm direkt und der Partei verpflichtet wurde. Die SS stellte Hitlers Leibwache; sie hielt die politischen Gegner in Schranken und liquidierte sie, ihr unterstanden die Konzentrationslager. Alle Aufgaben, die äußerste Ergebenheit gegenüber dem Führer verlangten, wurden von der schwarzuniformierten Schutzstaffel ausgeführt. Oft lehnte Hitler es ab, erfahrene und erprobte Generale des Heeres mit wichtigen Kommandos zu betrauen, weil sie keinen Fanatismus für die Partei zeigten. Hitler hatte Steiner für die Eisscherenoffensive bestimmt, weil Steiner im Rufe stand, zuverlässig und tiefverwurzelt auf den Nationalsozialismus eingeschworen zu sein. Steiner aber hatte versagt. Und Hitler kreischt auf, seine Stimme kommt aus dem Irrenhaus seiner Seele: »Ich bin von der SS betrogen worden! Von der SS! Das konnte ich niemals erwarten! Die SS!« In jedes Wort pumpt er das Gift seiner Verzweiflungsstimmung. »Sie sind Verräter!« Dabei aber läßt er es nicht bewenden. Alle Generale sind Verräter! Alle Soldaten sind feige Memmen! Das ganze deutsche Volk ist undankbar! Niemals haben diese Menschen seine Größe zu würdigen gewußt, seine Opfer, auch den Ruhm nicht, den er für das deutsche Volk erworben. Die heiße Lava der Bitternis strömt ohne Unterlaß. Keiner wagt es, ihn zu unterbrechen. Dann legt er eine Pause ein. Er taumelt, seine Augen blicken kalt, sein Gesicht ist bleich, die Glut seines Wutausbruches ist, so scheint es, ausgebrannt, doch das ist eine Täuschung. Er schickt sich an, seinen vernichtendsten Blitz zu schleudern. Das deutsche Volk soll den Tag bereuen, da es ihn so erniedrigte. Sie mögen noch von ihm erwarten, daß er sie aus dem drohenden Unheil und dem sich türmenden Chaos hinausführt, doch sie verdienen keine Rettung. Er wird ihnen die Führung versagen, er will ihnen nicht mehr als leuchtender

Leitstern dienen. Wild wirft er seine flatternde Hand über seinen Kopf, sein ganzer Körper zittert, seine Stimme überschlägt sich, als wenn er das Schicksal der gesamten Menschheit verkünde: »Ich werde mich erschießen!« Damit sackt er in einem Stuhl zusammen.

Feldmarschall Keitel ist der erste, der sich der gefallenen Gottheit nähert. Er spricht auf Hitler ein, doch diese katastrophale Tat nicht zu begehen. »Deutschland hat sie nötig, mein Führer, niemals gab es in der Welt Ihresgleichen, mein Führer!« Armer Keitel – groß, breitschultrig, mit symmetrisch geformtem Schädel, mit grauem, wohlgepflegtem Haar und einem Hirn darunter, das so blank ist vom Kopfbeugen wie die blinkenden Schuhe an seinen Füßen. Niemals werde ich jene Zeit vergessen, da ich ihn zuletzt in Nürnberg sah. Während ich den Flur der Todeskandidaten im Gefängnis des Gerichtshofes durchschritt, hörte ich den Flur von einem paukenartigen Rhythmus widerhallen: Klapper-di-klapp! Klapper-di-klapp! Ich sah auf und sprang zur Seite, gerade noch zur rechten Zeit. Der deutsche Feldmarschall, mit Handschellen, spazierte im Korridor auf und ab.
Auch Generaloberst Jodl bemüht sich, Hitler eine Änderung seines Vorhabens einzureden. Angesichts einer möglichen Zweiteilung Deutschlands im Falle der Begegnung von Russen und Amerikanern waren schon Pläne für ein nördliches und ein südliches Kommando aufgestellt worden. Admiral Dönitz sollte die Führung im Norden übernehmen, Feldmarschall Kesselring die im Süden. Hitler würde natürlich der Oberste Führer bleiben, und es war geplant, daß der Führer – weil Berlins Fall gewiß war – sein Hauptquartier weiter südlich aufschlagen sollte, wo die Armeegruppe des Feldmarschalls Schörner in der Tschechoslowakei noch einigermaßen intakt war.

Hitler aber bleibt hart, noch immer will er sich erschießen. Er will sogar noch mehr tun. Er will sich vergiften und noch dazu erschießen, um so jede mögliche Hoffnung auf Wiederbelebung auszuschalten, und dann soll das deutsche Volk Tränen der Trauer vergießen und wünschen, daß es doch dankbarer gewesen wäre.

Bald schließen sich auch Bormann, Goebbels und Krebs den dringenden Vorstellungen von Keitel und Jodl an. »Das dürfen Sie nicht tun, mein Führer! Sie sind unentbehrlich; nicht nur für Deutschland, sondern für das Wohlergehen der ganzen Welt.« Sie wollen weiter ihr Blut opfern, ihren Besitz hingeben – alles wollen sie hingeben, so daß das weise und tiefempfundene Trachten ihres Obersten Führers bis zur äußersten Möglichkeit erfüllt werde. Durch persönliche Vorstellung und über den Fernsprecher strömen dringliche Bitten und Beschwörungen wie eine Kaskade auf den verwirrten und gequälten Führer ein.

Der Bunker ist zu einem Panzerschiff in schwerer See geworden, und die Passagiere werden vom Heck zum Bug geschleudert. Nie zuvor haben sie einen so heftigen Sturm erlebt, und niemals haben sie eine so stürmische Umlagerung der geistigen Fracht geahnt.

Und inmitten des Orkanes, während das Fahrzeug unter den feindlichen Salven schwankt, stottert der Kapitän und stammelt, ist ohne Entschlußkraft; er widerspricht sich, schreit herum und ist übelster Laune, um dann in ohnmächtiger Schwäche zusammenzuschrumpfen. Der Mann, dessen Wort ihnen einmal nicht nur Kompaß und Gesetz gewesen war, sondern auch ihr Leben und Herzschlag, ist nun ein ältlicher blinder Passagier voller Widersprüche. Es gibt nur noch ein Entrinnen: Schnaps und Wein fließen wie Wasser. Der vorletzte Chef des Luftwaffenführungsstabes, General Erhard

Christian, der dienstlich im Bunker ist, berichtet General Karl Koller: »Die Stimmung im Bunker ist erschütternd, ich kann den Eindruck nicht wiedergeben. Und da trinken sich die kleinen Leute in der Umgebung des Führers noch Mut an; auch die Frauen und Mädchen.«

Das Heer, das ohne des Führers Anweisung nicht ein Bataillon in Marsch setzen konnte, ruft nun laut nach Befehlen, jedoch Christian berichtet: »Es gibt keine Befehle mehr. Der Führer hat gesagt, es könne jeder hingehen, wohin es ihm passe.«

Hitler befiehlt die Vernichtung aller seiner privaten Papiere. Im Internierungslager von Garmisch erzählte mir mit Tränen in den Augen Hitlers persönlicher Adjutant, der große, ungeschlachte, hündisch-ergebene Julius Schaub, wie ihm klar wurde, daß diese Vernichtung der Papiere seines Herrn auf das Ende hindeutete. Er holte die Pläne und Dokumente, die Briefe und Memoranden aus den Safes und Aktenstößen des Führers, trug sie in den Garten, übergoß sie mit Benzin, und ihre Flammen vermehrten die gelben, überall in der Stadt hochzüngelnden Tänzer um eine weitere wirbelnde und zuckende Figur. Dann ging er nach München und Berchtesgaden und wiederholte dort die gleiche traurige Prozedur.

Der Führer ruft Eva Braun, seine beiden Sekretärinnen, Frau Christian und Frau Junge, sowie seine vegetarische Köchin, Fräulein Manziarly, in seinen Arbeitsraum: »Es ist besser, von hier fortzugehen! Euer Flugzeug wird in zwei Stunden starten. Ich bleibe hier, um zu sterben, und ihr müßt heraus, ehe es zu spät ist.« Eva Braun spricht als erste: »Du weißt, daß ich bei dir bleiben werde. Zu dem Zweck bin ich ja hergekommen.« Auch die anderen lehnen das großmütige Angebot ab. Zwei andere Sekretärinnen, Christa Schroeder und Johanna Wolf, waren auf sein Drängen schon am 20. April abgereist.

Jodl, Keitel und Krebs brüten über der militärischen Lage. Wie Major von Loringhoven sagt, ›quälten sie ihre Gehirne ab, um Hitler zu helfen‹.

Als ich nach dem Kriege in München den gefälligen General Felix Steiner fragte, warum er nicht nach Hitlers Befehl angegriffen habe, sagte er: »Die Antwort ist einfach. Ich hatte ja nichts, womit ich hätte angreifen können. Die drei Reservedivisionen, die mir in der Schorfheide unterstanden, sollten auf Befehl des Oberkommandos der verzweifelt kämpfenden zweiten Armee beistehen und waren in einem vergeblichen Versuch, die westwärts drängende Lawine aufzuhalten, verschlungen worden. Die beiden neuen, vom Gruppenhauptquartier Weichsel versprochenen Divisionen kamen gar nicht an. Mich aber der unerfahrenen, eilends zusammengebrachten Gruppen zu bedienen, weigerte ich mich. Ich wollte nicht einen einzigen Mann in einem Unternehmen verlieren, das von Beginn an zu einem vernichtenden Fehlschlag bestimmt war. Der Angriffsplan gründete sich auf Faktoren, die nicht mehr vorhanden waren und die nur noch in der Einbildung der Reichskanzlei bestanden.«

Steiner wußte, daß der Krieg verloren war. ›Jeder einzelne Tag der Fortsetzung der Feindseligkeiten im Westen war Verrücktheit.‹ Krebs hielt auch die militärische Entscheidung für unwiderruflich gefallen und hatte schon einen Monat zuvor diese Meinung privat ausgesprochen. Jodl sagte mir in Nürnberg, er hätte den Krieg unwiderruflich als beendet angesehen, als die Alliierten wenige Monate vor dem Ende den Brückenkopf von Remagen genommen hatten und dadurch eine Verteidigung des Rheins nicht mehr möglich war. Keitel hatte niemals eine eigene Meinung. Die jüngeren Offiziere hatten ihn ›Lakeitel‹ getauft. Eher wäre es denkbar, daß ein Schatten sich von seinem Körper löste, als daß Keitel seinem Herrn nicht mehr folgte. War Keitel ein Weichling, so verfügten Jodl und Krebs doch über leidliches Begriffsvermögen. Welche Macht aber trieb sie – entgegen aller Vernunft und Logik und in Widerstreit mit den granitenen Tatsachen –, die Schlacht selbst mit nur einem zerbrochenen Griff in der Hand noch fortzusetzen?

Als ich Major von Loringhoven danach fragte, welchen Zauber denn Hitler auf diese Männer ausgeübt habe, erwiderte er: »Hitlers Persönlichkeit hat den normalen Denkprozeß seiner engsten Mitarbeiter glatt abgestoppt – das blieb entscheidend bis zum Ende.« Speer sagte, daß ›die meisten der führenden Männer in Hitlers unmittelbarer Umgebung seinem Zauber erlegen waren, daß sie ihm blind gehorchten und keinen eigenen Willen mehr hatten‹. Er legte auch dar, daß ein längeres Verweilen in Hitlers Nähe ihn erschöpfte, die Fähigkeit zu freiem Schaffen wurde gelähmt‹.

Plötzlich hat General Jodl einen Einfall. Da der Führer den Wunsch bekundet hat, zu sterben, warum dann nicht alle Truppen an den westlichen Fronten zusammentrommeln, sie in Berlin zusammenziehen, um sie zu einem homerischen Heer zusammenzuschweißen, das vom Führer selbst geführt werden soll? Dann würde Adolf Hitler in einem glanzvollen Armageddon, das selbst den Ruhm solcher Größen wie Philipp, Alexander, Cäsar und Napoleon verblassen lassen werde, in einen Tod gehen, der seiner Größe würdig wäre. Das würde dann der glanzvolle Höhepunkt eines zehnjährigen Kampfes gegen den Bolschewismus sein. Es wäre eine Apotheose!
Jodl denkt in den Begriffen und Vorstellungen klassischer Krieger. Vor seinem geistigen Auge sieht er Napoleon, wie er dicht vor der Niederlage auf dem Schlachtfeld von Arcis-sur-Aube zum Galopp ansetzt und den Generalangriff gegen die

Kosaken befiehlt. Um der demütigenden Kapitulation zu entgehen, suchte Napoleon den Tod in der Schlacht.
Jodl wendet sich an Hitler, doch da gibt es keinen tapferen Korsen! Wäre Hitler der Lehren der Geschichte zugänglich gewesen, dann würde er niemals einen Krieg gegen die Vereinigung der Nationen geführt haben, gegen die Deutschland schon. einmal einen Krieg verloren hatte. Napoleon hatte noch keinen Krieg gegen Rußland geführt, so rannte er in ein Unglück hinein, das er nicht erwarten konnte, da es erstmalig war.

Hitler ist sehr zurückhaltend gegenüber Jodls kavalier- und heldenmäßiger Mutentfaltung – auf Kosten der Haut eines anderen. Welch eine Unverfrorenheit, daß er es wagt, des Führers Person in Gefahr zu bringen! Ein eisiges Schweigen läßt den Raum erfrieren mitsamt den Anwesenden, ein Schweigen, das nicht einmal vom Zischen und Krachen der Bomben gestört wird. Jodl beugt seinen Kopf in Erwartung eines Schlages, der aber nicht fällt; denn Hitler hat Jodl noch nötig, der sich nun vorsichtig aus der Gefahrenzone zurückzieht, in die er sich leichtsinnigerweise begeben hatte. Er beginnt aufs neue, zunächst stotternd, dann aber mit Nachdruck, mit Hoffnung und schließlich mit Selbstüberzeugung:
Die Schlacht sei noch keineswegs verloren. Die Drohung komme vom Osten, so verkündet er, als halte er eine Vorlesung. Die Amerikaner haben an der Elbe halt gemacht, und wir können annehmen, daß sie dort stehen bleiben werden. Die zwölfte Armee unter General Walter Wenck, die den Amerikanern an der Elbe gegenübersteht, kann herumgeworfen werden, um nach Potsdam zu eilen und sich dort mit den Streitkräften des Generalleutnants Reymann zu verbinden, um dann zur Befreiung Berlins durchzubrechen; im Norden Berlins können unsere Streitkräfte unter Generaloberst Heinrici neu geordnet werden.

Hitler spitzt seine Ohren und folgt mit starrem Staunen den Ausführungen Jodls. Und außerdem ist es ja überhaupt unmöglich, daß er der Verlierer sein könnte! Hoffnung pumpt sein Herz auf wie Sauerstoff die Lungen eines ermatteten Schwimmers, der aus dem Wasser gerettet wurde; er greift zur Feder, und mit zuckenden Bewegungen wirft er unklare Linien auf das Blatt. Nun ist er dessen sicher, so erklärt er und wird immer erregter, daß die Westmächte mit Rußland übereingekommen sind, die Elbe nicht zu überschreiten. Nachdem so eine Front im Rücken gewissermaßen versiegelt ist, kann er sich voller Vertrauen mitten in die Russen hineinwerfen und sie vernichten. Wenn aber das geschehen ist, dann werden mit höchster Wahrscheinlichkeit die westlichen Alliierten mit ihm verhandeln wollen und ein ›politisches Überleben‹ anbieten. Die Tatsache, daß er das auf der Karte ausarbeiten kann, überzeugt ihn von der Möglichkeit einer Ausführung, denn seine Karte ist wie das Tuch eines Magikers, das der verblüffendsten militärischen Zauberkunststückchen fähig ist. Immer ist die Karte seine Bibel gewesen.

Eine Komplikation taucht jedoch in dem Plan auf, die Armeen zum Kampf gegen Osten statt gegen Westen herumzuwerfen; Jodl behauptet nämlich, das sei nur im Norden möglich, im Süden aber würden die deutschen Heere, Rücken gegen Rücken gekehrt, sowohl nach Osten wie nach Westen kämpfen. Als General Koller von diesem Plan hörte, den Jodl auch ihm entwickelte, erklärte er ihn für äußerst unpraktisch; entweder müsse Deutschland sich den Westmächten im Norden wie im Süden entgegenstemmen oder überhaupt nicht. Hitler, ganz versumpft im Wehleiden um sich selbst, gibt überhaupt keinen Kommentar. So bekommt Jodl recht.

Die nun hier Konferierenden hatten sich durch einen wechselseitigen Verwandlungsprozeß in eine optimistische Hochstimmung hineingearbeitet, und Hitler trägt jetzt Goebbels auf, der Berliner Bevölkerung mitzuteilen, daß alles gut stehe, er selbst wolle die Verteidigung von Berlin übernehmen. Goebbels fügt der Proklamation noch hinzu, daß unter Hitlers begeisternder Führung nicht nur Berlin deutsch bleiben werde, sondern auch Wien wieder deutsch werden würde. Und dann läßt er durch die ungedruckten Spalten seiner wirkungsvollsten Zeitung, durch das Gerücht, die Mär ausstreuen, daß die so lange erwarteten deutschen Geheimwaffen nunmehr dicht vor dem Einsatz ständen. Immer hatte Hitler den Juden vorgeworfen, sie hätten Wissenschaftler weggelockt, die er selbst in Bann getan hatte, aber er war ja dessen sicher, daß er genug technisch geschulte Gehirne von Ariern in Deutschland habe, um die Atombombe zu schaffen. Großbritannien und Amerika sollten ruhig denken, daß sie diesen Wettlauf der Wissenschaft gewinnen würden, die Welt sollte schon bald sehen, was es auf sich habe, wenn man dem tausendjährigen Reich opponiere! Unter einem blendenden Blitz würden Städte, Heere und Flotten, die sich dem deutschen Volk noch entgegenzustellen wagten, verschwinden.

Belebt und gestärkt durch diese wortreichen, tiefwirkenden Injektionen, wird Generalfeldmarschall Keitel zum erstenmal zu einer aktiven Beteiligung am Kriege angetrieben. Er will sich persönlich zu General Wenck an der Elbe aufmachen und ihm selbst auseinandersetzen, was von ihm erwartet wird.
Als Überbringer eines aussichtslosen Befehls langt Keitel bei Wencks Zelten an der Elbe an und unterrichtet Wenck in aller Gemächlichkeit über das, was Hitler von ihm erwartet. Und während der hübsche Marschall an seiner Zigarre pafft, sagt

er: »Wir kämpfen nun gegen den Osten, nicht gegen den Westen.« Keitel bietet dem verblüfften Frontkommandeur einen Schluck Kognak aus der mitgeführten Flasche an, besteigt wieder seinen Wagen und braust zum Bunker zurück, um Hitler zu informieren, daß die Operation nur noch anzulaufen braucht, dann werde der Belagerungsring gebrochen und die Hauptstadt gerettet sein.

Am nächsten Tage schließen sich die Schneiden der Schere.

Adolf Hitler und Eva Braun

Adolf Hitler streicht sich über sein graues Haar, fingert an seinem schwarzen Wollschlips herum und schenkt seinen hübschen weiblichen Begleiterinnen ein dünnes Lächeln. Dabei zieht er aus seiner Tasche einen Gegenstand, der sofort das Interesse auf sich zieht. Zehn Zentimeter in der Länge, zwei im Durchmesser, prunkvoll in Farbe und Entwurf, könnte das Röhrchen unter weniger prüfenden Blicken als denen, die nun die vier jungen Frauen darauf heften, für einen überreich gezierten Lippenstift gehalten werden.
Prahlerisch spielt er mit dem gelben Gegenstand in seiner hohlen Hand, schraubt den winzigen Verschluß ab, um ihn sorglich vor sich auf den kleinen Tisch zu legen; dann nimmt er eine Schale Tee und schmeckt behaglich daran. Er lädt auch die anderen zum Tee ein und ruft nach seinem Diener, zum Getränk Keks herumzureichen.
Während die Mädchen zimperlich in die Süßigkeiten hineinbeißen und mechanisch den Tee kosten, wendet der Führer das goldene Röhrchen um, und eine schmale Phiole fällt in seine Hand. »Das«, so sagt er und weist dabei auf die bernsteinfarbene Flüssigkeit in dem winzigen Fläschchen, »ist Kaliumcyanid – genug, um einen Mann, auch eine Frau zu töten.«
Die fünfundzwanzigjährige Traudl Junge lehnt sich gespannt vornüber, und ihre Augen feuchten sich unter dem Eindruck dieser todmahnenden Bemerkung des Führers. »Wie wirkt denn das?« fragt sie und lehnt sich wieder zurück, und sie staunt über sich selbst, wie sie von ungefähr eine so erschrek-

kende Frage zu stellen vermochte. Wieder lächelt der deutsche Diktator, während er die Wirkung des komplizierten Werkstückes auseinandersetzt: »Man nimmt diese kleine Glasröhre in den Mund und beißt darauf wie auf ein Stück Zucker.« Während er seine starken Kiefer hörbar zusammenknacken läßt, als wolle er den verhängnisvollen Biß ausmalen, beißt sich Fräulein Manziarly, eine große, vollbrüstige Tirolerin, unabsichtlich auf die Zunge und läßt die Tasse, die sie gerade zum Munde führt, fast aus der Hand fallen. Gerda Dardanowski-Christian, eine polnische Schöne mit blendenden Zähnen und theatralisch aufgemachter Frisur, lächelt zynisch, während sie ein Stück Apfeltorte nimmt und es einen Augenblick für vergiftet hält, ehe sie es dann aber doch an ihre schöngeschwungenen Lippen bringt.

Eva Braun, die wie immer zurückhaltend ist, wenn sie sich mit anderen in Hitlers Gesellschaft befindet, klammert ihre wohlmanikürten Finger um die Armlehnen ihres Stuhles. In ihrem reizenden blauen Gesellschaftskleid, eine große Blume auf der linken Schulter, scheint sie die tragende Rolle einer Lady in einer Hochschulaufführung zu sein, die ihre Verse mit der Schüchternheit einer Amateurin, jedoch mit dem tödlichen Ernst einer nahen Wirklichkeit spricht. »Tut es weh? Ich habe nichts dagegen, heroisch zu sterben, aber es muß schmerzlos sein.« Sie bricht in ein Lachen aus, aber ihre Hände bleiben unbewegt. Sie bleiben wie festgeklebt an dem Stuhl, indes sich ihr Körper über die ganze Länge seiner weichen Linien strafft.
Hitlers Stimme wird väterlich. »Da ist nichts zu befürchten; meine Mädchen«, so spricht er wie ein Vater, der seinem Kinde erzählt, daß eine Impfung nur ein ganz geringes Zwicken verursache und daß dann alles schon vorüber sei. »Die unmittelbare Wirkung wird in der Lähmung der

Atmungsorgane und dann des Herzens bestehen. Der Tod wird zwar erst nach wenigen Minuten eintreten, aber der Schmerz wird schon nach einigen Sekunden aufhören, weil dann die Gewebekrämpfe einsetzen.« Er greift wieder zur Teeschale und schlürft geräuschvoll den nun abgekühlten gelbbraunen Trank. »Linge!« ruft er, und der Kammerdiener kommt eilfertig mit einer frisch aufgegossenen Kanne.

Die Uhr zeigt die zweite Morgenstunde, aber wo der Führer weilt, da sind Uhren so nutzlos wie ein überstrichenes Uhrenglas. Keiner blickt auf seine Armbanduhr, nicht einmal verstohlen, weil keiner an Langeweile oder Schläfrigkeit auch nur zu denken wagt, solange der große Mann noch wach ist. Den ganzen Tag über haben die Kanonen gebrüllt und geheult, jetzt endlich sind ihre schmerzbringenden Münder still geworden. Wie ein unerschütterliches Flußpferd hat der Bunker den Hunderten von Flammenlanzen aus dem Himmel widerstanden; nun dampft er, und es scheint, als wolle er wie erlöst aufstöhnen über die ihm noch gewährte Frist. Auf der Wilhelmstraße und Voßstraße, auf der Hermann-Göring-Straße und im Garten der Reichskanzlei ziehen, starrend von Gewehren, Pistolen und Handgranaten, die SS-Wachen auf ihre Posten, dem Tode verschworen, ihren verehrten Führer zu decken, der über Plänen und Feldzügen brütet, die auch seine Wachen und das ganze blutende Deutschland aus diesen Tagen der Verzweiflung und diesen martervollen Nächten erretten werden.

Während die Schritte der Wachposten ihr Echo über die verlassenen Straßen und die Zementwege werfen, schlürft dieser verehrte Führer in der Gesellschaft von vier Mädchen seinen Tee und erzählt dabei die Geschichte seines melodramatischen Lebens:

Voller Kampf war seine Jugend, seufzt er in dieser hübschen Umgebung. Kampf und Armut, Mühen und Hindernisse waren seine täglichen Gegner, dennoch – seine Stimme erhebt sich dramatisch – überwand er diese ganze Meute, die darauf erpicht war, ihn zum grauen Staub der Mittelmäßigkeit zu zermahlen; er überwand sie alle durch die reine, vorwärts drängende Kraft seiner Willensstärke, und schließlich vollbrachte er, der Feindschaft einer ganzen neidischen und kanonenstarrenden Welt – achtundvierzig Nationen hätten ihm, Adolf Hitler, den Krieg erklärt – zum Trotz, was noch keinem menschlichen Lebewesen gelungen sei: die absolute Beherrschung Kontinentaleuropas, die Beherrschung Nordafrikas und die Unterwasser-Herrschaft auf den sieben Meeren. Exaltiert von seiner eigenen Erzählung, übersieht er völlig, daß diese weltweite Oberherrschaft zu einem Loch in der Erde zusammengeschrumpft ist.

Die jungen Damen aber schätzten ihn immer noch hoch, auch jetzt, angesichts seiner zusammenbrechenden Herrscherstellung. Zwei Jahre später sprach ich mit Frau Christian in ihrem Heim in Berchtesgaden. Ein kleines Zimmer, nicht viel größer als der unterirdische Raum, in dem sie mit dem Führer den Tee genommen hatte, diente ihr nun als Wohnung. Sie teilte ihr Zimmer mit Mutter und Vater, und während ein schneereicher Dezemberwind an den Fenstern rüttelte, wie die Artillerie die beigefarbigen Wände des Bunkers geschüttelt hatte, rief sie die letzten Tage Adolf Hitlers in ihr Gedächtnis zurück. Und als ich sie fragte: »Warum blieben Sie denn bei ihm, als Sie wußten, wie unvermeidlich der Untergang war?« da erwiderte sie: »Ich verbrachte die guten Tage mit ihm, und ich glaubte nicht das Recht zu haben, ihn in seinen schlechten Tagen zu verlassen.«
Schlechte Tage aber hatte es für sie nachher auch noch

gegeben. Sie war bis zu allerletzt geblieben, und sie hatte sich ihren Weg durch die weibergierigen Steppensöhne hindurch bahnen müssen, die Berlin mit einer Flutwelle der Lüsternheit überschwemmten. Um sich schlagend und beißend, sich versteckend und um ihr Leben laufend, erreichte sie nach Monaten des Abenteuerns, die so voller Schrecken und Erschauern waren wie ein Entrinnen aus dem afrikanischen Dschungel, die amerikanische Zone.

Fräulein Manziarly überlebte die Sturmflut nicht. Sie wurde zuletzt in den Klauen eines fast zwei Meter großen russischen Infanteristen gesehen, der die sich wehrende und schreiende Gestalt in ein Haus schleppte, vor dem sich schon eine Schlange grinsender Asiaten aufgestellt hatte. Nach allem, was von den Überlebenden berichtet wird, ist anzunehmen, daß sie im letzten Augenblick in Verzweiflung das Kaliumcyanid nahm, das ihr vom Führer gegeben wurde.

Frau Traudl Junge gelang die Flucht in Männerkleidung, und schließlich erreichte sie München, wo ich sie in einem zerbombten Hause besuchte, dessen einziger bewohnbarer Raum ihr selbst, ihrer Mutter und Schwester als Behausung diente. Hübsch und noch in der Blüte ihrer Jugend, berichtete sie mir die dramatischen Ereignisse, die in den letzten Tagen Adolf Hitlers unter den gelblichen Flammenfahnen abrollten. Wie Gerda Christian hätte auch sie Berlin vor der endgültigen Katastrophe verlassen können; da sie aber die Gastlichkeit des Führers in den üppigen Tagen der Macht genossen habe, sei es ihr, so erklärte sie, unsportlich erschienen, ihn in den bitterbösen Tagen von Feuer, Stahl und Asche zu verlassen, wie das andere getan hätten. Sie hatte noch das ihr von Hitler gegebene Messingröhrchen mit Gift in ihrem Besitz. Otto Günsche, Hitlers Adjutant, hatte sich erboten, ihr eine Kugel durch den Kopf zu jagen; er hatte ihr gesagt, das sei weniger schmerzlich als Cyanid, aber sie hatte ihn beiseite geschoben und gesagt: »Ich meine, es ist interessanter, weiterzuleben.« Als Günsche sich dann die Pistolenmündung betrachtete, stürzte das Mädchen fort und fand sich in dem Berlin verlassenden Flüchtlingsstrom wieder. Nachdem sie einmal den magnetischen und ungesunden Einflüssen des Führers entronnen war, gewann das Leben auch für sie wieder eine ganz andere und frische Bedeutung, selbst inmitten von Verirrung und Chaos, von Bedrängnis in Lebenskampf und Invasion.

Eva Braun, die vierte in Hitlers Teegesellschaft, liebte das Leben nicht weniger als ihre Gefährtinnen. Versiert in allen Künsten der Schönheitspflege, tanzte sie und hielt Diät, um ihre weibliche Linie zu wahren, und sie trug die elegantesten Stilkleider der besten Modekünstler. Sie verstand es sogar einzurichten, zwischen all den Kurieren, Generalen und Ministern, die sich mit Meldungen über die schlechtstehende Schlacht in den Bunker drängten, Verschönerungskünstler hereinzuschmuggeln, um ihr Haar aufzumachen und ihr Aussehen zu pflegen, weil sie bis zum Ende in den Augen des Führers begehrlich erscheinen wollte. Mit der Unbekümmertheit ihrer Jugend hatte sie München verlassen und war nach dem belagerten Berlin gekommen. Jedes Angebot zur Flucht schlug sie aus, und heiter stieg sie in das unterirdische Reich hinunter, das jenem Herrscher unterstand, der vierzehn Jahre lang ihr Leben mit Kleidern und Seidenstrümpfen, mit Autos und Diamanten verschönert hatte.
Sie hatte Adolf Hitler in den Tagen seines ungepflegten Bohemienlebens im Studio eines Photographen kennen gelernt. Heinrich Hoffmann, der Besitzer dieses Ladens und begeisterter Anhänger des Agitators, hatte seine junge Assistentin

Eva Braun in ein nahegelegenes Restaurant geschickt, um Bier und Würstchen für seinen Gast zu holen. Über diesen bayerischen Imbiß hinweg betrachtete Hitler die weichen Linien des jungen Mädchens, das dann seine Geliebte werden sollte und die erste Lady des Landes wurde. Wenn auch ihre Königskrone niemals sichtbar war und wenn auch ihre Glorie allzeit geheim blieb, genoß sie doch innerhalb der schweigenden Mauern ihres verliebten Stelldicheins das äußerste Hochgefühl weiblichen Stolzes, weil sie den Mann besaß, von dem ganz Deutschland glaubte, er sei nicht zu gewinnen.

Doch gewann er Eva Braun nicht mit der Leichtigkeit, die seiner späteren Eroberung ganzer Völker eigen war. Die Eltern der ihm befreundeten Dame gehörten nicht zu jener Aristokratie, deren Sinnen und Trachten nach der Erreichung fürstlicher Achtung und Ehren durch ihre Tochter geht. Herr Braun, ein bescheidener Schullehrer, und seine Frau wußten ebenso wie die beiden anderen Töchter Gretl und Ilse um Evas Begeisterung für Hitler, aber das war keineswegs überraschend. Viele in Deutschland jubelten dem Führer einer neuen Partei zu, und sie betrachteten die überheblichen Lobsprüche ihrer Tochter wie eben die Lobeshymnen von Mädchen auf einen Filmschauspieler, von dem sie nie erwarten, ihm begegnen zu können. Gelegentlich blieb Eva schon einmal über Nacht dem Elternhause fern, aber dann gab es immer die glaubwürdige Erklärung, daß sie bei einer befreundeten Bekannten gewesen sei.
Trotzdem entgingen Herrn und Frau Braun mit der Zeit nicht die wachsende Unabhängigkeit und die schwindende kindliche Anhänglichkeit ihrer Tochter. Eines Sonntagnachmittags im Jahre 1933, kurz nach Hitlers Aufstieg zur Macht, kam das Ehepaar Braun auf einer Autofahrt durch Lambach in der Nähe von Berchtesgaden, als SS ohne Erklärung den Verkehr

stoppte. Eine schwere Limousine fuhr am Lambacher Hof vor, und wer zuerst ausstieg, war ihre Tochter. Frau Braun berichtete über diese Episode: »Ich rieb meine Augen, denn ich dachte, ich sähe nicht recht. Ich lief zu ihr hin und sagte: ›Eva, du? Was machst denn Du in diesem Wagen?‹ Dann kam auch mein Mann hinzu und sprach streng auf sie ein: ›Wo kommst du her? Was bedeutet das?‹ Eva erwiderte keck: ›Ich komme vom Berghof‹, und sie rauschte an uns vorbei ins Hotel.

Dann fuhr plötzlich ein anderer Wagen vor, dem der Führer entstieg, und ich zog mich absichtlich zurück, um mich in der versammelten Menge zu verstecken. Mein Mann ging jedoch geradeswegs auf den Führer zu und sagte zu ihm: ›Ich bin Evas Vater‹.«

Führer oder nicht Führer, Herr Braun war entschlossen, kein Mißverständnis aufkommen zu lassen; der Führer aber fragte nur: »Wo ist Ihre Frau Gemahlin?«

Herr Braun sagt in Erinnerung an diese Szene: »Meiner Meinung nach wäre er mir als dem Vater eine Erklärung schuldig gewesen, als er aber dazu keine Anstalten machte, ging ich weg, um meine Frau zu suchen. Sie sagte zu mir: ›Laß uns gehen. Ich schäme mich so.‹«

Gerade als sie gehen wollten, rief Hitlers Adjutant laut: »Die Eltern Braun, bitte!« Frau Braun stampfte mit dem Fuß auf, drehte sich auf dem Fleck um und sagte: »Ich will aber nicht hineingehen!« Ihr Mann jedoch überredete sie, daß es besser sei, den Führer nicht zu brüskieren. Als sie Hitlers Raum betraten, stand er auf, um ihnen Stühle anzubieten, die in der Nähe seines eigenen standen. »Er gab uns die Hand«, erinnerte sich Frau Braun, »aber er sagte nichts von Wichtigkeit. Er sagte nur Banalitäten. Er sprach von der Landschaft, von den schönen Bergen, von Kuchen und Tee und anderem mehr; aber niemals sah er mich dabei direkt an. Er war sicherlich verlegen, und bestimmt war er linkisch, unbeholfen. Wenn er mit Eva sprach, gebrauchte er das Du, und dadurch wurde mir natürlich alles klar. Er war sehr aufmerksam zu mir, aber ich wartete auf einige ernste Worte, die jedoch nicht gesprochen wurden.

Als die Gesellschaft aufbrach, ließ er zunächst alle vorgehen, um mich zurückzuhalten. Dann ging er schweigend mit mir zur Tür. Gerade als ich durch die Tür ging, nahm er meine Hand und drückte sie dreimal sehr, sehr heftig. Er sah mich geradeaus an, als wollte er mir bis ins Innerste meiner Seele schauen, aber er sprach nicht ein Wort. Es stand Verlegenheit und doch so etwas wie Verlangen nach einem offenen Wort in seinen Augen. Wir gingen dann, und Eva verabschiedete sich nicht einmal von uns. Sie fuhr mit der Wagenkolonne des Führers weg.«

Als Eva an diesem Abend nach Hause zurückkehrte, fragte ihr Vater sie. »Ist das wahr, du bist die Geliebte des Führers?« Sie entgegnete: »Was ist los? Wenn's euch nicht paßt, kann ich ja gehen!« Wenige Tage später hieß Hitler Eva und ihre Schwester Gretl ihr Elternhaus verlassen und richtete ihnen eine kleine Villa in der Wasserburgerstraße in München ein.

Im Jahre 1937 schrieb Herr Braun an Hitler und verlangte ein endgültiges Wort zu der Haltung, die er Eva gegenüber einnehme. Frau Braun schrieb in Unkenntnis darüber, daß ihr Mann in der gleichen Angelegenheit an ihn geschrieben hatte, einen ähnlichen Brief; beide empfingen die gleiche Antwort, nämlich – Schweigen.

Nach seiner Erzählung hat Herr Braun seine Tochter veranlassen wollen, den Führer zu verlassen. »Bring mir irgendeinen Mann, den ärmsten und einfachsten, solange du nur mit ihm in ehrlicher Ehe lebst.« Er schrieb an die Schulbehörde, daß er als Vater der Geliebten Hitlers nicht im Dienst bleiben könne. Damals war Herr Braun nicht einmal Parteimitglied.

Hitler mit seinem Butler und Unterhalter ARTHUR KANNENBERG auf dem Berghof in Berchtesgaden

KANNENBERG erzählt dem Autor von Hitlers Lieblings-Musical »Wer hat Angst vor dem großen, bösen Wolf«

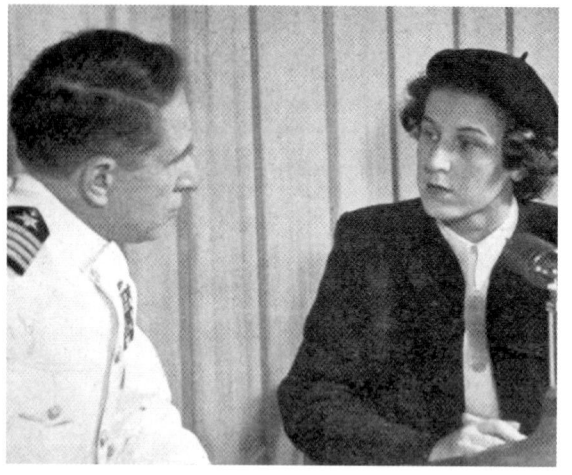

TRAUDL JUNGE, Hitlers Sekretärin, die mit klarem Verstand manche Situation erfaßt hat und wichtige Aussagen machen konnte (im Bild mit dem Verfasser)

LENI RIEFENSTAHL, die bekannte Filmregisseurin, erzählt dem Autor von ihrer Bekanntschaft mit Hitler.

FRANZISKA BRAUN, die Mutter von Eva Braun, mit ihrer Tochter ILSE, vertraute 1948 dem Verfasser an: »Ich bin froh, dass Fegelein tot ist; er war ein schlechter Mensch«.

Hitler verkündete, dass sein Hund BLONDI und EVA BRAUN (auf dem Bild in der Umgebung des Berghofs) seine »zwei besten Freunde« seien. Er vergiftete sie beide.

AUGUST WOLLEN-HAUPT, der Friseur Hitlers (links), war einer der wenigen Menschen, bei denen Hitler sich zahm benommen hat.

HERMANN KARNAU, ein Angehöriger der Leibwache Hitlers, berichtet dem Verfasser, daß er Hitler tot zu seinen Füßen liegen und später zu Asche verbrennen sah.

ERWIN JAKUBEK, Kellner in Hitlers Sonderzug: »Hitler war für uns von dem Augenblick an tot, als er seine Abschiedsworte gesprochen hatte.«

Später überredete ihn seine Frau zu einem Besuch Evas, ›um im Bilde zu sein über die Vorgänge‹. Noch später veranlaßte sie ihn, nicht in einer Weise zu handeln oder zu sprechen, die des Führers Gegnerschaft hervorrufen könne. Herr Braun erwiderte darauf, indem er sich als Mitglied der Partei einschreiben ließ. Mit dieser Handlung wurde seine Tochter Eva genau wie das übrige Deutschland der absolute persönliche Besitz von Adolf Hitler.

Als ich ihn sprach, beklagte sich Herr Braun: »Warum verwehren sie mir nach vierzig Jahren Zivildienst die Pensionsrechte? Schließlich kann doch ich nichts dazu, daß Eva ein Verhältnis mit dem Führer hatte! Ich hätte viel lieber gesehen, wenn sie einen anständigen, wenn auch armen Kerl geheiratet hätte.«

Frau Braun ist nicht so beschämt. Aus meinen Unterhaltungen mit ihr in ihrem kleinen Hause im österreichischen Eisenerz gewann ich den Eindruck, daß sie direkt stolz auf ihre kleine Eva ist. Es kann doch keiner bestreiten, so scheint sie zu sagen, daß Hitler Eva zu seiner Frau machte, und warum sollte dieser Akt nicht alle vorehelichen Sünden aufwiegen, wie das doch bei jedem in der ganzen Welt geschieht? Auf dem Tisch in Frau Brauns Zimmer sieht man ein großes Porträt ihrer berühmten Tochter in einem festlichen, blendenden, weißen Abendkleid. Es war Hitlers Lieblingsbild von ihr. Ich sprach den Photographen, der dies Bild aufgenommen hat. Er war recht stolz auf sein Werk, und er erinnerte sich sehr wohl, daß Eva Braun nachdrücklich gesagt habe, das müsse aber ein sehr gutes Bild werden, weil sie es dem Führer zum Geburtstag schenken wolle. In ihrer strahlenden Verfassung und zum Scherzen aufgelegt, wußte sie nichts von der Neigung ihres Freundes zur Vernichtung. Und wenn sie darum gewußt haben sollte, dann glaubte sie wohl, das sei die

Art, in der Staatsoberhäupter immer handeln: Unterdrückung und Intoleranz, Invasion und Mord und Ausrottung, das eben waren die Funktionen dieses deutschen Gewaltherrschers, und wer war sie denn schon, um diese grausame Wildheit, die ihn doch nur noch mächtiger machte, mildernd zu beschwichtigen? Seine Gewalttätigkeit verwundete sie nie; seine schnarrende Stimme, die ganze Völker zum Erschauern brachte, schnurrte ihr nur Süßlichkeiten zu. Er nannte sie sein ›Patscherl‹, und unter dem Tisch streichelte er ihre Hand. Er stattete sie aus mit Wagen und Chauffeuren, mit Dienern und unbegrenzter Garderobe, und sein Sonderzug stand zu ihrer Verfügung. Nur eines verwehrte er ihr – ein Kind. Sie beklagte sich darüber bei ihrer Mutter, und dadurch enthüllte sie mehr als auf irgendeine andere Weise, wonach ihr wachgewordenes starkes, aber unerfülltes Sinnen stand. Für Hitler aber gab es nur einen Gott, und das war er selbst, Hitler. Für ihn gab es keinen Rivalen und keine Kopie – und glaubte sie wirklich, daß er wissentlich etwas zeugen würde, und gar einen Sohn, mit dem er verglichen werden könnte?

Frau Braun sagte, daß Eva schon in ihrer Jugend ein sehr starker ›Dickkopf war und die Hausarbeit ablehnte‹. Bei Betrachtung des Phänomens Adolf Hitler drängt sich eine außergewöhnliche Erwägung auf: wie eine Persönlichkeit von solch titanenhafter Wildheit überhaupt in den Armen eines Mädchens eine Wahlverwandtschaft zu finden vermochte. In völligem Gegensatz zu ihrem französischen Gegenbild, der Madame Pompadour, fehlten der Geliebten Adolf Hitlers politische und wirtschaftliche Interessen gänzlich; dagegen widmete sie ihre ganze Zeit dem Aufputz, Picknicks und Lustbarkeiten. Unbekümmert um Gefahren und Gewalttätigkeiten jener Tage, fuhr sie zur Zeit des Anschlusses nach Wien

hinein, um in angenehmem Erschauern das Schauspiel des historischen Ereignisses zu genießen, das ihr Gebieter herbeigeführt hatte. Ohne Geld und Gepäck stieg sie in einem der kosmopolitischen Hotels ab und ließ sich mit dem Eroberer verbinden, der schließlich wichtigere Dinge vor sich hatte, als sich mit einer Person zu ergötzen, deren ganzes Sinnen darauf gerichtet war, es in den Erregungen dieser Stunde zu befriedigen. Hitler verschob jedoch sogar eine Konferenz, um dem überschwänglichen Geplauder dieses Mädchens zu lauschen, und er sandte ihr einen seiner Wagen, um sie später im Flugzeug mit nach Berlin zurückzunehmen.
Noch aber verbarg er sie vor der Öffentlichkeit. Keiner sollte von ihm annehmen, er vermöge außer für Staatsgeschäfte auch noch Zeit für andere Dinge zu finden. So hat sie vierzehn Jahre gewissermaßen auf einer abgelegenen Straße seines Lebens zugebracht. Wenn hohe Würdenträger und Personen von Rang und Stellung ihn in seinem Berchtesgadener Heim besuchten, blieb Eva Braun entweder in ihrem Raum, oder aber sie wurde in Bormanns Haus geschickt, um die Abreise der Gäste abzuwarten.

Als ich den Chauffeur Hitlers, Erich Kempka, über Eva Braun befragte, sagte er: »Sie war die unglücklichste Frau in Deutschland. Die meiste Zeit ihres Lebens verbrachte sie damit, auf Hitler zu warten.« In dieser Bemerkung Kempkas lag ein übertriebener Anflug zur Romantisierung. Eva Braun war so unglücklich wie ein Kätzchen in der Milchkammer. Sie gab Gesellschaften, zu denen junge Leute eingeladen wurden, mit denen sie trank und tanzte. Sie machte lange Reisen mit ihrer Mutter und Schwester nach Italien, Norwegen und anderen europäischen Ländern. Sie hatte alles, was Wohlhabenheit und eine gefüllte Börse zu kaufen vermochten.
Doch Frau Braun war wie jede andere Mutter. Immer wieder

fragte sie ihre Tochter: »Aber warum heiratet er dich denn nicht?« Und Eva erwiderte: »Mutti, ich habe dir schon gesagt, daß das eine Frage ist, die wir nie mehr besprechen wollen.«

Eva stand jedoch keineswegs einem Trauring so gleichgültig gegenüber, wie sie ihre Eltern glauben machen wollte. Eines Tages, als Hitler seiner Eva mit aller Deutlichkeit klargemacht hatte, sie solle jegliche Hoffnung aufgeben, jemals seine Frau zu werden, griff das in seinen Hoffnungen genarrte Mädchen zum Revolver, legte auf sich an und schoß sich in die Brust. Sie hatte schlecht gezielt – oder aber gut, wenn es nur ihre Absicht gewesen war, ihn zu erschrecken –, denn die Kugel streifte sie nur. Hitler, der einen Skandal befürchtete, brachte Eva Blumen, redete ihr sanft gut zu, hielt ihre Hand, und es gelang ihm, sie zu überzeugen, daß er zum größeren Heile Deutschlands eben Junggeselle bleiben müsse. Er versicherte Eva jedoch, daß sie immer seine ›Freundin‹ bleiben werde.

In Hitlers Leben hatte es schon einmal ein Mädchen gegeben, das die Pistole auf sich gerichtet hatte. Sie hatte besser gezielt als Eva, und fraglos war sie zu der Tat mehr berechtigt. Die von ihrem zuckenden Finger gelöste Kugel fand eine lebenswichtige Stelle; Adolf Hitler aber hat der Welt niemals erklärt, warum Geli Raubal sich in seinem Zimmer erschoß – mit seinem Revolver.
Wenn Adolf Hitler, in dessen Herzen niemals die zarten Gefühle einer wahren Freundschaft zu irgendeinem Menschen gekeimt haben, irgendwann die noch köstlichere und süßere Empfindung einer Liebe gehabt haben sollte, dann gegenüber Geli Raubal. 1925 war sie zu ihm gekommen, mit ihren siebzehn Jahren aufgeblüht wie eine Pfingstrose; sie war von üppigem Wuchs, musikalisch, naturliebend, und sie betete ihn wie einen Helden an. Sie wurde von Hitler zu

Ausflügen, in Konzerte und Theater mitgenommen, und als er seine Wohnung in München einrichtete, bekam sie einen Raum darin. Daß er ihr mehr entgegenbrachte als nur platonische Gefühle, kann den Geschichten entnommen werden, die diese seltsame Gemeinschaft überdauert haben; und daß sie in einem Zustand der Verzweiflung, als ihr Hitlers Absichten klar wurden, Hand an sich legte, ist das ein Schluß, der unweigerlich gezogen werden kann. Geli Raubal konnte Hitler nicht mehr lebend ins Gesicht schauen. Sie griff zum Revolver und schoß sich eine Kugel ins Herz. Sie starb, aber sie rettete sich vor der Schande, die Geliebte ihres Onkels zu sein. Ihre Mutter war Adolf Hitlers Schwester gewesen.
Wäre Hitler nicht von der Besessenheit verfolgt gewesen, daß alle deutschen Frauen ihn zu ihrem Mann begehren würden und er durch sein Ledigsein die Rivalität unter ihnen aufrechterhalte, die seinem Egoismus so dienlich war, dann hätte er möglicherweise damals Geli geheiratet. Das wäre nach den Annalen der Hitler-Familie gar keine so unpassende Mischung gewesen, weil ein Studium des Familienstammbaumes zeigt, welch seltsame und merkwürdige Sprößlinge am gleichen Zweige trieben. In dem bizarren, unklaren Gewebe von Hitlers Ahnenteppich ist dann und wann mehr als nur die Vermutung eines Fadens von Inzucht zu finden. Frau Winter, Hitlers Haushälterin, drückte sogar ihr Erstaunen darüber aus, daß Hitler Geli nicht zu seiner Frau gemacht habe, weil, so erklärte sie, Geli doch nur die Tochter einer Halbschwester Hitlers gewesen sei und somit nur eine Halbnichte.

Im folgenden Jahr, es war auf einem Wahlfeldzug in Norddeutschland, entflammte sich sein Herz, soweit es dessen überhaupt fähig war, für eine Baronin Laffert, eine Blondine mit tiefblauen Augen und gleichfalls im mystischen Alter von siebzehn Jahren. Er lud sie nach München ein, nahm manchmal den Tee mit ihr und koste ihre Hand. Zehn Jahre darauf bemerkte die Baronin: »Um nichts in der Welt würde ich einen so stümperhaften Despoten geheiratet haben!«

In dieser Zeit begegnete er auch der schönen Filmschauspielerin Leni Riefenstahl, deren Wirken als Darstellerin, Filmregisseurin und Schriftstellerin sie berühmt gemacht hatte. Nach Hitlers Anstieg zur Macht wurde sie oft in öffentlichen Druckschriften als seine Geliebte bezeichnet. Ich habe im Sommer 1948 in Garmisch mit dieser fabelhaften Frau einen Abend verbracht. Sie war immer noch entzückend und sprach mit dem Charme einer Zauberin. Leider widmete sie den größten Teil ihrer Unterhaltung an diesem Abend einem dramatischen Leugnen, daß ihr jemals an Hitler als Mann etwas gelegen gewesen sei.

Die blonde und frische Ada Klein in München war ein anderes Mädchen, das Hitlers Augen auf sich zog. Als sie sich aber verheiratete, hatte sie wohl Mitleid mit dem vermeintlich herzgebrochenen Adolf, und sie stellte eine Verbindung zwischen ihm und einer Kabarettsängerin Lola Epp her, die gleichfalls des Führers knospende Leidenschaft erweckte. Lola jedoch heiratete einen Norweger und schlug ihren Wohnsitz in Oslo auf; sie ließ sich vor der Besetzung Norwegens scheiden und kehrte nach Deutschland zurück, wo sie dann dem Führer diskret andeutete, sie stehe zur Verfügung, falls er es noch wünsche.

Hitler übte eine Art von hypnotischem Einfluß auf Frauen aus und wußte politische Münze daraus zu schlagen. Eine seiner Wahnparolen lautete: »Im Dritten Reich wird jedes Mädchen einen Mann bekommen!« Nach seiner Wahl konnte

er gewaltige Auditorien von Frauen durch die rhetorische Frage in rasende Ekstase versetzen: »Was hat der Nationalsozialismus der Frau gebracht?« Auf diese Frage antwortete er selbst mit nur einem Wort: »Den Mann!«
All das aber war nur Schauspielerei. Im Herzen verachtete er die Frauen. Einem seiner Ärzte, Dr. Karl Brandt gegenüber, machte er einmal die Bemerkung: »Je größer der Mann, umso bedeutungsloser ist für ihn die Frau!« Hitler billigte Himmlers Ausspruch: »Wichtig für uns ist die Überlegung, daß ein Mann im Jahr zehn Kinder von zehn Frauen haben kann, während eine Frau selbst von zehn Männern im Jahr nur ein Kind haben kann.«
Hitler jedoch wollte keine zehn Frauen. Lolas Angebot blieb unbeantwortet. Er kämpfte nun einen Weltkrieg, und überdies hatte er seine Eva, die allerdings nicht seinen Namen trug und für die er auch nach dem Kodex, den er gnadenlos anderen auferlegte, keinem verantwortlich war. Alle SS-Männer hatten vor ihrer Verheiratung ihre Verlobten einem parteiamtlichen Befund zu unterwerfen. Durch solche Entfaltung moralischer Rechtschaffenheit überzeugte Hitler Frau Braun, daß er Eva deshalb nie in die Öffentlichkeit gestellt habe, um sie vor den unreinen Blicken der anderen zu schützen. Als Eva einmal darum gebeten hatte, einem Empfang beiwohnen zu dürfen, sagte er ihr: »Nein, mein Kind, du bist zu schade dazu, dich unter diese Menge zu mischen.«

Keine Einwände dagegen, daß sie sich unter dies Volk mische, hatte er zu erheben, als sie sich in den Bunker vergruben. Seine Armeen waren auf allen Kriegsschauplätzen geschlagen, sein Land war eine einzige Masse von Trümmern und Unglück, seine Generale versuchten verzweifelt, seine dilettantischen Befehle zu umgehen, um ihre Truppen nicht sinnlos zu opfern, und seine verbrecherischen Mithelfer suchten verzweifelt ihre eigene Haut zu retten und ihn seinem bösen Schicksal zu überlassen, als seine unausweichliche Gefangennahme feststand. Seine Welt, die tausend Jahre dauern sollte, zersplitterte in tausend Bruchstücke und brach polternd über seinem Kopf zusammen – nun erst war er bereit, Eva Braun vor der Welt als seine Frau anzuerkennen, und er traf die Anstalten dazu, ihr mit der Ewigkeit zu danken: mit einem Fläschchen Gift.

DER ÜBERMENSCH UND
SEINE 28 ARZNEIEN

Hitler liegt auf dem Sofa in seinem Bunkerraum; seine Augen sind geschlossen, sein Körper wird durcheinandergerüttelt von den Einschlägen der Geschosse, den dicht aufeinanderfolgenden Erschütterungen, dem unaufhaltsamen Kreischen der Flakbatterien. Diesen geheiligten Raum betritt auf Zehenspitzen ein plumper, schlampiger Mann, dessen mit langen und dichten schwarzen Haaren bedeckte Hände unsauber wirken. In einer dieser Hände baumelt eine Injektionsnadel. Leise nähert er sich dem Sofa. Hitler öffnet nur ein Auge und verfolgt die Bewegungen des Eindringlings, so wie ein Polizist einen Einbrecher heimlich beobachtet, der sich Nachts einem Hause nähert. Der garstige Besucher stellt seine Ausrüstung auf dem Fußboden ab und langt hinüber, um den Arm des sich zurücklegenden Führers zu entblößen. Der aber springt mit dem Rufe auf: »Sie Verräter! Sie sind auch von der Partie!«
Die Gestalt fährt zurück. »Mein Führer, ich weiß nicht, was Sie meinen! Gerade wollte ich Ihnen eine Hormonspritze geben, wie ich das schon seit Jahren jeden Tag gemacht habe.«
»Jawohl, diesmal aber haben Sie Morphium in der Spritze da. Sie wollen mich einschläfern, damit sie mich aus Berlin herausbringen können.«
»Wer sind diese ›sie‹? Ich weiß nur, wie auch Sie das wissen, daß ich Ihr ergebener Morell bin!«
»Nichts da mit ›ergebener Morell‹! Vielleicht waren Sie das einmal, sind es aber nicht mehr. Ihr seid alle Verräter, Betrüger, Undankbare! Wegen Ihrer früheren Verdienste will ich Sie

nicht erschießen lassen, wie Sie das eigentlich verdienen, aber Sie werden den Bunker sofort verlassen, ich will Sie hier nicht mehr sehen!«

»Mein Führer, sprechen Sie nicht so zu mir, Ihrem ergebenen Doktor Morell, der ich Sie durch wohl hundert Krankheiten gebracht und die Ergebenheit eines Hundes bewiesen habe. Lassen Sie mich nicht wie einen Verbrecher gehen!«

Unrasiert, ungekämmt und in schmutziger Wäsche, schluchzte Dr. Morell diese Darstellung zwei Jahre später heraus, als er in der Zelle des Internierungslagers in Ludwigsburg saß. Morell war in einem gewissen Kreis von Klientinnen und in gewissen Quartieren Berlins sehr wohl bekannt, und das noch kurz bevor er Hitlers Leibarzt wurde. Dr. Bauer, der Hausarzt des Reichsschatzmeisters Schwarz, sagte, daß Morell Berlins ›bestbekannter Arzt für Prostituierte und Abtreibungen‹ gewesen sei. Im Jahre 1936 war Morell beim Führer von dem gleichen Hoffmann eingeführt worden, der schon die Verbindung zwischen Eva Braun und Hitler hergestellt hatte. So wie Hitler in Eva die Frau gefunden hatte, so fand er in Morell alle Qualifikationen einer Mutter, die es niemals daran ermangeln läßt, ihr Kind wohlgenährt und wohlbehütet zu halten. Morell fütterte Hitler mit achtundzwanzig verschiedenen Arzneien, von denen manche nicht nur die schon vorhandenen Krankheitssymptome verstärkten, sondern auch noch neue hinzufügten. Dr. Karl Brandt sagte, daß, ›wenn irgend etwas Ernstes eintrat, Dr. Morell gewöhnlich der erste war, der nicht wußte, was zu tun sei.‹ Dennoch hatte er neun Jahre hindurch Hitlers Gesundheit und Leben in der Hand. Dr. Morells Genie bestand in der Kurierung von Krankheiten, die sein hoher Patient niemals hatte, so daß er gerade durch die von ihm verordneten Medikamente schwere Leiden hervorrief.

Was war nur an dieser abstoßenden Persönlichkeit, die Hitler so in Bann geschlagen hatte? Hitler, der nichts von Medizin und Physiologie verstand, glaubte, daß er durch das Meiden von Tabak, Alkohol und Fleisch seine Gesundheit bewahren und die Vitalität erzeugen könne, die er für seine unaufhörliche Geschäftigkeit, für seine Arbeiten, seine sich steigernde Leidenschaftlichkeit und seine Wutausbrüche benötigte. Morell bestätigte diese Anschauung und half ihr durch Injektionen, Arzneien und eine Behandlungsart nach, die das ganze Arzneibuch seiner erfahrungsreichen Quacksalberei umfaßte. Fühlte sich der Diktator erschöpft, dann bannte eine Einspritzung in den Arm alle Ermattung und erneuerte seine Energien. Bei großen Veranstaltungen stärkte Morell den Redner durch eine Spritze vor und nach der Versammlung oder Sitzung. Wenn ein politischer oder militärischer Rückschlag ihn niederdrückte, dann erholte er sich durch das gewohnte Entblößen des Armes vor seinem Leibarzt. Hitler hatte die Angewohnheit, sich niemals vor drei, vier oder fünf Uhr in der Frühe zurückzuziehen. Beim Erwachen mußte eine Nadel ihm das verschaffen, was kurzer und ruheloser Schlaf ihm verwehrt hatten. Kopf-, Magen- und Rückenschmerzen, nervöse Anfälle und Ausbrüche, Fieber, all das verging im Körper des Führers durch Einspritzungen unter die Haut.

Hin und wieder ließ sich Hitler von anderen Ärzten wegen besonderer Leiden behandeln, aber Morells Stellung blieb immer unerschüttert, selbst wenn als gewiß festgestellt wurde, daß seine Behandlung der Gesundheit des Diktators eher schädlich als nützlich gewesen war.

Nach dem Anschlag auf Hitlers Leben im Juli 1944 bemerkte Dr. von Hasselbach als diensttuender Arzt im Rastenburger Hauptquartier in Ostpreußen etliche kleine schwarze Pillen in Hitlers Schlafzimmer. Von diesen Tabletten hatte Hitler täglich sechs bis zehn genommen. Eine Analyse ergab, daß sie vier Milligramm Strychnin und vier Zehntel Milligramm Atropin enthielten. Dr. von Hasselbach besprach sich mit Hitlers Halsspezialisten Dr. Brandt und Dr. Giesing, einem weiteren Arzt Hitlers. Sie waren sich einig, daß das Rezept die höchstzulässige Dosis überschreite, sowie, daß Hitlers Unpäßlichkeit – seit einem Monat lag er zu Bett – die Folge einer durch die Medizin verursachten Vergiftung war. Dr. Morell, der diese Medizin gegen einen »krampfhaften Grimmdarm‹ verschrieben hatte, verteidigte sich gegen den von seinen Arztkollegen erhobenen Vorwurf mit der Erklärung, er habe nicht gewußt, daß die Arznei irgendwelche schädlichen Bestandteile enthalte. Die ganze Frage wurde schließlich vor die meistbetroffene Person gebracht, vor den Patienten selbst, der eben wegen der verdächtigen Pillen bettlägerig war. Die Ärzte brachten ihre Einwände und Beweisgründe vor. Statt aber nun Dr. Morells Entlassung, Einsperrung oder gar Tötung zu befehlen, wie das jeder erwartete, verurteilte Hitler Brandt, Giesing und von Hasselbach, indem er ihnen Pflichtvergessenheit und berufliche Eifersucht vorwarf. Er sagte, Morell habe dreimal täglich drei Pillen verordnet, da er sie aber zwei Tage lang zu nehmen vergessen habe, so habe er – Hitler – die verlorene Zeit einholen wollen, indem er achtzehn Pillen auf einmal genommen hätte! Brandt, Giesing und von Hasselbach wurden von der Liste der Hofärzte Hitlers gestrichen und nie wieder konsultiert.

Hitlers Haushälterin, Frau Anni Winter, sagte, daß sie alles versucht habe, Morell dem Führer zu entfremden. »Wenn Hitler mir wegen meines Rauchens die Leviten lesen wollte, und dann die schädlichen Einflüsse des Nikotins auseinander setzte, dann sagte ich ihm: ›Rauchen ist nicht halb so schlimm wie all die Spritzen, die Doktor Morell Ihnen gibt – zehn bis fünfzehn am Tag.‹ Ich habe ihm gesagt: ›Er tötet Sie langsam, aber sicher!‹ Hitler erwiderte: ›Diese Injektionen können mir gar nicht schaden, da die Flüssigkeit direkt in meine Adern geht.‹«

Trotz all seinen schlechten Manieren, seiner Schludrigkeit und seiner Tollpatschigkeit aber hatten, so erzählte Frau Winter, ›die Frauen Morell gern und wollten von ihm behandelt werden‹.

Auch Eva Brauns Mutter sah, wie Morell Hitler schadete. ›Die Injektionen, die er Hitler gab, halfen ihm schon, wenn aber die Wirkungen vorüber waren, dann wurden die Zusammenbrüche immer häufiger. Diese Injektionen griffen ihn nicht nur physisch an, sondern auch sein Denken und seine Urteilskraft.‹

Im Jahre 1943 erschienen in der Weltpresse viele Nachrichten des Inhalts, Hitler sei tot. Diese Gerüchte erwiesen sich als unrichtig, die Begründung aber war gar nicht so unlogisch. Seit Hitler, der größte Schausteller der Neuzeit, sich in der Öffentlichkeit nicht mehr zeigte, mußte er tot sein. Hitler jedoch mied die Kameralinse und das Mikrophon, vor denen er sich früher wie ein Zirkusakrobat aufgeführt hatte, weil er eine Scheu davor hatte, daß die Menschen sähen, wie es um ihn stehe. Um Anfang 1944 hatten sich eine Rückgratverkrümmung und ein Zittern eingestellt, die mit der Zeit immer schlimmer wurden. Er versuchte, das Gliederzittern zu kontrollieren, indem er einen Fuß gegen einen unbeweglichen Gegenstand stemmte und mit der linken Hand seine rechte festhielt. Sobald er diese Hand freigab, schleuderte sie in einem Winkel von einem viertel Meter zurück. Eine andere Verlegenheitslösung bestand darin, daß er beide Hände in die Taschen versenkte, aber sein Unterarm,

besonders der linke, zitterte dann in einem weiten Bogen, selbst wenn er die Hand festkrallte. Er konnte keine gerade Linie auf einer Karte zeichnen, und wenn er eine punktierte Linie versuchte, dann nahm sich das aus wie die Spur einer Ente, die einen Schluck Alkohol geschlürft hat.
Als Major von Loringhoven Hitler 1944 zum ersten Male sah, beschreibt er diesen Eindruck als ›grauenvoll‹. »Natürlich hatte ich den Führer in der Vorstellung, wie er auf den Filmbildstreifen und in den Zeitungen erschien, als einen Mann von Frische und Spannkraft. Ich sah jedoch einen gekrümmten alten Mann, der nur kurze Schritte machte. Sein Aussehen war bleich, und seine Augen, über die ich so viel gehört hatte, über ihren faszinierenden Blick und so weiter, diese Augen waren stumpf, ohne irgendwelchen Glanz. Als ich ihn begrüßte, hob er schwächlich seinen linken Arm nur ein klein wenig; dabei hielt er die Finger nicht zusammen, sondern gespreizt.« Am 24. Februar 1945 erwähnte Hitler in einer Rede vor den Gauleitern in der Reichskanzlei zum ersten Male öffentlich seine nun so offenkundig gewordenen Leiden. Er führte seinen Zustand auf den Krieg zurück und verglich sich mit Friedrich dem Großen, der sich sein Leiden auch in seinen Kriegen zugezogen habe. Er hoffe jedoch, daß das Zittern seines Körpers nicht noch auf seinen Kopf übergreifen werde, ›denn ein zitternder Kopf würde unangenehm sein; doch selbst wenn auch das eintreten würde‹, so sagte er, ›wird aber mein Herz niemals zittern, das wird immer kühl bleiben.‹
General Hans Stumpf, der Hitler Mitte März 1945 zum letzten Male sah, erinnerte sich: »Ich war einfach verblüfft über diese greisenhafte Erscheinung. Er ging stark gekrümmt. Sein Kopf hing zwischen den Schultern. Sein Gesicht war aufgedunsen, und im Gegensatz zu früheren Zeiten schienen seine Augen wie erloschen. Er hielt sich nur noch durch alle Arten von Drogen aufrecht.«

Das also war Adolf Hitler, der Verfechter der Eugenik, der Mann, der durch eine einfache Verordnung die Vernichtung minderwertiger. Menschen und die Liquidation Kranker und Unheilbarer verfügte.

Im ersten Nürnberger Prozeß wurde die Doktrin der Eugenik in einem nationalsozialistischen Dokument so dargestellt: ›Die Entwicklung der Weltgeschichte nahm von Norden aus ihren Lauf über die ganze Welt, ihr Träger war eine blauäugige, blonde Rasse, die in mehreren großen Wellen das geistige Antlitz der Welt bestimmt hat.‹

Unter den einundzwanzig Angeklagten auf der Anklagebank, unter diesen engsten Mitarbeitern Hitlers, war nicht einer, auf den die Beschreibung der Extrarasse, die sie der Welt mit Feuer und Schwert aufzwingen wollten, gepaßt hätte. Obwohl sie selbst sich als Musterexemplare einer reinen und makellosen Rasse herausgestellt hatten, überzeugte ich mich bei einer Prüfung ihrer Zellen, daß sie es ratsam fanden, hier wie dort Gebrauch von einer medizinischen Krücke zu machen: In Jodls Zelle entdeckte ich eine Medizin gegen Hexenschuß, von Ribbentrop hatte mehrere Flaschen von Heilmitteln gegen Neuralgie, Keitel hatte Stützen gegen Plattfüße. Der österreichische Quisling, Seyß-Inquart, gebrauchte große Mengen von Mullverbänden für sein steifes Knie. Ihre eigene Überzeugung, daß sie einem überlegenen Volksstamm angehörten, hielt Hermann Göring und Hans Frank nicht davon ab, sich einem kleinlichen Horten von Aspirin und Neuralgietabletten in ihren Socken hinzugeben, um sich gegen trübe Tage zu sichern, wenn ihre körperlichen Schmerzen die Drangsal ihrer Herzen noch übertreffen würden.

Generaloberst Jodl, dessen Wort ganze Geschwader von Panzerdivisionen zur Vernichtung in die Nachbarländer schickte, schlief mit dem Kopf unter der Decke. Der Soldat, der zu seiner Bewachung bestellt war, mußte von Zeit zu Zeit die Zelle betreten, um die Decken herunterzuziehen, denn es bestand die Anweisung, daß der Kopf eines Gefangenen immer sichtbar bleiben müsse. Der Soldat bemerkte: »Ich habe niemals geglaubt, daß ein General sich wie ein Strauß benehmen würde, indem er seinen Kopf vor schlechten Nachrichten versteckt.«

Wenn Hitler auch Morell entließ, so rehabilitierte er doch nicht Dr. Brandt, der schon neun Monate vorher Morells Quacksalberei offenkundig gemacht hatte. Zur selben Zeit, da Dr. Morell ein Flugzeug nach Berchtesgaden bestieg, sollte Dr. Brandt auf Hitlers Befehl erschossen werden. Am 2. April 1945 hatte Brandt Hitler einen Bericht über die ernste Lage auf dem Gebiet medizinischer Versorgung, in der das Land sich befand, vorgelegt, über den besorgniserregenden Mangel an Arzneimitteln, Verbandstoffen und Krankenbetten, sowie über die daraus sich ergebenden Leiden von Hunderttausenden, die bei Luftangriffen verwundet wurden. Am 16. April wurde er von der Gestapo verhaftet. Wegen seines Berichtes an Hitler, weil er Frau und Kinder aus Berlin evakuiert hatte, sowie wegen seiner Bemerkungen, er hoffe auf ein baldiges Kriegsende, wurde er des Hochverrates angeklagt. In seinem Verfahren wurde sein Bericht an Hitler gegen ihn ausgewertet.
Dieser Bericht trug in Hitlers eigener Handschrift Randglossen, zumeist einzelne Worte wie ›Lüge‹, ›Verräter‹, ›Schwein‹ und so weiter. Dr. Brandt wurde zum Tode verurteilt, er entkam Hitlers Urteil nur durch den militärischen Zusammenbruch.

Versunkene Welt

Der Bunker des Führers war nicht die einzige unterirdische Behausung in der Wilhelmstraße. Wenn man sich das Bild von einigen im Meere versenkten Schiffen, von denen jedes wasserdicht und mit Sauerstoff versorgt ist, vorstellen kann, dann kann man sich einen Begriff von Hitlers todgeweihter Unterwelt machen. Der Bunker des Führers war in dieser imaginären Unterwasserflotte gewissermaßen das Flaggschiff; hier hatten seine nähere Umgebung und sein direkter Stab ihre Quartiere, und hier nahmen sie die Befehle ihres Führers entgegen. Die ungeheure Bunkermasse unter der Reichskanzlei selbst konnte mit einem untergetauchten Ozeanluxusdampfer verglichen werden, so umfassend und außerordentlich waren ihre Bequemlichkeiten. Unter der alten Reichskanzlei, der früheren Wohnung des verstorbenen von Hindenburg, ruhte ein anderes Schiff mit Schlafgelegenheiten, die nach der Art der Quartiere auf einem Armeetransporter angelegt waren. In den Kellern des Propagandaministeriums auf der anderen Straßenseite waren nestartig weitere Behausungen für eine Anhängerschaft eingebaut, wie sie eben einen Monarchen umgibt.

Hier, durch sieben bis zwanzig Meter Erde vom Tageslicht getrennt, lebten die zur Verteidigung der Reichskanzlei abgestellten Offiziere, die Leibwache des Führers, die Sekretäre und Angestellten der verschiedenen Verwaltungsstellen, Köche und Kellner, Ordonnanzen und Bediente, Telefonisten, Funker und Mechaniker, Lohnarbeiter und Handwerker, ihrer insgesamt an die tausend Mann.

Obwohl Tod und Niederlage, wenn auch nicht immer erkennbar, unter der Schar dieser vom Schicksal Gezeichneten umgingen, kam auch das Leben zu seinen Rechten Die Baronin Irmengard von Varo hat eine lebendige Seite zu dem Kapitel über die Schlußtage in diesen Katakomben beigesteuert. Als die Russen ihren Wohnsitz überrannten, nahm ein SS-Offizier sie mit in dies vergrabene Reich der Sicherheit. Hier in dieser notgedrungenen Demokratie, die ein Leben unter der Erde mit sich bringt, schob sie ihre adligen Anschauungen beiseite und wurde Aufwärterin für die Offiziere des hohen militärischen Kommandos, die in der Reichskanzlei und im Führerbunker Dienst taten. Je größer die Gefahr und je hoffnungsloser der Ausblick wurden, um so mehr erlaubten sich die unterirdischen Bewohner, so berichtete die später in Minden lebende Baronin. »Jeder versuchte seinen Kummer zu betäuben, und das geschah mit viel Alkohol. Sie rauchten, sie aßen und tranken überreichlich, und alles wurde aus den großen Vorratslagern der Reichskanzlei genommen«, schilderte die blonde, blauäugige, dralle Baronin. »Wir gaben in unserm Privatbunker sozusagen große Gesellschaften. Es wurde getrunken, getanzt und so weiter. Einer der Offiziere besaß einige englische Platten, und so spielten wir den ›Tiger Rag‹ und viele andere Melodien. Wenn Offiziere, die zur Erkundung in die Stadt gegangen waren, zurückkamen, erzählten sie uns, sie hätten deutsche Soldaten gehängt, weil diese gesagt hätten: ›Wir machen nicht mehr mit, der Krieg ist verloren, es hat doch keinen Zweck und keinen Sinn mehr.‹ Ich tanzte dann mit diesen Offizieren, ohne weiter darüber nachzudenken. Heute ist mir das sehr schrecklich, aber damals hatten wir durchaus kein Gefühl dafür. Eines Tages, es war am 23. April, ging ich durch die Straßen und besuchte den wundervollen Tiergarten, der unter Artilleriefeuer lag, was mich aber nicht im geringsten störte. Es war

Frühling, und die reizenden Rhododendren standen in Blüte. Ich pflückte einige davon. Niemand war in den Straßen, und es war gerade so, als gehöre Berlin mir.«

In den ersten Tagen der Belagerung hatten Hitlers Sekretärinnen ihre Quartiere unter dem Reichskanzlergebäude. Nun aber wünschte Hitler, daß sie, wie auch Eva Braun und Fräulein Manziarly, ständig in seinem Bunker blieben. Sie bildeten eine Tischgesellschaft, und nach den militärischen Besprechungen klirrten nachts über den Gesprächen in der anziehenden Vierergesellschaft die Teetassen. Hitlers Natur hatte dauernd Umschmeicheln und Beifall nötig. Die donnernden und rasenden Beifallsstürme seiner Massenversammlungen der Vorkriegszeit waren für ihn Nahrung, Trank und Stärkung gewesen. Ihm waren sie noch mehr als Ausdruck der Verehrung, sie bedeuteten nahezu Vergöttlichung. Er glaubte daran, daß die Elemente eines übernatürlichen Wesens in ihm seien. Und diese Wogen wilder Begeisterung, der tumultartige Ansturm der Menge, ihn berühren zu können, bestärkten ihn in diesem Glauben. Hier war die einhellige Bestätigung seiner Vollkommenheit. Hier war die Welt, die sich vor ihm beugte, wie der Wald unter dem Sturm sich biegt.
Seit vier Jahren hat er nun in keiner Großveranstaltung mehr gesprochen. Obwohl seine Generale sich vor ihm beugen wie vor einem Cäsar, beseelt ihn in Gesprächen mit ihnen der Gedanke, daß sie im Fortgehen an seine Gefreitenknöpfe denken. Vor der gläubigen Ergebenheit dieser leicht zu beeindruckenden jungen Mädchen aber wird er zum Siegfried. Indes die Kanonen wie verrückt bellen und an der Widerstandskraft eines jeden zerren, indes der Himmel rot in Blut und Flammen steht und während jedes menschliche Lebewesen und auch der kleinste Vogel auf den Augenblick harren,

da das Gebelfer aufhören und der Himmel wieder blau werden möge, verweilt Hitler genießerisch beim Morgenimbiß und erzählt den weichlich-empfindsamen Enthusiastinnen, die mit angehaltenem Atem, gelegentlichen Ausrufen und Zwischenbemerkungen des Staunens geradezu den ihm so nötigen Byzantinismus symbolisieren, von seinem wagnerianischen, romanhaften Aufstieg.

In dieser weiblichen Zuhörerschaft sieht er sich selbst wie in einem Spiegel. Das Lächeln dieser Mädchen, ihr ›Ah‹ und ›Oh‹ sind ihm wie Lorbeergewinde, das man ihm um die Stirne legt. Frau Junge jedoch war nicht so überzeugt; sie sagte mir: »Bis zu seinem Ende sah Hitler niemals die wahren Gründe für seine Niederlagen, obwohl sie das Ergebnis seiner eigenen Befehle waren. Er schrieb diese Niederlagen der Unfähigkeit seiner Generale zu.«

Hitlers Empfänglichkeit für Schmeicheleien war so unbegrenzt wie das Gebiet, das er zu erobern hoffte. Daher erzählten ihm alle, die sein Ohr hatten und seine Billigung suchten, nur das, was er zu hören wünschte. Göring hatte diese Fähigkeit bis zur vollendeten Kunst entwickelt. Er wußte Hitlers Stellung zu schwebenden Fragen zu erkunden, um dann auf den folgenden militärischen Besprechungen Hitlers Anschauungen anzudeuten, wodurch er einen Konflikt mit seinem Herrn und Gebieter vermied und zur gleichen Zeit seinen Beifall fand.
Genau so handelte auch Bormann. Beide hatten durch ihre langjährige Praxis erfahren, daß es sich bezahlt macht, die Strohpuppe eines Bauchredners zu spielen.

In seinem Kreis weiblicher Claqueure sprach Hitler gewöhnlich nur über nichtmilitärische Dinge; kurz vor der Invasion in die Normandie aber versuchte er das Datum der Landung vorauszusagen. Er irrte sich um wenige Tage. Das beunruhigte ihn mehr als die Tatsache der wirklichen Landung der Alliierten.

In jeder Episode und Lage jedoch versuchte er, eine heroische Szenerie für sich selbst zu finden. Nun, da er von Selbstmord spricht, vergleicht er sich mit Friedrich dem Großen und erinnert daran, daß der berühmte König in den dunklen Tagen des Siebenjährigen Krieges dauernd ein Giftfläschchen an seinem Halse trug. Mit der ganzen Sorglosigkeit der Jugend versucht Frau Junge diesen Gegenstand mit ihrem Chef zu erörtern. »Bisher aber haben Sie Friedrich immer in einem anderen Licht dargestellt. Sie haben uns doch erzählt, daß er niemals verzweifelte und daß sein Ausspruch gelautet habe: Wer das letzte Bataillon in den Kampf wirft, wird der Sieger sein.‹ Warum stellt sich Ihnen jetzt alles so hoffnungslos dar? Sie sagten immer, wir würden siegen. Warum sind Sie jetzt der entgegengesetzten Meinung?«
»Ich bin betrogen worden. Ich bin von Verrat umgeben. Dauernd sind meine Befehle falsch befolgt worden. Mein ganzer Stab hat mich belogen und mich falsch unterrichtet.«
»Aber Sie können doch noch etwas tun!«
»Nein, es führt kein Weg mehr hinaus.«
»Es führt doch noch ein Weg aus Berlin hinaus, Sie können hinausfliegen.«
»Nein, wenn ich Berlin verlasse, ohne einen Erfolg aufweisen zu können, ohne daß die Front zum Halten gebracht ist, dann bin ich wie ein Lamapriester, der mit einer leeren Gebetsmühle arbeitet.«
»Aber, mein Führer, Sie sind doch bereit zu sterben. Warum stellen Sie sich dann nicht an die Spitze der Truppen und führen sie in die Schlacht? Sie würden wahrscheinlich tödlich

verwundet werden, und auf solche Weise würden Sie Ihr Ziel erreichen, indem Sie zugleich Ruhm und Ehre an Ihren Namen heften.«

»Das ist leicht gesagt, Frau Junge, aber das Risiko ist zu groß. Überlegen Sie einmal, ich würde lebend gefangengenommen. Ich könnte dann sogar in einem Zirkus zur Schau gestellt werden. Geriete ich tot in Gefangenschaft, könnte ich in einem Museum ausgestellt werden. Nein, ich kann die Gefahr einer Möglichkeit, tot oder lebendig in die Hände des Feindes zu fallen, nicht auf mich nehmen. Und es sind auch noch andere da, die mit mir gehen werden.«

Frau Junge unterdrückt einen Seufzer, während sie an dem ›Lippenstift‹ herumfingert, mit dem der Führer sie beehrt hat, wie er die gleiche Ehre auch anderen ›Auserwählten‹ im Bunker hat zuteil werden lassen. In seinem Schreibtisch hat er einen kleinen Vorrat dieser Todesmahnungen aus Messing, und er verteilt sie wie Eiserne Kreuze. Ohne es auszusprechen, proklamiert er damit, daß es eine Auszeichnung ist, mit ihm zu sterben, die einer Ordensverleihung gleichkommt.

Einer, der mit echt weibischem Enthusiasmus den Kult der Heldenverehrung betreibt, ist Dr. Joseph Goebbels. Klein, mager und klumpfüßig, sieht er die Vollkommenheit nur in seinem Chef. Bewunderung verschlägt ihm den Atem, er umschmeichelt ihn schwärmerisch und überströmend mit dem Wortschatz eines Hochschülers. Aufgeregt nimmt er diese Ordensverleihung entgegen. »Mein Führer, wir werden siegen! Sollte jedoch Ihre überragende Weisheit zu dem Entschluß gelangen, trotz Sieg ewige Ruhe vor den von einem undankbaren Volke aufgebürdeten Lasten zu suchen, dann werde ich Ihnen in den Tod folgen.« Goebbels' Hingabe an den Führer ist nahezu siamesisch. Jedes seiner Kinder trägt einen Namen, der mit dem Buchstaben ›H‹ beginnt, alles zu

Ehren seines Herrn und Meisters. Er hat seinen gesamten Nachwuchs mitsamt der Mutter in den Bunker mitgenommen. Die Kinder haben Räume im Obergeschoß bezogen, während er und seine Frau den Raum einnehmen, den er bisher allein bewohnt hat.

Die lebhafte blonde Frau des Propagandaministers steht keinem in der Bekundung ihrer Ergebenheit zum Führer nach. Als spiele sie ein Kapitel aus einer ungeschriebenen griechischen Tragödie, apostrophiert sie ihren Souverän: »Mein Führer, ich habe mit meinem Mann zusammen beschlossen, wenn die Zeit für uns beide kommt, in Ehren für den Führer zu sterben und auch unsere Kinder mit uns zu nehmen, weil das Leben ohne den Führer ihnen nichts mehr zu bieten hätte!«

Nichtsahnend, daß sie zu Mitbürgen für die verderbliche Ergebenheit ihrer Eltern gemacht worden sind, stürzen alle Kinder in Hitlers Arbeitszimmer: die zwölfjährige Helga, der neunjährige Helmut, die achtjährige Holde, die siebenjährige Hilde, die sechsjährige Hedda und die fünfjährige Heide. Und aufgeregt umtanzen sie die Eltern und wissen nichts vom Zweck ihres Besuches. »Onkel Adolf«, plaudert Helmut, »wir spielen gerade. Wer am nächsten die Zahl der direkten Treffer auf den Bunker rät, hat gewonnen. Wenn wir uns um den Sieg streiten, willst du dann unser Schiedsrichter sein?«
»Natürlich will ich das, es wird mir eine Ehre sein«, erwidert der Führer und streichelt den Kopf des Jungen.

Als sie lärmend hinausdrängen, bricht Frau Goebbels in Tränen aus. Der Führer löst das goldene Parteiabzeichen von seiner Brust und heftet es ihr an. »Ihre Treue übertrifft alles«, murmelt er. Dr. Goebbels verbeugt sich in Anerkennung dieses größten aller Ritterschläge – der Führer hatte dies Abzeichen selbst seit fünfzehn Jahren getragen.

Ein Ultimatum!

Im Nürnberger Prozeß verdiente, vom Standpunkt des gelegentlichen Beobachters aus, Göring das meiste Interesse. Schon vor dem Kriege war er neben Hitler auf der Bühne des Nationalsozialismus der Star der Attraktionen gewesen. In seinen bizarren, selbstentworfenen Uniformen hatte er immer wie die Entfaltung farbiger und feister Selbstbefriedigung gewirkt; nun benahm er sich, gekleidet in ein pastellblaues, doppelreihig mit vergoldeten Knöpfen besetztes Jackett, darüber ein Kosakenkragen, seine massigen Beine in fast hüfthohe Patentlederstiefel versenkt und mit einem schwarzen, getüpfelten Schlips um den Hals, nicht weniger auffällig. Zur Bestätigung des Eindruckes, daß er von Haus aus sorgenfrei war, konnte man vermerken, daß noch nicht ein graues Haar in der sein Haupt krönenden dunkelbraunen Pompadourmähne zu finden war.
Er strahlte und schlug belustigt auf seine Schenkel, wenn ein Film von einem der Parteikongresse im Gerichtssaal gezeigt wurde; und, zu einem der Wachmänner gewendet, stichelte er: »Wenn sie die Filme unserer Nürnberger Kundgebung von 1938 gezeigt hätten, dann würde sogar Richter Jackson den Wunsch haben, sich uns anzuschließen!« Während des ganzen Prozesses verfolgte er die Zeugenaussagen mit Grimassen, Pantomimen und Gestikulationen. Er konnte seine schinkengroße Hand zum Protest erheben, konnte zwei-, dreimal wie zur Billigung nicken, herzlich lachen und sich den Leib halten, wenn er sich offensichtlich amüsierte. Und er konnte seine Riesenschultern hochziehen, als wolle er

damit sagen, das eben Vorgebrachte habe doch gar nichts mit dem Fall zu tun. Dann aber, wenn irgendeine besonders abscheuliche Anklage gegen ihn geschleudert wurde, konnte er entrüstet seine Hörer weglegen, als wolle er der Welt sagen: Wie kann einer überhaupt nur solchen Lügen, solchem Unsinn zuhören? Wütend kritzelte er dann einige Notizen nieder und warf sie seinem Verteidiger hin. Wie er in seinem ganzen Leben sich gern in Szene setzte, so blieb er auch in diesem Prozeß um sein Leben genau so ein Poseur.

Als Beobachter der Flotte der Vereinigten Staaten bei diesem Prozeß fragte ich eines Tages während einer Gerichtspause Göring, warum er denn im Zeugenstand mit solcher Ausführlichkeit Hitler verteidigt habe, der doch schließlich ihn, seine Frau und sein Kind zum Tode verurteilt habe? Er erwiderte: »Ich war ihm treu vor seinem Tode, und wenn er heute zurückkehren würde, dann würde ich wieder unter seinem Banner marschieren.«

Nicht lange danach nahm er Gift und entrann damit dem Tode, zu dem er vom Internationalen Militärgerichtshof verurteilt worden war. Obgleich es unbegreiflich ist, daß er einen anderen Ausgang des Verfahrens erwartet haben könnte, war er egoistisch genug, zu glauben, Richter Parker von diesem Gerichtshof sei ihm gewogen, da Göring ihm in mehreren Sitzungen bedeutungsvolle Einblicke‹ gewährt hatte. Auch hatte er einmal dargelegt, das Gerichtsverfahren werde nur kurz sein, weil die Richter nicht lange ihrem Wodka, Champagner und Whisky fernbleiben könnten.

Als ich wenige Tage nach der Urteilsverkündung zu seiner Zelle ging, fand ich den Übermenschen Nummer zwei in römischer Gelassenheit auf seinem Bett liegen, dem Anschein

nach philosophisch in sein Schicksal ergeben. Die Wache sprach von ihm mit Sympathie und selbst Bewunderung. Göring war gar nicht resigniert. Sein behender Geist schmiedete an dem Plan, die Nationen, die ihn vor Gericht gestellt hatten, die Armee der Vereinigten Staaten, die ihn in Gewahrsam hielt, sowie die gesamte Menschheit, die über die endliche Enthüllung seiner Gewalttätigkeiten in leidenschaftlicher Erregung war, zu überlisten.
So seltsam aber ist die menschliche Natur, daß man, selbst beim Wissen um Görings wirklichen Charakter, auf der Hut sein mußte, wollte man nicht von seinem anscheinend guten Humor, von seiner Herzlichkeit und Umgänglichkeit beeindruckt werden. Als er sich den alliierten Streitkräften ergab, hatten die Offiziere, die ihn gefangen nahmen, den schlechten Geschmack, sich öffentlich mit ihm auf der Terrasse eines Kitzbüheler Hotels zu zeigen, wobei er mit einem Sektglas in der Hand strahlend herumstolzierte. Vor dem Kriege hatte die Weltpresse oft von ihm als dem ›reizendsten Dicken‹ in Europa gesprochen. Nach dem ersten Weltkrieg, in dem er sich als Kampfflieger ausgezeichnet und zufällig ein kleines Vermögen durch die Lieferung von Schuhen an die Armee erworben hatte, witterte er Ruhm und Aufstieg in der neuen Bewegung.

Als Führer der Sturmabteilung marschierte er am 9. November 1923 durch die Straßen von München, völlig gewiß, daß er keinen Widerstand bei den staatlichen Behörden finden würde. Als er jedoch an einer der Isarbrücken anlangte, wurde er von einem Polizeioffizier angehalten, der den Krieg auch als Fliegeroffizier mitgemacht hatte. Unter Einsatz seines ganzen Charmes sagte er: »Herr von Hengel, ich muß über die Brücke, lassen Sie mich durch!« Von Hengel: »Das geht nicht, ich habe den Befehl, die Brücke gegen jedermann

zu sperren, wenn erforderlich, mit Waffengewalt!« Göring: »Von Hengel, Sie sind doch auch Flieger und Offizier gewesen, genau wie ich, lassen Sie mich durch, sonst muß ich es mit Gewalt versuchen.« Hierauf entgegnete ihm von Hengel: »Eben weil Sie Offizier waren wie ich, müssen Sie verstehen, was ein Befehl bedeutet und daß ich den Befehl ausführen werde. Ich werde die Brücke unter allen Umständen verteidigen und mache von der Waffe Gebrauch. Die Brücke wird von meinem MG beherrscht!«
Später wurde an der Feldherrnhalle auf die gesamte Marschkolonne geschossen, und Göring fiel verwundet auf das Pflaster. Von zwei SA-Kameraden wurde er in die gegenüberliegende Apotheke getragen und konnte sich von dort aus in Sicherheit bringen.

Durch Einheirat in eine reiche Familie in Schweden vermochte er zum Fond der nationalsozialistischen Bewegung beizusteuern, und nach Hitlers Parteisieg verlangte und erhielt er die erste Machtstellung nach dem Führer in der nationalsozialistischen Hierarchie. Um das von der Partei Errungene zu sichern, legte er den Reichstagsbrand an und schob die Schuld der Opposition im Parlament zu, hinderte sie an der Teilnahme an den folgenden Sitzungen und festigte so seine unbestrittene Stellung als Posten Nummer zwei in der nationalsozialistischen Staatsführung.
Obwohl ungehalten über Görings Aufbruch nach Berchtesgaden, erklärte der Führer am 22. April, nachdem er auf den Selbstmord verzichtet hatte, daß nun, da Göring dort unten sei, dieser die Führung übernehmen könne. Jodl protestierte mit dem Hinweis darauf, daß die Soldaten unter Göring nicht kämpfen würden, worauf Hitler sagte: »Nun, das Kämpfen ist nicht mehr wichtig. Die Hauptsache ist das Verhandeln, und dazu ist Göring am besten geeignet.«

Als Göring von dieser gänzlich unerwarteten Entwicklung in Berlin durch seinen Stabschef General Koller, der mit dieser Meldung zu ihm nach Berchtesgaden geflogen war, erfuhr, war er zunächst betroffen, dann bedrückt; einige Zeit später aber hatte er sich wieder gefaßt, zeigte dann, wie von einer schweren Last befreit, eine erwartungsvolle Aktivität. Ganz gleich, diese Aussicht verschlug ihm den Atem. Was aber, wenn Adolf Hitler die Nachfolge bereits an Martin Bormann übergeben hatte, der Göring nicht ausstehen konnte? Ein Blick in den Spiegel, und dann führte er ein hochtrabendes Selbstgespräch: »Die Geschichte könnte mir vorwerfen, in meines Volkes schwerster Stunde versagt zu haben.« Er entnahm dem Safe in der Mauer das Gesetz über die Nachfolge Hitlers vom 29. Juni 1941, und, Runzeln der Furcht wie des Triumphes auf seiner breiten Stirne, las er Hitlers Worte: »Wenn ich in meiner Handlungsfreiheit beschränkt sein oder durch irgendwelche Ereignisse ausfallen sollte, so ist der Reichsmarschall Hermann Göring mein Stellvertreter beziehungsweise Nachfolger in allen Ämtern von Staat, Partei und Wehrmacht.«

Noch zögert er. Was aber würde eintreten, wenn der Führer es übel aufnehmen würde, daß er die gefallene Krone an sich nähme? Koller schlägt vor, er möge an Hitler telegraphieren und ihm die Sache direkt vortragen. Göring geht auf diese Idee ein und setzt sofort eine lange Botschaft auf, die, ganz in Übereinstimmung mit seiner Heuchelei, von Treuekundgebungen und Siegeshoffnungen nur so strotzt, die sich aber beim augenblicklichen Stande der Staatsangelegenheiten als zu lang für die drahtlose Durchgabe erweist. Koller streicht den übergebührlichen Wortschwall, und nun lautet die Meldung wie folgt:
›Mein Führer, sind Sie einverstanden, daß ich nach Ihrem Entschluß, in Berlin zu bleiben und Berlin zu verteidigen, auf

Grund des Gesetzes vom 26. September 1941 nunmehr die Gesamtführung des Reiches übernehme, mit allen Vollmachten nach innen und außen? Wenn ich bis zweiundzwanzig Uhr keine Antwort erhalte, nehme ich an, daß Sie Ihrer Handlungsfreiheit beraubt sind, und werde nach eigenem Ermessen handeln. Was ich in diesen schwersten Stunden meines Lebens empfinde, kann ich nicht aussprechen. Der Herrgott schütze Sie, und ich hoffe, daß Sie doch noch aus Berlin hierher kommen.‹

Offensichtlich zufrieden, trifft Göring die Vorbereitungen, am nächsten Tage zu Eisenhower zu fliegen. »Ich weiß«, so versichert er, des Erfolges unbedingt sicher, »daß wir im Gespräch von Mann zu Mann schnell zu einer Verständigung kommen werden. Ich weiß, ich habe mein Publikum in den fremden Ländern und besonders in Amerika. Was ich unternehme, wird draußen ein Echo finden, dessen bin ich sicher.«

Und nun wendet Göring sich den inneren Angelegenheiten zu und trägt Koller auf, eine Proklamation an das deutsche Volk aufzusetzen. »Diese Proklamation soll den Russen zeigen, daß wir den Kampf gegen Osten und Westen fortsetzen, während die Briten und Amerikaner ihr entnehmen sollen, daß wir nicht im geringsten daran denken, den Kampf im Westen fortzusetzen, sondern nur gegen den Osten. Unsere Soldaten sollen aus dem Dokument ersehen, daß der Krieg weitergeht, ihm aber doch entnehmen, daß er sich mit günstigeren Aussichten für uns als bisher seinem Ende nähert.«
Koller wies darauf hin, daß zur Abfassung einer solchen Proklamation ein Diplomat gehöre, er aber keiner wäre: »Das alles ist ja schön und wundervoll, wo aber soll ich denn die Worte finden, irgendwem beizubringen, daß der Krieg weiter geht, und zur gleichen Zeit einem anderen erzählen, daß der

Krieg beendet ist, um einer dritten Gruppe klarzumachen, daß wir nur gegen Osten kämpfen, und noch einem anderen Personenkreis, daß wir gegen Osten und Westen weiterkämpfen?«
»Schon gut, Koller, aber ich hab niemand anderen, so müssen Sie es schon versuchen.«

Während Koller über dem Versuch dieses literarischen Wunderstückes Bleistifte zerbricht, macht Göring sich daran, eine Liste seiner neuen Kabinettsmitglieder aufzustellen. Er beabsichtigt, selbst das Ministerium des Äußern zu übernehmen, gelangt aber zu dem Schluß, daß er bei all den anderen Geschäften doch nicht dazu käme, ihm die Aufmerksamkeit zu widmen, die ihm zukomme. Immerhin wird er als Reichskanzler und Oberkommandierender der Wehrmacht – in Wahrheit: Führer! – sowieso in der Außenpolitik bestimmen. Er tut sich wichtig: »Ich werde schon mit den Briten und Amerikanern fertig werden! Ich weiß, die Amerikaner haben viel Bewunderung für mich.«
Er nimmt sein Mittagessen ein, und während er gierig ein Beefsteak und einen Berg Kartoffeln attackiert, hackt er Befehle herunter: »Meine Leibwache ist um tausend Mann zu verstärken, die Autobahnbrücken am Mangfall und im Leitzachtal sind zu zerstören; rufen Sie einen Generalstabsoffizier her!«

Inzwischen gibt er sich über dem Kauen dem Grübeln hin. Wenn die Leute früher schon meinten, er lebe zu königlich, was sollen sie nun erst sagen, da er der unbestrittene Gebieter des Reiches geworden ist? Auf seinem Privatbesitz Karinhall lebte er mit dem Pomp, dem Luxus und der Verschwendung eines römischen Imperators. Zahme Tiger schweiften in den weiträumigen Hallen umher. Bei Empfängen trug er einen purpurnen, toga-ähnlichen Überwurf und Sandalen, aus denen lackierte Fußnägel sich vordrängten. Bei anderen Festlichkeiten wurde er zum teutonischen Barbarenkönig, gekleidet in ein Leopardenfell. Dazu trug er gehörnten Kopfschmuck und einen mächtigen Knotenstock mit Goldgriff. Dann wieder gab er sich als bayerischer Baron in der Krachledernen und in vielfarbiger Jacke mit dem Schwergewicht von silbernem Tand, dazu rauchte er dann eine halblange Jägerpfeife, deren Kopf in seiner breiten Hand ruhte. Seine Wohnbauprojekte, Stahlwerke und Aufsichtsratsstellungen in zahllosen Unternehmungen hatten ihn zu einem der reichsten Männer im Lande gemacht, das alles aber würde nichts sein gegen den Griff nach dem Muster des sagenhaften Königs Midas, den er nunmehr in jeder Industrie, in jedem Unternehmen und jeder Organisation in seinem Deutschland anwenden würde!

Und nun konnte er auftreten, ohne daß Kritik an ihm geübt werden würde wegen der berühmten Gemälde, die von seinen Agenten in allen besetzten Gebieten konfisziert worden waren. Man hatte ihn angeklagt, sie aus Privatbesitz gestohlen zu haben, nun aber, an der Spitze der Nation, würde er immun gegen eine Kritik sein, jedenfalls in Deutschland. Und nun konnte er sich ganz nach Wunsch den Drogen hingeben – mit der neuen Wonne, daß die grandiosen, in seinen Opiumträumen heraufbeschworenen Bilder wahr werden würden!

Das Mittagessen ist vorüber, er gibt sich dem geruhsamen Genuß einer Pfeife Tabak hin, als ein Kurier mit zwei überraschenden Funksprüchen anlangt. Der erste lautet: ›Zeitpunkt für Inkrafttreten des Gesetzes vom 29. Juni 1941 werde ich selbst bestimmen. Meiner Handlungsfreiheit nicht beraubt, verbiete ich jeden Schritt in der von Ihnen angedeuteten Richtung.‹

Dieser Funkspruch war auch an der Dienststelle des Generals Koller abgesetzt worden.

Ein zweiter Funkspruch, an Göring persönlich gerichtet, lautete: ›Auf Ihre Handlungsweise steht die Todesstrafe. Wegen Ihrer großen Verdienste sehe ich von der Durchführung eines Verfahrens ab, wenn Sie auf Ihre Ämter und Würden freiwillig verzichten, andernfalls andere Schritte getan werden müssen. Adolf Hitler.‹

Ehe noch der Kurier das Zimmer verläßt, öffnet sich die Tür wiederum, und eine Abteilung der SS tritt ein. Der SS-Major an ihrer Spitze salutiert und nimmt straffe Haltung an. »Ich bedaure, Herr, aber ich habe Befehl vom Führer, Sie Ihres Kommandos zu entkleiden und Sie unter Arrest zu stellen!«

Seines Ranges und Kommandos wie seiner Auszeichnungen beraubt, konnte der so entblößte Göring nun in Haft an seiner Pfeife der Ernüchterung saugen und nur bestätigen, was er an einem ruhmreichen Tage von Adolf Hitler selbst gesagt hatte; »Wir alle sind Kreaturen des Führers. Sein Glaube macht uns zu den mächtigsten Menschen. Wenn er uns sein Vertrauen entzieht, sind wir nichts, dann sind wir in Dunkelheit geworfen und ausgewischt aus der menschlichen Erinnerung. Denn Deutschland ist Adolf Hitler.«

Der Wirbelsturm des 22. April, als Hitler von der Pflichtvergessenheit Steiners hörte, war nur eine sanfte Sommerbrise gewesen im Vergleich zu dem Erdbeben, das am nächsten Tage den Bunker erschütterte, als Görings Telegramm ankam. Hitlers aschfarbenes Gesicht wurde purpurrot, die Adern auf seiner Stirn schwollen bis zum Platzen an. Purpurrot vor Wut, war er anzuschauen wie ein Hahnrei, der plötzlich von der Untreue seiner Frau erfährt; das Zittern seiner Hände hörte auf, seine Beine steiften sich, und in Raserei durchmaß er dauernd das Betonquartier, zum ersten Male in seinem Leben der Worte unfähig. Dann aber brach der Damm. Das ganze Lexikon der Pöbelsprache strömte von seinen Lippen. ›Morphiumsüchtiger, Wollüstling, Verräter, Betrüger und Lügner‹, das waren noch die schmeichelhaftesten und druckfähigen Ausdrücke, die er gegen den Mann schleuderte, der schon seit den Tagen des Münchner Putsches sein Kamerad gewesen war und dessen Geld das Mühlenrad der Partei an manchen trockenen Tagen in Gang gehalten hatte. »Nur das ist mir also noch geblieben! Ein Ultimatum!« kreischte er.

So unklug auch Görings Telegramm gewesen sein mag, eine derart hysterische Aufnahme hatte es keineswegs verdient. Erst vierundzwanzig Stunden vorher hatte Hitler seinen Feldmarschallstab beiseite gelegt und stand fertig, sich mit der Pistole selbst zu richten, und nur zwölf Stunden zuvor hatte er zugestanden, daß Göring ihn zum Zwecke der Verhandlung mit dem Gegner ablösen solle, da der Kampf zu Ende sei. Jedoch von Hitler Vernunft zu erwarten, wenn es um sein Prestige und seine oberste Macht ging, das wäre so gewesen, als wollte man von einem bengalischen Tiger, in dessen Schlupfwinkel man eindringt, Logik erwarten.

Nach einer Ouvertüre in Gekreisch und Raserei sackt Hitler auf einem Stuhl zusammen und wird ruhiger. Mit samtweichem Schritt betritt Bormann den Raum. Das war der Augenblick, den er sich schon lange herbeigewünscht hatte. In das Ohr des bis zum Wahnwitz aufgepeitschten Führers säuselt er wie ein Labsal die Worte: »Beseitigen Sie ihn, setzen Sie ihn fest, lassen Sie ihn erschießen!« Solche Sprache hörte Hitler immer gern.
Vor dem Nürnberger Prozeß war die Rolle Bormanns verhältnismäßig unbekannt. Verschwiegen und listig, hatte er

über nächtlichen Planungen und mit Beharrlichkeit sich zu einem so intimen Vertrauten des Führers gemacht, daß er die unsichtbare Personifizierung des Terrors und der Intrigen werden konnte, die auf dem Obersalzberg in der sogenannten Reichsleitung ausgeheckt wurden. Gedrungen und stämmig, ließ er nach Gestalt und Gehabe an einen Biber denken, dessen Geschäftigkeit er nacheiferte. Er schwelgte in Macht um der Macht willen, und instinktiv verachtete er alle, die seine Rivalen um die Gunst des Führers sein konnten. Zum ersten Male zog er die Beachtung des Führers in Berchtesgaden auf sich, als er im Wissen darum, daß die Liegenschaften in der Nähe von Hitlers dortiger Residenz im Werte steigen würden, ausgedehnte Ländereien aufkaufte, die er dann parzellenweise nicht gerade zu seinem finanziellen Nachteil wieder verkaufte. Dann überschüttete er mit verschwenderischer Hand den Haushalt Hitlers mit Geschenken, und mit der Zeit wurde er zum Sekretär von Heß ernannt. Heß flog nach Schottland, und Bormann wurde unvermeidlich sein Nachfolger und damit der Mann Nummer drei im Deutschen Reich. Äußerst eifersüchtig auf Himmler mit seiner machtreichen SS, schuf Bormann, allerdings reichlich spät, den Volkssturm, damit er, vorbereitet auf alle Möglichkeiten, notfalls eine eigene Armee zur Verfügung hätte. Obwohl er aus Gründen von Rang und Einfluß ein Gegner Himmlers war, war er doch keineswegs ein geringerer Blutsäufer als der Führer der SS. Er war zur Auslöschung der gesamten slawischen Rasse entschlossen. Ein von Bormann an Alfred Rosenberg geschriebener und im Nürnberger Prozeß bekannt gewordener Brief vermittelt eine Vorstellung von den Gedankengängen Bormanns:

›Die Slawen müssen für uns arbeiten. Soweit wir sie nicht benötigen, mögen sie sterben. Erziehung ist gefährlich. Es genügt, wenn sie bis hundert zählen können. Jeder gebildete

Mensch ist ein kommender Feind. In bezug auf Nahrung sollen sie nicht mehr bekommen als notwendig. Wir sind die Herren, wir kommen zuerst.‹
Major von Loringhoven charakterisierte schon nach wenigen Tagen Aufenthalt im Führerbunker Bormann als den leibhaftigen Teufel. Die Sekretärinnen schauderten mit Entsetzen vor ihm zurück. Mit General Burgdorf kam er bei einer Flasche Schnaps sehr gut aus, weil ihre Persönlichkeiten sich in einem Charakter zusammenfanden, der so homogen war wie der von ihnen getrunkene Schnaps.
Obwohl das Reich auseinanderbrach wie Tafeleis im Golfstrom, kämpften die Ehrgeizigen mit blanken Messern um das Privilegium, die Führerrolle in den sich loslösenden Fragmenten zu übernehmen. Wenn es ihm gelänge, Göring als Mann Nummer zwei auszuschalten, dann, so glaubte Bormann, würde er selbst zu dieser Nummer aufrücken; und da eines Tages Hitler durch Selbstmord oder Schlag würde enden können, hatte Martin Bormann Visionen von einer grandiosen Führerstellung.

Dennoch befahl Hitler, Bormanns Drängen und seinen eigenen Neigungen zum Trotz, nicht sogleich Görings Hinrichtung. Er nahm ihm seine zahllosen Orden und Rangabzeichen, enthob ihn jeglicher militärischen und zivilen Rangstellung, belegte ihn mitsamt Frau, Kind und Stab mit Arrest und ordnete ein Gerichtsverfahren wegen Hochverrats an.
Vom Rang eines Kronprinzen war Göring nun zu einem ganz einfachen Soldaten degradiert.
Jedoch weder Ausschaltung noch Ungnade verminderten seinen glühenden Eifer der Selbstbeweihräucherung. Noch nahm er an, daß er mit dem Oberkommandierenden des alliierten Expeditionskorps von Mann zu Mann, und als Soldat zum Soldaten‹ würde sprechen können, und er

ersuchte Feldmarschall Kesselring darum, diese Zusammenkunft zu arrangieren. Seine pathologische Überheblichkeit geriet nie ins Schwanken. Als er von den Amerikanern abgeführt wurde, ließ er General Koller ausrichten, er gehe, um Eisenhower zu treffen, und er werde in einer oder in zwei Wochen zurück sein. Erst als er in Nürnberg gelandet war, wurde es ihm klar, daß er als Urheber der unmenschlichen Gestapo und als Schöpfer der unaussprechlich schrecklichen Konzentrationslager die Achtung eines Soldaten verspielt und den Namen eines Ehrenmannes verloren hatte.

Bis zur letzten Ruine

Am 24. April hatten die Russen bereits ein Drittel des zerschlagenen Berlins eingenommen und dabei 20 000 Verteidiger, 500 Geschütze, 100 Flugzeuge, 28 Panzer, 2500 Lastwagen, 88 Lokomotiven, die Städtischen Gaswerke, Eisenbahnlinien und zahlreiche Fabriken in ihre Hand gebracht. Eine Kampfabteilung war bereits bis auf acht Häuserblocks an den Alexanderplatz vorgedrungen, aber Weidlings Männer widerstanden tapfer. Hinter Hausruinen und Schuttbergen, umgestürzten Lastwagen und Barrikaden aller Art stemmten sie sich der unaufhörlichen Flut von Stahl und Feuer entgegen. Von aufgerissenen Dächern herunter und aus Panzerdeckungslöchern griffen sie mit der Raserei gestellter Wölfe an und mußten dennoch Haus um Haus, Straße um Straße, Block um Block preisgeben.
Diese Schlacht um Berlin ist ein einziges Epos von Brand und Vernichtung. Die Tapferkeit der Verteidiger wäre einer besseren Sache würdig, für sie aber gibt es noch genug der Gründe: Sie schlagen sich, weil sie Soldaten sind; sie kämpfen um ihre Selbsterhaltung; sie kämpfen um den Ruhm der Abteilung, der Kompanie, des Regimentes, der Wehrmacht; keiner aber kämpft wissentlich mehr für die Person, für die er in Wahrheit Leib und Leben riskiert – für Adolf Hitler.

Anders steht es bei der SS. Noch immer sind sie ihm fanatisch ergeben; trotz allem, was er über sie gesagt hat. Sie sind einer Idee ergeben, nicht der Person des Führers, der in dem ungeheuren Flammenmeer in ihrem Innern und um sie herum verlorengegangen ist. Sie halten die Treue einem Begriff, über den sie sich selbst nicht mehr ganz klar sind. In all dieser Mühe, Not und Vernichtung sind sie einer Idee verhaftet, einer wilden, ungebärdigen Vorstellung von Bestrafung der Schwachgewordenen und Schuldigen, das heißt jener, die für ihre unbehagliche und gefährliche Lage ihrer Meinung nach verantwortlich sind. Und wenn nun einer diesem Ringen entfliehen will, dann hängen sie ihn an einem Baum oder Laternenpfahl auf, weil seine Abtrünnigkeit die Chancen eines SS-Mannes, zu den Überlebenden zu zählen, immerhin etwas vermindert. Sie schießen auch den einzelnen Soldaten nieder, der sich davonschleichen oder in einem Deckungsloch verschwinden will; sie geben kurze Feuerstöße gegen desertierende Abteilungen; sie bedrohen selbst hochstehende Heeresoffiziere mit ihren Pistolen, wenn diese von Einstellung des Kampfes sprechen.

SS und Gestapo wollen Deutschland bis zur letzten Ruine verteidigen, bis zum letzten Mann; nicht aus Patriotismus, sondern weil dies zerbröckelnde Gestein, diese wankenden und berstenden Säulen und die sie umhüllenden Wolken von grauem, mystischem Rauch eine nihilistische Untergangsstimmung schaffen.

Auch Hitler steht im Bann der Götterdämmerung; seine Exaltiertheit aber hat einen stärkeren, neurotischen Antrieb, weil er über und unter der Vernichtung dahinlebt. Er erhebt sich über die Asche des Todes. Wie seine anderen Feinde soll auch Göring sterben, er aber wird leben. Er wird sich über sein physisches Erleiden hinaus erheben. Dr. Stumpfegger als Nachfolger von Morell hat ihm versichert, daß seine Leiden geheilt werden würden. Er sieht in seinem Herrn und Meister einen göttlich inspirierten Mann, und das sagt er ihm stetig, während er die Arzneien mischt, die Drogen übergibt und die

Injektionsnadel fertig macht. Die anregenden Spritzen in den Adern bestätigen dem großen Führer nur mehr seine langgehegte Überzeugung von seiner Überlegenheit, einer Überlegenheit über Männer, Lage und Schicksal. War es denn nicht so, daß er als Arbeitsloser, als Ungelernter und landfremder Nichtbürger ganz allein aus sich zur höchsten Macht emporstieg? Bei dieser Erklimmung des äußersten Gipfels eines pyramidalen Absolutismus setzte er zweiundsiebzig der höchsten Posteninhaber des Reiches ab, um ihre Stellen einzunehmen.
Bei der ungewöhnlichen Verbindung von Fähigkeiten, wie sie Adolf Hitler eigen war, ist es nicht erstaunlich, daß neben dem schon erwähnten Minderwertigkeitskomplex ein noch größerer Überheblichkeitskomplex entstand. Speer sagte, daß »Hitler aus zahllosen Einzelgeschehnissen sich die feste Überzeugung zusammengestückelt hatte, daß seine ganze Laufbahn mit ihren vielen ungünstigen Ereignissen und Rückschlägen von der Vorsehung so geplant worden sei, um ihn das ihm vorausbestimmte Ziel erreichen zu lassen. In allen schwierigen Lagen und Entscheidungen diente ihm dieser Glaube als primäres Argument. Seine ursprüngliche Veranlagung war, sich in seinem Denken vom Druck der laufenden Ereignisse freizumachen. Je mehr er aber durch seine Überarbeitung und die Entwicklung der Geschehnisse in Bedrängnis geriet, um so mehr brachte er das Argument seines ›vorherbestimmten Schicksals‹ vor.«
Dieses ›vorherbestimmte Schicksal‹ war für ihn in keiner Weise an Wirklichkeit und Wahrheit gebunden. Wahrheit war für ihn das, was er dazu machte. General Halder, der einmal dabei war, als Hitler nacheinander mit Mussolini, Marschall Antonescu und Marschall Mannerheim sprach, beleuchtete diesen Punkt: »Er beschrieb genau die gleiche militärische Lage – einfach historische Tatsachen – jedem in völlig anderer Weise als den beiden übrigen.«

Zur Zeit der Normandie-Invasion verlangte er von Keitel vierzig Sonderdivisionen, die den Eindringlingen entgegengeworfen werden sollten; Keitel aber erwiderte, daß er von der Heimatarmee allenfalls zehn Divisionen, wenn überhaupt soviel, abziehen könne.

»Zehn Divisionen! Das ist ja lächerlich! In zehn Tagen verlange ich einen greifbaren, konkreten Vorschlag, wie das arrangiert werden kann!«

Durch improvisierte Verschiebungen und durch Zurückziehen einiger Einheiten und ihre Zusammenschließung zu Divisionen gelang es schließlich, dreißig zusammenzubringen.

»Sehen Sie«, sagte Hitler, spannungsgeladen vor lauter Selbstlob, »wenn ich es zugelassen hätte, dann hätte ich nur zehn Divisionen bekommen; indem ich aber das Unmögliche verlangte, habe ich das äußerst Mögliche bekommen.«

Hitler war stolz auf seinen Witterungsinstinkt. »Ich muß mich auf meine Nase und meinen sechsten Sinn verlassen«, pflegte er seinen Generalen zu sagen, wenn er Entscheidungen traf, die allen offensichtlichen Tatsachen entgegenstanden.

General Halder sagte, daß Hitler außer der Gabe eines schnellen Auffassungsvermögens eine Fähigkeit besaß, ›die einen fast an den Instinkt wilder Tiere erinnert, Menschen nach ihrer Stellung zu ihm zu beurteilen‹.

Fraglos muß er nach der von ihm erzielten Massenwirkung als einer der größten Redner aller Zeiten bezeichnet werden. Diese Feststellung bezieht sich auf die Wirkung, nicht auf den Zweck und schon gar nicht auf die Ethik. Die Kunst des Redners besteht in seiner Überzeugungskraft; und keiner, der das Delirium seiner Versammlungen erlebt hat, kann daran zweifeln, daß Hitler überzeugend wirkte. Der breite Fluß seines Wortschatzes, seine Häufung von Sentenzen wie eine Phalanx

marschierender Fahnen, sein ungeheures Gedächtnis, das sich nie zu irren schien, die Kraft seiner Stimme, die akrobatische Hysterie seiner Vortragsweise wirkten auf seine Hörer wie das Pochen von Dampfhämmern gegen ihr Nervensystem, bis die Befreiung vom Druck nur durch ein Rufen und Schreien eintreten konnte, das in seiner Einstimmigkeit jeden Hörer davon überzeugte, daß das Paradies nahe sei.
Auf der Rednertribüne tanzte Hitler, gestikulierte und brüllte, wurde weinerlich und lachte, er schrie und flüsterte, wurde gereizt und streitbar, er denunzierte, verdammte und apostrophierte, um erschöpft und abgetrieben zu enden, während seine Zuhörer vor Fröhlichkeit und Heiterkeit in einen Zustand der Verzückung gerieten. Oft blieben seine Worte unverständlich. In dem dramatischen Crescendo, das bis zum explosiven Höhepunkt sich steigerte, sprach er mit derartiger Schnelligkeit, verfiel er so ins Brüllen und Kreischen, daß er oft mit einer Kaskade von leidenschaftlichem Kauderwelsch schloß. Mittlerweile waren seine Zuhörer in eine Verfassung mit fortgerissen, in der sie von selbst, ohne Hilfe und die Notwendigkeit einer rednerischen Führung, den Gipfel der Gemütsbewegung und Erregung erklommen. Seine Reden waren Ereignisse, keine bloßen Vorträge; und die Bühne dazu war immer aufgebaut. Ob er in einem geschlossenen Saal oder in einem offenen Stadion sprach, immer hatten die große Gewandtheit und die unbeschränkten Mittel sachkundiger Dekorateure das Forum in einen sichtbaren Appell an die Massen umgeformt, der die tiefsten Wogen der Gärung und des Provinzpatriotismus aufwühlte. Leuchtende silberne Hakenkreuze auf flammendrotem Samt, gigantische goldene Adler und dazu die bekannte ›Blutfahne‹, die 1923 beim Münchener Putsch mitgeführt worden war, all das traf die gaffende Menge mit keinem geringeren dynamischen Schwung als die Musik eines hundertköpfigen Spielerkorps,

dessen sentimentale Melodien und dröhnende Marschmusik die Tausende, die die Ankunft des großmächtigen Khans erwarteten, elektrisierte.

Plötzlich verstummt das Orchester, und die Silbertrompeten galvanisieren die Luft, als SS und Hitlerjugend, in funkelnden Helmen und Phantasieuniformen aufgemacht, einmarschieren und Legionen prunkender Nazibanner vor sich hertragen, bis alles, soweit das Auge blicken kann, in ein wogendes Meer funkelnder Farben getaucht ist. Parteifunktionäre, SS-Führer und sonstige Würdenträger haben Stellung auf der Bühne genommen, und nun legt sich ein feierliches Schweigen auf die ungeheure Menge. Ein leichter Trommelwirbel rollt dahin, während von der Seite her eine Gestalt langsam näher schreitet und alles in ehrfurchtsvoller Scheu erstarrt. Der Führer erreicht das Podium, wirft seinen Arm in die Höhe, und dann schreien zehn-, zwanzig-, fünfzig-, hundert- oder fünfhunderttausend Stimmen: »Heil Hitler!« Das ganze Universum scheint das Echo zurückzuwerfen: »Heil Hitler!« Und dann beginnt der Redner.

Seine Stimme klingt tief und sympathisch, als er anhebt: »Deutsches Volk! Nationalsozialisten!« Der große Mann ist betrübt, als er von der unmenschlichen Behandlung spricht, durch die sein geliebtes Vaterland gedemütigt worden ist, von den Ungerechtigkeiten, die es aus den Händen der Versailler Friedensmacher erlitten hat, von der schmählichen Behandlung, die es von den plutokratischen Demokratien hat erdulden müssen, und von den territorialen Eingriffen seiner Nachbarn. Seine Stimme schwillt an; ungestüm rechnet er mit diesen imperialistischen Mächten ab, die doch Deutschland gar nicht geschlagen haben, denn Deutschland habe noch nie einen Krieg verloren! Deutschland wurde betrogen! Betrogen von Juden, Kommunisten und internationalen Börsianern! Aber sie sollten nur auf der Hut sein! Das deutsche

Volk sei ein edles Volk, ein großes Volk, es sei eine Herrenrasse, und es werde die Demütigungen rächen, es werde sich wieder holen, was ihm gehöre. Er fordert die deutschen Kolonien, Kinder, die der väterlichen Liebe des Vaterlandes entrissen worden seien. Wie ein Meister der Tasten durchläuft er die ganze Klaviatur vom Pianissimo zum Fortissimo. »Deutsche! Wir werden unseren Platz an der Sonne einnehmen!« Deutschland wird seine Feinde niederwerfen, im Innern wie draußen, jene Feinde, die den Mündern deutscher Kinder und deutscher Mütter den Brotbissen entreißen wollen. Er wird diese Gegner niederwerfen; er hebt seine Faust und – wirft sie nieder. Er hüpft hoch, und mit beiden Füßen zertrampelt er die Drachenköpfe, die Deutschland verschlingen wollen. Ironie und Sarkasmus, Haß und Gift strömen von seiner schnellenden Zunge, als er Churchill einen internationalen Brandstifter und einen Dummkopf von Amateurstrategen‹ nennt, dessen Äußerungen symptomatisch sind entweder für eine paralytische Erkrankung oder als Phantasien eines Säufers; und als er die kommunistische internationale Diktatur als destruktive asiatische Weltanschauung bezeichnet. Er wettert gegen die Kommunisten und zertrampelt auch sie. Er wettert gegen die Arbeitslosigkeit und für Abrüstung, gegen Krankheit und Depression, und er besiegt sie alle – hier, am Rednerpult. Die Menschen schreien ihren Beifall, ihre Bewunderung und Huldigung hinaus. Nun spricht Hitler schon eine Stunde, aber er benötigt noch zwei weitere Stunden, ehe er alle Feinde Deutschlands vernichtet hat. Auf eigene Faust wird er, er allein, alle packen und überwältigen: die Tschechoslowakei und Polen, die Kriegskrämer und das perfide Albion, Roosevelt und Frankreich, Juden, Marxisten und Freimaurer, die Kirchen wie die Pazifisten, Kranke, Unheilbare und Versöhnungsapostel, französische Chauvinisten und Dollfuß, den Papst, die Weimarer Republik, die

Kinderlosen, die Versager des ersten Weltkrieges, sowie die hohen Lebenshaltungskosten. – Er vernichtet sie alle vor den Augen seiner Zuhörer, die nun zu einer exaltierten Masse geworden sind. Die Menschen klettern übereinander hinweg, um näher an den Befreier heranzugelangen, Frauen fallen in Ohnmacht, indes Woge über Woge von donnerndem »Heil Hitler! Heil Hitler!« über die entfesselte Menschenmasse dahinbrandet. Der schwitzende Gegenstand dieser tumultösen Vergötterung wirft nun seinen Arm hoch, und die Beifallsstürme brechen mit der Plötzlichkeit ab, wie ein Radio durch ein Drehen des Knopfes zum Schweigen gebracht wird. Er hebt sich auf die Zehenspitzen und schreit mit der Vollkraft seiner Lungen: »Sieg Heil!« während die Kapellen wie toll intonieren: ›Wir fahren gegen Engeland!‹

Wie in einem Rausch wenden sich die hingerissenen Zuhörer heimwärts und verlassen nur ungern die Stätte eines so überwältigenden Sieges. In der nächsten Woche aber schon wird Hitler wiederum genau so die gleichen Feinde zerschmettern, wenn nicht inzwischen gar neue hinzugekommen sind.

In seinen Reden ist Adolf Hitler nicht nur der tapfere Krieger und kundige Wirtschaftsmann, nicht nur der gewandte Staatsmann und der um keinen Ausweg verlegene Parlamentarier; er gibt sich da auch als Philosoph. Während die Millionen Hände seiner Zuhörer ihm in frenetischer Selbstgeißelung rasend zuklatschen, spricht er philosophische Tiefgründigkeiten wie diese aus:
»Gewissen und Moral sind rostige Ketten, die nur Narren mit sich herumschleppen. Freiheit und persönliche Unabhängigkeit sind Waffen, die nicht jeder zu gebrauchen weiß. Ich werde die Schlüssel zum Zeughaus der Rüstung selbst behalten und werde, wenn überhaupt, nur wenige Waffen freigeben.

Nur kleine Gehirne sprechen vom Gesetz von Ursache und Wirkung. Wenn ein solches Gesetz besteht, dann widerrufe ich es. Ich werde die Wirkung erzielen, und dann, wenn ich bestimme, die Ursache erst später eintreten lassen.«
In seinem Buch ›Mein Kampf‹ gab Hitler seine eigene Erklärung für Aussprüche solcher Art: ›Wer die Sympathien der breiten Massen gewinnen will, muß ihnen die widerstreitendsten und einfältigsten Dinge erzählen.‹
Auch in der privaten Unterhaltung war Hitler wie ein Zirkusanreißer. Entweder sprach er mit gewaltigem Stimmaufwand oder überhaupt nicht. Wenn er eine Unterhaltung in gemäßigter Tonart versuchte, dann tastete und stolperte er; hatte er aber einmal die Seifenkiste des Freiredners bestiegen, dann machte ihn seine Rede unbezwingbar. Sie wurde, wie von Lederpeitschen getrieben, abgehaspelt und schöpfte ihre Kraft aus bullenstarken Lungen. Selbst im Bannkreis seines Arbeitsraumes konnte er, wenn er nur zu drei oder vier Menschen sprach, genau so in rednerischer Raserei schäumen wie vor einer nach Tausenden zählenden Zuhörerschaft. Mitunter konnte er seine Faust ballen und sich so tief vornüber beugen, daß er fast den Boden berührte, wenn er mit Wortgranaten und rhetorischem Geschütz seinen Gegner zerschmetterte.

Wegen dieser Überlegenheit als Redner dichtete man ihm auch alle sonstigen Fähigkeiten an; aber diese Fähigkeiten waren mit dem Reden allein schon erschöpft. Ihm gingen literarische Befähigungen ab. Seine Reden wimmelten von grammatikalischen Fehlern. ›Mein Kampf‹ wurde von ihm, während er seine wohlausgestattete und komfortable Zelle als Festungshäftling in Landsberg abschritt, Rudolf Heß und einigen anderen diktiert und gedanklich vorgetragen. Das Manuskript wurde dann von Heß und anderen niedergeschrieben. Hitlers wöchentliche Artikel für den ›Völkischen

Beobachter‹ waren so kümmerlich aufgesetzt, daß sie umgearbeitet werden mußten.

Wohl konnte Hitler reden, aber er konnte kein Auto lenken, kein Pferd reiten oder auch nur einen Schlag schwimmen. Um sein reiterliches Unvermögen zu verteidigen, hatte er sich eine schöne Ausrede zurechtgelegt: »Es schmerzt mich, wenn ich sehe, wie die schönen natürlichen Linien eines Pferdes durch einen Menschen, der da rittlings wie ein Affe auf seinem Rücken hockt, verunstaltet werden.« Als Führer besaß er eine Jacht im Werte von zwanzig Millionen Mark, er benutzte sie aber fast nie, weil er auf Deck eine kümmerliche Figur machte, da er nicht einmal die leichtesten Wogen vertragen konnte.
Von Wissenschaft in technischem Sinne verstand er nichts; das Geldwesen war ihm eine terra incognita. Reichsschatzmeister Schwarz sagte, daß er, obwohl Milliarden an Parteigeldern durch seine Hände gingen, den Führer seit Jahren nicht gesehen habe. Die gleiche Beschwerde hatte Finanzminister Graf von Schwerin-Krosigk.

Als Redner aber war Hitler die hervorstechendste Figur des zwanzigsten Jahrhunderts. Seine Redeweise war geradezu artilleristisch, seine Zunge war ein Schwert. Die Macht seiner Rednergabe war von fast atomischer Wirkung; er vermochte sozusagen den gesunden Menschenverstand damit wegzusprengen.
Seine friedfertigste Bemerkung konnte eine Wirkung haben wie Schießpulver. Er vermochte von Frieden zu sprechen und dabei seine Zuhörer in Krieger zu verwandeln. »Deutschland will Frieden haben!« schrie er immer und immer wieder wie ein in Stellung gegangenes Zweihundertzentimeter-Geschütz. »Deutschland verlangt nichts!« und man sah die

ominöse Mündung einer Haubitze auftauchen. »Die Ruhe in unseren internationalen Beziehungen ist der höchste Wunsch unserer nationalen Politik, und Krieg darf unsere Gedanken nicht länger beschäftigen!« so konnte er wiederholen, und jedes Wort zischte wie eine Kugel, jede Phrase war wie eine Salve, und das Ganze war wie eine Breitseite, deren Echo fünfhunderttausend Kehlen zurückwarfen, deren Widerhall fünfhunderttausend Herzen wild schlagen ließ und deren Antwort fünfhunderttausend hochgestreckte Hände waren, in die die Musketen hineingeworfen werden konnten, deren gesamte Abzugsbügel von dem General da auf dem Podium auf sein Kommando bedient werden konnten.
›Wir wollen Frieden!‹ wurde umgeschmolzen in: ›Wir wollen keinen Krieg!‹ Das wiederum wurde abgelöst von dem Ausruf: ›Unsere nationale Sicherheit ist bedroht!‹ Auch das mußte weichen, an seine Stelle trat: ›Wir wollen nicht gebluft werden!‹ Und dann folgte: ›Wenn wir bedroht werden, werden wir zum Angriff als Mittel der Verteidigung übergehen!‹ Die Worte waren verschieden, die Musik aber blieb die gleiche. Es war wie ein Vulkanausbruch in Hitlers ›Wir wollen Frieden!‹ genau so wie in seinem ›Wir werden zum Angriff übergehen!‹

Die Welt aber lächelte und spöttelte. Solange er nur bellte, konnte der Hund nicht beißen. Dabei vergaß man, daß nächst der Atombombe die gewaltigste Macht der Welt das gesprochene Wort ist. Es herrscht die allgemeine Ansicht, die Feder sei mächtiger als das Schwert und sie übertreffe somit die Zunge an Überredungs- und Triebkraft. Doch es bedarf nur des Hinweises auf die Wirkung des Radios, um diesen Trugschluß auffliegen zu lassen.
Die Jahrhunderte hindurch haben Redner die Welt zum Guten oder zum Bösen in einem Maße beeinflußt, das den

Geschichtsschreibern entgangen ist. Die schriftlich niedergelegte Verkündigung mag physisch eine längere Lebenszeit haben, der Schaden oder Gewinn aber, den ein Sprecher hervorzubringen vermag, ist unmittelbarer und wirkungsvoller. Ein Marc Antonio gerät über dem Leichnam Cäsars ins Deklamieren, und der vernichtendste römische Bürgerkrieg bricht los; ein Robespierre steht schreiend auf dem Rednerpodium, und eine Schreckensherrschaft nimmt das Land in ihren harten Griff; ein Demosthenes donnert los, und ein griechisches Imperium wälzt sich im Bruderblut; ein Marcus Cato gefällt sich in der bis zum Wahnwitz wiederholten Forderung: »Ceterum censeo, Charthaginem esse delendam«, und Karthago wird zerstört. Ein Adolf Hitler peitscht mit einem Wirbelsturm von Worten ein Land wohlgebildeter Menschen, und die Wildhunde des vernichtendsten Krieges sind losgekettet.

Seine Stimme von der Gewalt eines Zyklons, die fast einen halben Kontinent mitriß, wußte aber auch für ihren Besitzer Bewunderer zu werben. Arthur Axmann erklärte, wie er dem Zauber Hitlers verfiel:
»Was den größten Eindruck auf mich machte und mir am meisten auffiel, das war die Anerkennung und teilweise Bewunderung der ausländischen Diplomaten für den deutschen Staatschef. In dieser Hinsicht habe ich zum Beispiel nur positive Worte aus dem Munde von Sir Nevile Henderson, dem englischen Botschafter, gehört. Ich erinnere mich, wie der Präsident der Türkei, Kemal Atatürk, von Hitlers Größe sprach, als er eine Abordnung von Jugendführern empfing, der ich angehörte. Ich denke auch an die Erklärung, die von Lloyd George nach einem Empfang auf dem Obersalzberg abgegeben wurde: ›Das deutsche Volk könne Gott auf seinen Knien danken, daß es einen Adolf Hitler habe.‹«

Warum trotz des klaren Verbots im Versailler Vertrag und trotz der Höchstleistung an Vernichtung, die in den Jahren 1914 bis 1918 die kaiserliche Unterseebootflotte dem britischen Imperium bescherte, England im Jahre 1935 einen Marinevertrag mit Hitler abschloß, der zur Neuentstehung der deutschen Kobra der Meere ermächtigte – das ist eines jener Geheimnisse, die noch von keinem Engländer und keinem Historiker erklärt werden konnten. Und warum England nicht Hitlers Einmarsch ins Rheinland verhinderte oder nicht gegen die Wiedereinführung der allgemeinen Wehrpflicht protestierte, obwohl es durch einen feierlichen Vertrag dazu verpflichtet gewesen wäre – das sind zwei weitere Unglaublichkeiten. Und aus welchem Grunde belohnte His Majesty's Government of Great Britain Hitler umsonst mit dem Sudetenland, einem integralen Teil des Hoheitsgebietes eines anderen Landes?
Die Antworten können in Hitlers Verschlagenheit gefunden werden. Hätte er in New York gelebt, dann würde er die Brooklyn-Brücke an Bauerntölpel im Hinterlande verkauft haben. Es ist kindisch, zu sagen, Hitler sei unehrlich gewesen; und es ist dumm, zu schreien, er sei eben ein Raufdegen gewesen. Das wäre weiter nichts als das weinerliche Lamentieren eines verweichlichten Schuljungen, der von einem muskulöseren Klassenkameraden einen Schlag abbekommt. Britische Diplomaten, Experten von Tradition und geschliffen an internationalen Konferenztischen, wurden von diesem ungelehrten Arenakünstler glatt überspielt.
Hitler war schlau. Er war ein Schauspieler. Durch ein jämmerliches Theaterstückchen bannte er Downing Street. Durch einen ganz gewöhnlichen Bluff warf er Schatten der Furcht über den Quai d'Orsay. Durch ein äußerst einfältiges Manöver täuschte er die beiden argwöhnischsten Menschen der Welt: Molotow und Joseph Stalin.

Trotz solchen Bekundungen von Absolutismus und erhabener Überlegenheit war dieser Staatschef ein ganz gewöhnliches menschliches Wesen, das öffentlich in den Zähnen herumstocherte, seinen Schnurrbart mit der Schere vor dem Spiegel selbst stutzte und das auch dazu fähig gewesen wäre, ein Kaminfeuer mit einem van Gogh wieder zum Lodern zu bringen.

General Walter Schellenberg, der einmal mit Hitler dinierte, gab mir eine interessante Studie vom Benehmen Hitlers bei der Tafel: »Hitler begann das Essen mit einem Maiskolben, der ihm in einer bräunlichen Sauce aufgetragen wurde. Ich kann nicht behaupten, daß er ihn sehr manierlich aß. Er machte ziemlich komische Geräusche mit seinen Zähnen, als er sich durch die Reihen von Kernen durcharbeitete. Dann bemächtigte er sich eines Marmeladenomelettes. Niemand aber konnte seinen eigenen Hunger stillen wegen des Gefühles, es sei respektlos, in der Gegenwart des Führers ordentlich reinzuhauen, ganz gleich, wie viel er selbst aß. Die Atmosphäre war steif und frostig. Ich selbst war an diesem Tage ziemlich hungrig und bat, mir nochmal aufzulegen, was einen sehr schlechten Eindruck machte.

Die Unterhaltung ging nur schleppend, weil man darauf wartete, daß Hitler als erster spräche. Ich hatte nicht den feierlichen Respekt vor dem Führer, den, wie es schien, die anderen hatten. Daher zögerte ich nicht, Hitler anzureden. Daraufhin stieß mich Himmler unter dem Tisch an, ich möge still sein. Dann kam ein Adjutant mit einer Liste unseres Rüstungsstandes in Frankreich, die von Hitler mit einem Vergrößerungsglas betrachtet wurde. Er meinte, daß einige der Aufstellungen offensichtlich korrekt seien, daß er aber gewisse private Informationen besitze, die erheblich weniger aufwiesen als das, was ihm vorgelegt worden sei. Währenddessen betrachtete ich ihn und legte mir die Frage vor: ›Was ist

eigentlich so Bemerkenswertes an diesem Mann?‹ Dann bemerkte ich, daß er eine von einer Erkältung geschwollene Nase hatte. Das brachte eine Unterhaltung über Erkältungen in Gang, und Heß und andere sagten in Tönen, die vor Mitleid vibrierten: ›Ach, Führer, Sie leiden immer bei Tiefdruck so unter diesen fürchterlichen Erkältungen.‹
Der Führer nahm alle bedauernden und schmeichlerischen Bemerkungen entgegen, um dann sein gewichtiges Urteil zu fällen: ›Ich habe über diesen Gegenstand eine Studie angestellt, und danach hängen meine Gesundheit und mein Wohlbefinden sehr stark von atmosphärischen Bedingungen ab.‹
Bei allen Roheiten und barbarischen Neigungen gab es an Hitler auch einen fremdartigen, weibischen Zug, der zum Beispiel insbesondere in den Frühtagen seiner Herrschaft in seinen kleinen, gezierten Schritten und seinen Launen zum Ausdruck kam, die ihn oft bis zu Schluchzern und Tränen brachten. Aus der Zeit, da er seinen Strauß mit dem Präsidenten der Tschechoslowakei, Benesch, also die erste wirkliche Probe auf seine internationale Stärke, auszufechten hatte, wird von ihm behauptet, daß er sich auf den Boden warf und an den Teppichecken kaute, um seinen gequälten Nerven Erleichterung zu verschaffen.

General Karl Wolff berichtet von seinem Entsetzen, als in einer Unterhaltung mit Hitler der Diktator seine Absicht bekundete, Männer, Frauen und Kinder polnischer Abstammung dem Tode auszuliefern. Auf Wolffs unausgesprochene Frage nach der Notwendigkeit solchen Hinschlachtens erwiderte Hitler: ›Nur so werden wir den uns nötigen Lebensraum gewinnen. Wer spricht schließlich heute noch von der Vernichtung der Armenier?‹

Etwa Anfang März 1945 legte Bormann Hitler bei einer Führer-Lagebesprechung eine Notiz aus der alliierten Presse vor. Diese Notiz lautete dem Sinne nach etwa so:
›Eine kurz vorher über Deutschland abgeschossene amerikanische Bomberbesatzung war von vorrückenden amerikanischen Truppen wieder aufgenommen worden. Sie hatte ausgesagt, daß sie von der empörten deutschen Bevölkerung mißhandelt worden sei, mit dem Tode bedroht und getötet worden wäre, wenn nicht deutsche Soldaten sie befreit und in Schutz genommen hätten. Die Frauen seien fast bösartiger und gefährlicher gewesen als die Männer.‹
Bei der Vorlage dieser Notiz wies Bormann den Führer mit einigen Worten darauf hin, daß damit bestätigt sei, daß die Soldaten in solchen Fällen gegen die Bevölkerung einschreiten.
Er sagte wörtlich: »Da sehen Sie, mein Führer, wie Ihre Befehle ausgeführt werden.«
Hitler, sofort sehr erregt, rief: »Wo ist die Luftwaffe?« wandte sich an den anwesenden General Koller und sagte sehr laut und empört:
»Warum werden meine Befehle nicht ausgeführt? Ich habe schon einmal befohlen, daß die abspringenden Bombermannschaften und Terrorflieger nicht gegen den berechtigten Zorn der Bevölkerung in Schutz genommen werden dürfen! Diese Leute morden nur deutsche Frauen und Kinder! Es ist unerhört von deutschen Soldaten, zum Schutz dieser Mörder gegen die im berechtigten Haß handelnde Bevölkerung vorzugehen.«
Überrascht von dieser Zurechtweisung, antwortete General Koller:
»Ich kenne keinen solchen Befehl; außerdem ist das praktisch unmöglich.«
Hitler, sehr laut und sehr scharf: »Der Grund, daß meine

Befehle nicht ausgeführt werden, ist nur die Feigheit der Luftwaffe! Weil die Herren von der Luftwaffe feige sind und Angst haben, es könnte ihnen auch mal etwas passieren, deshalb führen sie meine Befehle nicht aus. Das Ganze ist nichts als ein Feigheitsabkommen zwischen der Luftwaffe und der englisch-amerikanischen Air-Force.«
Hitler dreht seinen Körper noch ein wenig weiter nach links herum, sieht den im Hintergrund an diesem Tage ausnahmsweise anwesenden Kaltenbrunner und schreit Koller wie Kaltenbrunner, seine Blicke zwischen beiden hin- und herwechselnd, an:
»Ich befehle hiermit: Sämtliche in den letzten Monaten als Gefangene eingebrachten Besatzungen der englisch-amerikanischen Air-Force und alle künftig noch anfallenden Besatzungen sind von der Luftwaffe sofort dem Sicherheitsdienst zu übergeben und zu liquidieren. Jeder, der meine Befehle nicht ausführt oder gegen die Bevölkerung vorgeht, wird mit dem Tode bestraft und erschossen!«
Hitler tobte dann, mehr allgemein sprechend, und brachte seine Empörung und Auffassung in starken Worten zum Ausdruck. Der Vorgang war so laut und aufregend, daß das Personal aus dem übrigen Bunker zusammenlief.

Hitler wünschte sehnlichst, seine Vergangenheit auszulöschen. Es gab da manches, Wichtiges wie Unbedeutendes, das ihn, wie er fürchtete, vor der Gegenwart weniger groß hätte erscheinen lassen. Als junger Mann hatte er einen Bart getragen, heute aber verabscheute er den Backenbart, und es war ihm eine Genugtuung zu hören, daß niemand mehr existierte, der ihn aus den Tagen kannte, da er noch einen Bart getragen hatte.
Feldmarschall Keitel führte eine Auslassung Hitlers an: ›Verurteilungen zu Gefängnis seien ein Zeichen der Schwäche.

Die einzig wirkungsvolle Strafe seien entweder das Todesurteil oder ein so restloses Verschwinden, daß keiner wisse, was aus dem Opfer geworden wäre. Auf diese Weise werden Verwandte und Freunde dauernd gequält, und um so willfähriger sind sie dann!‹ Selbstverständlich wurde das Opfer am Ende immer getötet.

Dr. Karl Gebhardt, der viele Jahre in Hitlers Stab verbrachte, hat beobachtet, wie Hitler absichtlich Worte vermied, die ein menschliches Gefühl ausdrückten. Aber Hitler tat noch mehr; er fand, daß er ›mit Raserei mehr erreichte als mit bloßem Schnurren. Essig ist schärfer als Honig. Ein in Erschrecken versetzter Mensch reagiert unterwürfiger und gründlicher als ein dankbarer. Da der Augenblick mehr bedeutete als das Morgen, machte es nichts, ob der Mensch, den er kränkte, einen Groll hegte und auf Rache sann‹.

Andererseits erinnern sich Hitlers Sekretäre und Tischgenossen an ihn etwa wie an einen gutmütigen, weißhaarigen alten Buchhalter. Sein Fahrer wie sein Hausmeister, sein Friseur wie sein Diener, alle fanden an ihm als Arbeitgeber keine Mängel. Wie es scheint, hatte er, so weit es seine eigene Behaglichkeit anging, die Fähigkeit zu einem anständigen und menschlichen Benehmen. Unter gewissen Umständen konnte er sich sogar mit einem Juden abfinden. So hatte er keinen Skrupel, wo es um sein persönliches Wohlbefinden ging, die Angehörigen einer Rasse zu beschäftigen, die er als verrucht schmähte und die er in allen von ihm beherrschten Ländern den Konzentrationslagern und Vernichtungsöfen überantwortete: Durch Marschall Antonescu, den diktatorischen Premierminister von Rumänien, war er an die Jüdin Marlene Kunde gekommen. Antonescu hatte an Magenbeschwerden gelitten ähnlich denen, die Hitler von Zeit zu Zeit in unerträglichen Schmerzen sich krümmen ließen. Wie er schon

sein Land den Legionen Hitlers ausgeliefert hatte, so lieferte er ihm auch seine magenheilende Köchin aus. Eine der zahllosen Paradoxien in dem ganzen Gehabe dieses modernen Barbaren ist auch in der Tatsache zu finden, daß der Mann, der so viel Blut vergoß wie keiner seit Bestehen der Welt, dem Schlachten von Tieren zu Ernährungszwecken abgeneigt war. Vegetarismus war eine der Neuerungen, die er nach einem siegreichen Kriege einzuführen gedachte. »Die Welt besteht aus Fleischfressern«, so erklärte er, »ich werde das ändern, und die Menschen werden dann eher begreifen, was Nationalsozialismus in all seinen Phasen bedeutet. Das geistige Gesicht der Welt wird sich dann ändern.«
Fräulein Kunde war in jeder Hinsicht nach Geschmack und Gelüsten des Vegetariers. Was für Sauerkraut mit Knödeln und welche Apfelstrudel brachte sie auf den Tisch des Führers! An diesen Speisen ergötzte er sich mit gleicher Gier wie an einer Aufstellung der kleinen Nationen, die seine unersättlichen Armeen zu schlucken bereit waren. Das Leben verlor seinen bitteren Geschmack, und der ruhelose Diktator konnte sich seinem ungeheuren Gelüst nach Speisen und Süßigkeiten hingeben. Er verweilte ausgiebig bei den Mahlzeiten, und nachts schlief er schwer.

Eines Tages aber verpaßte der mit ihm zu Mittag speisende Himmler dem Gemüseapostel eine Art zu heißer Kartoffel. »Mein Führer«, sagte er, »Sie müssen sehen, daß Sie Fräulein Kunde loswerden.«
»Warum?«
»Sie ist – eine Jüdin!«
»Nicht möglich! Sie kocht ausgezeichnet, sie ist gefügig, anstellig und höflich.«
»Nichtsdestoweniger, ihre Eltern sind Juden.«
Hitler runzelte die Stirn. Konnte denn dieser Dummkopf von

Himmler nicht sehen, wie seine Gesundheit sich gebessert, seit Fräulein Kunde die Küche übernommen hatte? Er rief nach Bormann. »Die Familie Kunde ist zu arisieren!« brüllte er.
Drei Monate vergingen, und nun beklagte sich Fräulein Kunde darüber, daß in ihrer Heimatstadt Wien ihre Familie verfolgt würde; einem ihrer Brüder wäre in der Armee die Beförderung versagt worden, weil er Jude sei, ein anderer könnte aus dem gleichen Grunde nicht die Universität besuchen, und eine Schwester sei aus ihrer Stellung als Pflegerin in einem Hospital entlassen worden. Hitler wetterte über Bormann, weil er nicht schnell genug arische Vorfahren für seine Köchin aufgetrieben hatte, und nun lief die Geschichte um: Der Führer, der die Juden als die schlimmsten Verbrecher der Welt eingestuft hätte, beherberge selbst eine dieser Unaussprechlichen in seiner Küche! Hitler hatte sich selbst auf den Hörnern eines Dilemmas eigener Schöpfung aufgespießt. Eine der schwersten und denkwürdigsten Entscheidungen seines ganzen Lebens mußte nun fallen – er hatte zwischen den himmlischen Apfelstrudeln und der Vollgültigkeit seines Rassenhasses zu wählen.

Er entschied sich für seine nervöse Magenstörung.

BUNKERGESTALTEN

Wäre ein Fremder, der die Stufen zum Führerbunker hinuntergerannt war, um dem Rasen des Feuers zu entrinnen – so wie ein friedlicher Straßengänger sich in ein Wirtshaus flüchtet, um einem Regenschauer auszuweichen –, an jenem 23. April 1945 in die sichere Zufluchtsstätte gestürzt, dann würde er genug Charakteren für ein griechisches Drama begegnet sein; aber auch für eine komische Oper. Nachdem er einen ehrfurchtsvollen Blick auf den Führer geworfen hätte, würde er verwundert die Frauen angestarrt haben, die mit Hitler dies Dantesche Exil teilten.

Nachdem er sich an das metallische Geräusch der Explosionen und an das Geschwirr der aufschlagenden Treffer, die den Bunker wie das Gehäuse einer gigantischen Gitarre aufklingen ließen, gewöhnt hätte, würde er Eva Braun bemerken, so anziehend in ihrer weiblichen Schönheit, wie sie es auch bis zu ihrem dramatischen Ende sein sollte. Der mehr als erstaunte Besucher würde vermutlich mit der Beschreibung einig gehen, die General Keitel von der Geliebten Adolf Hitlers gegeben hat: ›Sehr schlank, elegante Erscheinung, sehr hübsche Beine – das war zu sehen. Sie schien nicht schüchtern, jedoch verschwiegen und zurückhaltend, eine sehr hübsche Person.‹ Ursprünglich war Eva Braun dunkelblond gewesen, später jedoch bleichte sie ihr Haar und tauchte, ohne daß Hitler Einwände erhoben hätte, als Hochblondine auf. Der Führer gab keiner Haarfarbe den Vorzug, doch war er gegen Neuerungen in der Frisur. »Wie würde ich wohl aussehen, wenn ich meine Haartracht ändern würde?« sagte er einmal zu Frau Junge, die mir anschaulich die genaue Art schilderte, wie Hitler den herunterhängenden Haarstrang zuwege brachte, dessen Originalität so weltbekannt war: Er beugte sich vornüber und kämmte sich wie eine Frau die Haare herunter bis vor seine Augen, zog den Scheitel und kämmte die linke Haarpartie nur leicht zurück, so daß ihm bei einem Ruck mit dem Kopf die linke Vorderlocke in die Stirn hineinfiel – und das geschah immer während seiner Reden.

Da Hitler alle eigenen Photos zur Freigabe für eine Veröffentlichung selbst aussuchte, gefiel ihm offensichtlich seine wilde Stirnlocke, die seine Bildnisse beherrschte, außerordentlich. Auch in seiner Schnurrbartbürste sah er ein besonderes Merkmal von Größe und untersagte nach dem Tode seines Fahrers Julius Schreck jedem in seiner Umgebung, einen ähnlichen Schnurrbart zu tragen.

Immer versessen auf Komplimente wie ein Schmierenkomödiant, versuchte er sich zuweilen seinen weiblichen Gefährten gegenüber in der Rolle eines Humoristen, da er wohl dachte, ihre Gunst zu gewinnen, weil sie über seine Witze lachten. Als er eines Tages Eva Brauns Scotch Terrier betrachtete, fragte er in ernstem Ton: »Patscherl, fehlt dem Hund etwas?« Als Eva das Tier auf ihre Arme nahm und bekümmert nachforschte, fuhr er fort: »Er sollte ein Holzbrett mit Rädern unter die Füße bekommen.« Frau Junge bemerkte später dazu: »Das sollte witzig sein.«

Selbst bei der Vorbereitung seiner Reden, die er alle in die Maschine diktierte, suchte er nach Beifall. Das Klingen und Klappern der Tasten, der Anschlag der Glocke und das geräuschvolle Hin und Her des Wagens stachelten ihn zu leidenschaftlicher Sprechweise an. In lebhaftester Erregung, seine Stirnlocke wie eine Pferdemähne zurückschleudernd, agierte er, gestikulierte und brüllte, als stünde er leibhaftig vor den Hunderttausenden. Kam er auf das Judenthema, dann wurden die Gesten dramatisch. Über die erste Niederschrift machte er sich mit einem Grünstift her, und dann sprach er die Rede noch einmal in die Maschine. Mitunter genügte ein Diktat für eine Rede, dann aber wieder wurden an eine Ansprache drei oder vier solcher heftigen Entwürfe verwandt, bis der fertige Text von Säure, Feuer und Schwefel nur so angefüllt war. Dann wurde er in großen Druckbuchstaben niedergeschrieben, damit der Führer auch gymnastisch vortragen könne, ohne daß sein Blick an das Papier gebannt bliebe.

Fräulein Traudl Humps war erst einundzwanzig, als sie 1942 ihren Posten bei Hitler antrat. Als ihr jugendlicher Freund, Herr Junge, der Hilfsdiener bei Hitler war, an die Front mußte, sagte Hitler zu ihm: »Es wäre besser, wenn Sie Traudl vorher heirateten, damit ich, wenn sich einer für sie interessiert, ihm sagen kann: Hände weg, sie ist verheiratet!« Hitler übertrieb nicht, denn, schwarzhaarig und mit blanken Augen in ihrem feingeschnittenen ovalen Gesicht und bei ihrer gutmütigen Natur und ihrem ansprechenden Gemüt, konnte Traudl wohl die Aufmerksamkeit der vielen jungen Offiziere, die ständig dem Führerhauptquartier attachiert waren, auf sich ziehen.

Eine andere Schönheit im Bunker war Gerda Christian. Mit Grübchen, mit ihrem fleckenlosen creme- und rosafarbigen Teint und ihren weißschimmernden Zähnen war sich Gerda Dardanowski ihres Eindruckes auf die Männer sehr wohl bewußt gewesen, und als der junge Major Erhard Christian, Verbindungsoffizier des Chefs des Generalstabes der Luftwaffe, ihr seine Hand anbot, nahm sie an. Christian avancierte schnell und wurde im September 1944 Chef des

Luftwaffenführungsstabes. Die Absperrung durch das Bunkerleben verringerte keineswegs Frau Christians Lebensfreude; vielleicht wurde sie nur noch größer bei der Vorstellung, daß jederzeit alles zu Ende gehen könnte. Dr. Brandt sagte, ›daß Frau Christian auf Hitler weiblichen Einfluß ausgeübt habe.‹ Die Frau von Hitlers Fahrer, Magda Kempka, sagte, Frau Christian sei eine Person gewesen, auf die Eva Braun maßlos eifersüchtig gewesen wäre.

Fräulein Manziarly, die Nachfolgerin des unglücklichen Fräulein Kunde als vegetarische Köchin, war ein selbstzufriedenes Wesen zwischen ihren glänzenden Töpfen und Pfannen. Sie fürchtete einzig, Hitler könne einmal die Küche betreten und sie beim Rauchen erwischen, das überall in Hitlers unmittelbarer Nähe verboten war.
Else Krüger, das fünfte Mädchen im Bunker, hatte goldfarbige Locken und porzellanblaue Augen und diente Martin Bormann als Sekretärin. Magda Goebbels, ebenfalls blond und anziehend, sollte die tragischste Rolle in dem unterirdischen Bunkerdrama spielen.

Unter den männlichen Bunkerinsassen hätte der Besucher zwischen Joseph Goebbels und Martin Bormann wählen können, welcher von beiden größeren Einfluß auf Hitler hatte oder wer von beiden garstiger war. Der gedrungene, schwarzbraune, finsterblickende Bormann mit seinem Specknacken und seiner breiten, platten Nase sah schon aus wie ein Gewaltmensch. Der klumpfüßige, dürre Goebbels mit seinem ewig affenhaften Lächeln konnte mit einiger Berechtigung schon von sich sagen, daß er nach Hitler der zweite im Kommando wäre, da er nicht nur Propagandaminister, sondern auch Gauleiter von Berlin war.

Der Besucher würde da unten auch General Burgdorf antreffen, Hitlers Heeresadjutanten, interessant schon zu sehen, interessanter noch, ihn kennen zu lernen. Burgdorf war es, der nach dem Bombenattentat vom 20. Juli 1944 Generalfeldmarschall Rommel, dem berühmten Kommandeur des Afrikakorps, eine Pistole überreicht hatte mit dem generösen Angebot: »Angesichts der glänzenden Siege, die Sie errungen haben, hat der Führer Ihnen die Wahl gelassen zwischen Selbstmord oder einem Verfahren vor dem Volksgerichtshof und der Verhaftung Ihrer ganzen Familie. Falls Sie die ehrenvolle Alternative wählen, verspricht der Führer eine Meldung, daß Sie infolge eines Automobilunfalles oder infolge Ihrer Kriegsverwundung gestorben seien. Außerdem werden Sie ein Militärbegräbnis erster Klasse und einen Nachruf mit der Darstellung Ihrer militärischen Verdienste an Ihrem Grabe erhalten.« Rommel wählte das Begräbnis erster Klasse. Er zahlte mit seinem Leben, nicht weil ihm damals eine Beteiligung an der Verschwörung so ohne weiteres bewiesen werden konnte, sondern weil er es gewagt hatte, Hitler zu sagen, daß die Ardennenoffensive ein Mißerfolg gewesen sei und daß eine Annäherung an die westlichen Alliierten versucht werden müsse.

General Hans Krebs, klein, rundlich und geröteten Gesichts, hatte an keiner wichtigen Schlacht teilgenommen und erwartete auch für die Zukunft keine Teilnahme mehr. Wenn auch kein großer Soldat, wußte er zumindest, daß genau so wie der erste, auch der zweite Weltkrieg verloren war, und er maß das Ende nur nach den Beständen der noch vorhandenen Flaschen.

Oberst Nicolaus von Below, der Adjutant der Luftwaffe beim Führer, groß und jung, wäre mit dem feinen Gesicht eines

Asketen wohl für den unterirdischen Gast eine der enttäuschendsten Begegnungen in Hitlers Umgebung gewesen. Als ich ihn über die letzten Tage Hitlers befragte, wollte ich von ihm auch erfahren, ob Hitler gewußt habe, daß der Krieg verloren gewesen sei.

»Jawohl«, erwiderte er, »das wüßte er sehr wohl.«

»Er hätte also den Krieg beenden können, wenn er gewollt hätte?«

»Jawohl, als Oberkommandierender hätte er das tun können.«

»Und durch eine Übergabe würde er die Bombardierungen der deutschen Städte durch alliierte Flugzeuge haben beenden können, nicht wahr?«

»Jawohl.«

»Müßten Sie sich dann nicht sagen, daß ein Beharren auf Fortsetzung des Krieges mit dem nutzlosen Töten von Zehntausenden des deutschen Volkes einen brutalen und unempfindlichen Charakter offenbarte?«

Grollend fuhr von Below zurück, in seinen Augen stand eine schlecht verhehlte Wut, und er entgegnete scharf »Nein!«

Weder die Vernichtung seines Vaterlandes, noch das Massaker an seiner Bevölkerung, noch auch der dunkle Ausblick auf seine eigene Zukunft konnten ihn selbst jetzt, da der Krieg schon zu Ende war, veranlassen, ein Wort gegen den Führer zu sagen, mit dem er seit zehn Jahren sein Schicksal verknüpft hatte.

Niemals hätte Hitler eine so erstaunliche Beherrschung über das deutsche Volk bis zu diesem Ausmaße vorantreiben können, hätten sich nicht so fanatische Männer gefunden wie von Below, die mit ihrem Verstand auch ihre Ehre auf den Aschenhaufen warfen und sich bedenkenlos seine Pläne zu eigen machten, obwohl sie ganz offenbar nur zur Vernichtung ihres eigenen Landes führen mußten.

Ich saß mit im Nürnberger Prozeß, in dem Feldmarschall Erhard Milch, Görings Stellvertreter und Organisator der Luftwaffe, angeklagt war. Als er zugab, daß Hitlers Führung nur die Verwüstung seines Landes und den Tod seiner Landsleute zur Folge haben konnte, fragte ich ihn, warum er nach seinem Gewissen und aus Patriotismus nicht Hitler verlassen habe? Er erwiderte, seine persönliche Bindung an Hitler habe ihm keine andere Wahl gelassen.

Ich war Oberster Richter in dem Prozeß gegen die Einsatzgruppen, in dem vierundzwanzig Angeklagten eine Million Morde zur Last gelegt wurden. Es wurde bewiesen, daß diese Angeklagten jeden Tag ihre Berichte über die Zahl der Menschen – Männer, Frauen und Kinder, lauter Zivilisten –, die sie in die Wälder gebracht und dort über vorher selbstgeschaufelten Gräbern erschießen ließen, nach Berlin gesandt hatten. Jeder der Angeklagten hatte eine gute Erziehung genossen, und die meisten von ihnen hatten als Kinder und in ihrer Jugend Religionsunterricht erhalten. Bei der Urteilsverkündung erinnerte ich sie an die religiösen Lehren ihrer Eltern, die sie in den Wind geschlagen hätten; einige weinten hörbar und beschämt. Warum hatten sie ihre unaussprechlichen Verbrechen begangen? Sie hatten nur eine Antwort: ›Hitler hatte es befohlen‹.

Hitler hätte niemals einen solchen Absolutismus erreichen können, mit dem er seine Massenexekutionen durchführte, hätte er nicht diese fast diabolische Macht besessen, Menschen für sich zu gewinnen, die unter seinem Befehl zu Mördern wurden, wenn sie auch ohne Hitlers Einfluß ihren Mitmenschen wahrscheinlich kein größeres Leid zugefügt hätten, als sie um ihren irdischen Besitz zu betrügen.

Wilhelm Zander war ein deutscher Kaufmann in Italien. Begeistert von Hitler, kehrte er in seine Heimat zurück und bot Hitler Leben und Dienst an. Als Bormanns Adjutant tat er bis in die letzten Tage hinein Dienst im Bunker. Als ihm die Gelegenheit zum Entkommen geboten wurde, erklärte er, daß er es vorziehe, mit Hitler zu sterben.

Professor Hugo Blaschke, Hitlers Zahnarzt, besuchte am 20. April den Bunker, um seine Geburtstagsglückwünsche anzubringen. Zwei Jahre später sprach ich ihn hinter dem Stacheldraht eines Internierungslagers. Was er erzählte, war interessant: Als junger Mensch hatte er an der Universität von Pennsylvania studiert, wo ihn ein Mitstudent eingeladen hatte, in Wisconsin mit ihm eine gemeinsame Praxis zu eröffnen. Als ich mir diesen fünfundsechzigjährigen, leise sprechenden, wohlerzogenen Mann betrachtete, stellte ich mir sein Glück vor, wenn er es vorgezogen hätte, in den Vereinigten Staaten zu bleiben, wo er zweifellos zu beruflichem Erfolg gekommen wäre. Ich machte ihm diese Bemerkung, und er erwiderte: »Ja, das war der größte Irrtum meines Lebens, nach Deutschland zurückzukehren. Und doch« – in seinen Worten schwang eine leichte Ironie – »würde ich nicht zurückgekehrt sein, wäre ich ja auch nicht Hitlers Zahnarzt geworden.« Obwohl sein Leben nun zertrümmert war und nichts als Armut und Entbehrungen in einem freudlosen und trostlosen Lande vor ihm lagen, überwog doch die Erinnerung an die wenigen kurzen Jahre des Ruhmes mit Hitler die Vision eines friedlichen und einbringlichen Lebens in den Vereinigten Staaten.

Ich sprach mit Johanna Wolf, einer von Hitlers ersten Sekretärinnen, die bis zum 20. April 1945 bei ihm war. Sie war höflich und zugänglich in mehreren Unterhaltungen, die sich

OTTO GÜNSCHE, Hitlers SS-Adjutant (links), der die Operation der Leichenverbrennung des Führers und seiner Frau Eva Braun leitete.
HANS JUNGE (rechts), der Mann von Hitlers Sekretärin Traudl Junge.

ERICH MANSFELD, der auf seinem Wachturm vor dem Bunker Dienst tat, bezeugt dem Autor, daß sein Kamerad Janzen und andere SS-Leute fortlaufend Benzin in die Flammen gossen, die die Leichen Hitlers und seiner Frau verzehrten.

BARONIN IRMENGARD VON VARO, zu der Frau Goebbels nach der Tötung ihrer zwei ältesten Kinder sagte: »Ich kann nicht mehr weiter, zwei sind schon tot; geben Sie mir eine Zigarette!«

GERDA CHRISTIAN, Hitlers Sekretärin, sagte aus, sie habe Hitler zu seiner Vermählung nicht gratulieren können: »Ich wußte, daß er ja bald tot sein würde; es war eine wirkliche Todeshochzeit.«

HANNA REITSCH, die in zwei wagemutigen Flügen in den letzten Kriegstagen Feldmarschall von Greim nach Berlin und wieder hinausgeflogen hat.

ALBERT SPEER, Minister für Munition und Bewaffnung, der es wagte, Hitler zu trotzen, und in den letzten Wochen vergeblich versuchte, den Führer zu beseitigen.

Major BERND FREIHERR VON LORINGHOVEN (rechts), charakterisierte Martin Bormann als den leibhaftigen Teufel

General ENGEL, mit Autor, dem Hitler am 12. April zuschrie: »Ihr Generale habt mir seit 1934 widersprochen, aber ich habe schließlich immer recht behalten.«

über zwei oder drei Tage erstreckten und viele Phasen des Führerlebens betrafen. Als ich ihr jedoch in Anerkennung ihrer Mitarbeit einige Schokoladenriegel anbot, lehnte sie ein solches Geschenk höflich ab. Sie erklärte, daß sie Schokolade sehr gern möge, da aber ihr Leben seit Hitlers Tod spartanisch geworden sei, möge sie auch nicht einmal für einen Tag ihren Gelüsten nachgeben.

Obergruppenführer der SS Bach-Zelewski, der eines der Armeekorps in der berühmten Ardennenschlacht kommandierte, berichtete mir, wie Feldmarschall von Rundstedt nach dem Fehlschlag der Offensive eine Rede gehalten habe, in der er Hitler zu seiner Genialität beglückwünscht hätte, mit der er diesen Gegenzug geplant habe. Hitler schob die Schuld für den Mißerfolg dem Mangel an Benzin zu, wies nun die Generale an, die Gegenangriffe des Gegners durch eine Reihe kleiner Angriffe aufzufangen, und fragte an, ob sie für diese ausgedehnten Operationen noch irgendwelche Ausrüstung benötigten. Der eine ließ Pontonbrücken anfordern, ein anderer Artillerie, noch andere verlangten Flakmunition und so weiter. Nach jeder Anforderung wandte sich Hitler an Jodl: »Sie werden darauf achten, daß der Mann das bekommt!« Jodl versicherte, er werde das verlangte Material anliefern, obwohl er genau wußte, daß alle Vorratslager erschöpft waren. Es wäre zwecklos gewesen, Einwände zu machen, da jeder wußte, wie phantastisch Hitlers Gerede war, daß es unmöglich sei, den Krieg zu verlieren. »Die Amerikaner werden angreifen, aber wir müssen, koste es, was es wolle, verhindern, daß sie die Ruhr erreichen. Wenn sie die Ruhr gewinnen, ist der Krieg verloren; und natürlich ist es undenkbar für jeden Deutschen, daß der Krieg verloren werden kann.«

Rudolf Diehls, der Chef der politischen Polizei in den ersten Jahren der Herrschaft Hitlers, sagte, daß Hitlers Einfluß auf seine Umgebung der eines ›Propheten und eines vom Teufel Besessenen‹ war, ›sie nahmen ihn als einen, der seine Tage wie seine Nächte seiner Mission widmete.‹ Er charakterisierte Hitlers Kopf als den eines Bullen, dessen Körper und Beine die gesamten deutschen Massen waren. Er glaubte, daß Hitler einen Röntgenblick besaß, der ihn befähigte, tief in das Herz seines Anhängers oder Gegners hineinzuschauen.

Robert Ley, Hitlers Führer der Arbeitsfront, der in Nürnberg Selbstmord beging, schrieb in seiner Abschiedserklärung, ›Hitler sei einer der größten Männer gewesen, die es jemals gegeben habe.‹

Rudolf Heß, der nach England flog, um auf eigene Faust den Versuch zu unternehmen, den Krieg für Deutschland günstig zu beenden, konnte nicht verstehen, wie man überhaupt die Größe Hitlers anzweifeln könne. Als ich ihn im Gefängnis interviewte, erinnerte er sich begeistert an sein erstes Zusammentreffen mit dem Diktator. »Er hielt eine Rede in einem Raum von nur der doppelten Größe dieser Zelle, und er machte einen solchen Eindruck auf mich, daß ich zu meiner Frau sagte: ›Heute habe ich den Mann gesehen, der einmal Deutschland beherrschen wird.‹« Er machte eine Pause zur Erhöhung der Wirkung, und dann fügte er voll Stolz hinzu: »Und meine Voraussage bewahrheitete sich!«
Die fanatisch-schmeichlerische Hingebung von Heß an Hitler war solcher Art, daß – obzwar Hitler sich zu einem Gipfel politischer und militärischer Macht aufgeschwungen hatte, wie es noch nie einem Menschen außer in der Phantasie gelungen ist, und obwohl er von dieser schwindelnden Höhe herab die halbe Welt in Ruinen verwandelt hatte – nach all

diesem Heß nur von dem einen Gedanken erfüllt war, daß Hitler ihn in seiner Voraussage, er würde einmal der Führer Deutschlands werden, nicht enttäuscht hatte.
Als ich den reiselustigen Heß fragte, ob Hitler gewußt habe, daß er beabsichtige, nach England zu fliegen, erwiderte er: »Ich habe mit keinem darüber gesprochen – aber schließlich wußte Hitler alles.«

In dem Verfahren gegen sich täuschte Heß Gedächtnisschwund vor, indem er behauptete, er könne sich immer nur um zwei Wochen zurückerinnern; jeder nächste Morgen war der fünfzehnte Tag der Vergangenheit, und alles Vorhergegangene war seinem Gedächtnis entfallen. Hermann Göring wurde ihm gegenübergestellt, und Heß leugnete, ihn überhaupt zu kennen. Er erkannte auch von Papen nicht wieder. Er konnte sich auch an die Namen seiner Frau und seines Kindes nicht mehr erinnern. Plötzlich wurde ihm ein Bild von Adolf Hitler vorgelegt. Er fuhr zusammen und machte eine Bewegung wie zum Gruß. Dann fing er sich wieder, lehnte sich zurück und erklärte verwirrt, er kenne diesen Mann, weil er ein Bild von ihm in seinem Raum habe.
Als er sich über die Juden äußern sollte, ging wiederum eine sichtbare Erregung in ihm vor, und als er gefragt wurde, warum er in dieser Weise reagiere, sagte er: »Wenn ich Ihnen das im einzelnen erklären sollte, stände ich wieder vor dem Nichts. Ich weiß nur, daß sie mir mißfallen.«
»Wieso erinnern Sie sich denn, daß sie Ihnen mißfallen?«
»Wenn der Name ›Jude‹ erwähnt wird, dann regt sich in mir etwas, und das ist Mißfallen. Ich habe keine Sympathien für sie.«
Im Verlauf der Verhandlungen wurde Göring ohne eine Aufsicht in Heß' Zelle gebracht, weil Göring behauptet hatte, daß er es zuwege bringen könne, daß Heß sein Erinnerungs-

vermögen wiedergewinne, wenn er mit ihm allein gelassen werde. Beiden völlig unbekannt, wurde ein Tonband installiert, der einen Teil der Unterhaltung so wiedergab:
Göring: »Können Sie sich nicht an Friedrich den Großen erinnern?«
Heß: »Ja, denn er ist eine so hervorragende Persönlichkeit, daß ihn jeder kennt. Das bedeutet aber nicht, daß ich mich an irgend etwas aus der deutschen Geschichte erinnern kann.«

Als Rudolf Heß auf Lebensdauer hinter die Stahlstangen verurteilt worden war, zeigte er keinen Kummer und beklagte sich nicht. Ihm war das Leben immer noch wundervoll gewesen: Er hatte das Vertrauen des größten Mannes der Welt genossen. In den ersten Tagen nach Hitlers Machtübernahme hatte Heß immer in solch verzückten Ausdrücken vom Führer geredet, daß man von ihm oft als ›Fräulein Heß‹ gesprochen hatte.
In seiner Zelle forschte ich bei ihm nach den beiden Ereignissen in seinem Leben, auf die er am meisten stolz wäre. Nummer eins war sein Flug nach England, der auch wirklich eine beachtliche Navigationsleistung war. Er überflog feindliches Gebiet, das er nie gesehen hatte, und sprang aus einer Höhe von fast siebentausend Metern im Fallschirm ab, um bis auf vier Meter an sein beabsichtigtes Ziel heranzukommen.
Nummer zwei war die durch ihn vorgenommene Abnahme des Treueides von Millionen, die in allen Großstädten, Städten und Gemeinden Deutschlands vor den Lautsprechern standen. Es bereitete seinem Gedächtnis keine Schwierigkeiten, das verhängnisvolle Gelöbnis herzusagen:
»Durch dies Gelöbnis binden wir erneut unser Leben an den Mann, in dem – das ist unser Glaube – übermächtige Kräfte zur Erfüllung des Schicksals wirken. Sucht Adolf Hitler nicht mit eurem Verstand; ihr alle werdet ihn finden mit der Stärke

eurer Herzen. Adolf Hitler ist Deutschland, und Deutschland ist Adolf Hitler!«

Einer jedoch war im Bunker, der glaubte nicht, daß Deutschland Adolf Hitler und Adolf Hitler Deutschland sei. Der einunddreißigjährige Baron von Loringhoven, Major im Generalstab und Adjutant von General Krebs, sagte mir: »Soweit ich Adolf Hitler beurteilen kann, war er streng und brutal. All die furchtbaren Opfer, die um seinetwillen vom deutschen Volke und vom deutschen Soldaten gebracht wurden, nahm er als selbstverständlich hin. Jedes Abweichen von dieser Linie, und erst recht jeder Ungehorsam, wurden von ihm mit der größten Strenge bestraft. Sein Charakter kannte keine Nachsicht.«

Auch Hauptmann Gerhardt Boldt, Adjutant von General Krebs, war ein junger Offizier, der seine Zunge im Zaum hielt, wenn er sich in Gehorsam vor dem politischen und militärischen Riesen der Wilhelmstraße verbeugte.
Den Wanderer im Bunker würde es interessiert haben, sich mit dem großen, einarmigen, zweiunddreißigjährigen Arthur Axmann, dem Führer der Hitlerjugend, zu unterhalten, der Hitler täglich über die Stärke und Moral der Panzer-Abwehrbrigade unterrichtete, die die Brückenköpfe der Havel verteidigte. An dieser Stelle erwartete Hitler den Einzug von Wenck in Berlin.
Auch General Weidling, der Militärkommandant von Berlin, und General Mohnke, der Kommandant der Befestigungsanlagen der Reichskanzlei, wohnten den täglichen Besprechungen der militärischen Lage in Hitlers Räumen bei. Hitlers persönliche Piloten Baut und Beetz waren für einen möglichen Flug auf Posten, obwohl sie keine Flugzeuge mehr hatten. Auch der Fahrer des Führers, Erich Kempka, war zur Hand

und berichtete jeden Tag über die weiter zunehmende Vernichtung der Fahrzeuge des Motorparks der Reichskanzlei, der ihm unterstellt war.

Weiter waren im Bunker: der Arzt Dr. Stumpfegger und Professor Haase als sein Assistent; der Diener Heinz Linge, der persönliche Adjutant Otto Günsche, SS-Oberführer Rattenhuber als Kommandeur der Leibwache Hitlers, sowie Högl, dessen Stellvertreter. Als Verbindungsoffizier hielt Heinz Lorenz die Verbindung mit der Außenwelt durch einen Funkapparat aufrecht, der wohl aufnehmen, aber nicht senden konnte. Werner Naumann vom Propagandaministerium hatte die Nachrichtensammelstelle. Bei den anderen in der Tiefenfestung würde sich der Besucher mit einer verbeugenden Vorstellung begnügt haben; es waren Admiral Voss, Botschafter Hewel, Goebbels' Adjutant Hauptmann Günther Schwägermann, Oberstleutnant Weiß, Major Johannmeier, sowie Offiziere und Mannschaften der SS-Leibwache.

Der suchende Gast hätte sicher gern auch mit einem privilegierten Rollenträger Bekanntschaft gemacht, mit Blondi; wahrscheinlich aber hätte sich dieser ohne weitere Vorstellung gleich beim Eintritt in die Behausung bemerkbar gemacht. Und wie jede andere verliebte Mutter würde Blondi vermutlich den Besucher mitgeschleift haben, um ihm ihre Kinder zu zeigen – fünf kleine, pelzige, jaulende, junge Hunde in einem Weidenkorb in einer der Rumpelkammern. Auch Eva Braun und Frau Christian hatten Hunde, deren Laute einen Beitrag zu der Bunkermusik leisteten.

Außerdem gab es noch zwei Männer in Hitlers Umgebung, mit denen der Besucher sich gern bekannt gemacht hätte, wenn sie sich auch nur gelegentlich zu einem unterirdischen Stelldichein einfanden. Der eine ist Joachim von Ribbentrop,

Hitlers Minister für Auswärtiges, und der andere Albert Speer, sein Rüstungsminister. Sie repräsentieren wahrscheinlich die beiden Extreme unter Hitlers Mitarbeitern. Ribbentrop zog zuerst Hitlers Aufmerksamkeit auf sich, als er kurz vorher noch Sektverkäufer gewesen war. Ob er sich jemals über das Niveau der Perlen seines Schaumweines hinaushob, kann am besten aus den Gründen seines Aufenthaltes im Bunker in den letzten Tagen beurteilt werden. Er war gekommen, um Hitler zur Erlaubnis für die Veröffentlichung eines Bildes zu veranlassen, das ihn an der Kampffront zeigte. Welchen Beifall Ribbentrop durch diese papierene Tapferkeit zu erzielen hoffte, ist nicht ganz klar, da um diese Zeit in ganz Deutschland kein Fleck mehr war, der nicht Bombenziel der alliierten Flugzeuge gewesen wäre, die den Himmel über Deutschland verdunkelten.

Obwohl Hitler sich von ihm in diesen Bunkertagen belästigt fühlte, so hätte ihm doch keine devotere Schmeichelei zuteil werden können, als sie ihm von Ulrich Friedrich Willy Joachim von Ribbentrop entgegengebracht wurde, eine Ergebenheit, die diesen damals bei seiner Vorstellung beim König von England als neuernannten deutschen Botschafter dazu antrieb, seine Hand zum faschistischen Gruß zu erheben.

In Nürnberg bot von Ribbentrop das jämmerlichste Bild in der ganzen niedergeschlagenen Gesellschaft auf der Anklagebank. Abgezehrt und mitgenommen, stützte er sein Kinn in die Hand und schaute wohl zurück in jene Tage, da er, zwar verleumdet, doch mit Monokel, durch Europa reiste, in großen wie kleinen Ländern mit Verrat handelte und zur selben Zeit Waggonladungen von Wein an Freund wie Feind verkaufte.

Er empfand das Kreuzfeuer, in das er von den Anklägern genommen wurde, als lästig; so ließ er sich in seiner Zellenhaft aus: »Ah! Wenn die bloß Adolf Hitler gekannt hätten!

Wenn der mal eines Tages in den Gerichtssaal treten würde, ich wette, sie würden ihren Ton schnell genug ändern!«
Es gab jedoch andere Momente, wo ihm Zweifel gekommen waren. Ein solcher Fall, so sagte er, sei eingetreten, als er erfuhr, wie der Krieg wirklich ausbrach: Einhundertfünfzig deutsche Soldaten in polnischer Uniform schrien in polnischer Sprache: »Nieder mit Deutschland! Lang lebe Polen!« als sie eine deutsche Radiostation an der deutschen Grenze überfielen. Zwölf Insassen eines Konzentrationslagers, die in deutsche Uniformen gekleidet und an den Ort des Überfalls gebracht worden waren, nachdem sie eine Giftspritze bekommen hatten, wurden auf dem Platz als Opfer der ›polnischen Invasion‹ zurückgelassen.
Als Ribbentrop gefragt wurde, warum er nicht zurückgetreten sei, als er von diesem gestellten Invasionszwischenfall erfuhr, erwiderte er: »Ich hatte Hitler gern, und wir glaubten an ihn. Er war das Symbol Deutschlands.«
Als er weiter gefragt wurde, ob er den Krieg verdamme, sagte er, daß er zu einem bestimmten Zeitpunkt dazu gekommen sei, ihn als ›fürchterlich‹ zu betrachten.
»Wann war das?«
»Am Tage, als die Amerikaner und Engländer in Nordafrika landeten.« Das alles sagte er, ohne zu lächeln. Dieser Zustand der Mentalität ließ ihn auch einen langen Brief an Winston Churchill schreiben, in dem er den Premierminister Großbritanniens dahin unterrichtete, daß der Kardinalpunkt von Hitlers Außenpolitik immer eine ausgesprochene Freundschaft gegenüber Großbritannien gewesen sei. Obwohl Ribbentrop an den bestbekannten Staatsmann der zeitgenössischen Welt schrieb, adressierte er den Brief an den Honorable Vincent Churchill!
Im Gefängnis erinnerte sich Ribbentrop mit feuchten Augen eines Falles der Mißstimmung mit dem Gegenstand seiner

kriecherischen Verehrung. Es scheint so, daß Hitler in Anerkennung einer besonderen, von Ribbentrop in einem Nachbarlande ausgeführten perfiden Leistung ihm einen Orden verliehen hatte. Ohne den Minister des Auswärtigen davon zu unterrichten, hatte er später eine weitere Auszeichnung geschaffen, die Ribbentrops Orden nur als zweitrangig erscheinen ließ. Der Außenminister schlug nun vor, daß Hitler ihm entweder diesen weiteren Orden verleihe oder aber die neue Auszeichnung zurückziehe, die den Wert des auf seiner Brust baumelnden Ordens beeinträchtige. So leidenschaftlich und inbrünstig brachte Ribbentrop sein Anliegen vor, daß er richtig weinerlich wurde, so daß Hitler schließlich die Hände vor das Gesicht schlug, seufzte und ausrief: »Halt! Aufhören! Sie bringen mich um!« Das war Ribbentrop.

Bei Speer braucht man um seinen persönlichen Mut nicht zu bangen. Ein fähiger Architekt, ein zünftiger Mathematiker, ein von starkem Willen beseelter Minister, wußte er zwischen Faktum und Fanatismus, zwischen Wirklichkeit und Lüge zu unterscheiden. Nach dem Kriege wurde er mit anderen Teilhabern der nationalsozialistischen Hierarchie angeklagt, für schuldig befunden und zu zwanzig Jahren Gefängnis verurteilt. Ich bat ihn, mir frei heraus zu sagen, ob er sein Urteil als gerecht ansehe. Er zog seine riesigen Schultern hoch, sah mich unter seinen buschigen Augenbrauen von unten her aufmerksam an und sagte: »Was sind zwanzig Jahre im Leben der Menschheit? Ich bin verheiratet und habe mehrere kleine Kinder. Ich liebe sie natürlich, aber auch wenn ich sie nicht um mich habe, so verbittert mich das nicht. Wenn meine Einkerkerung mit dazu verhilft, künftige Kabinettsmitglieder kriegerischer Herrscher in der richtigen Moral zur Erfüllung ihrer Pflichten zu erziehen, dann wird das nur ein kleiner Beitrag zum Wohle der Menschheit sein. Als einer von Hitlers

Helfern muß ich büßen für jeglichen Anteil, den ich dazu beigetragen habe, die Welt in ihre augenblickliche unselige Verfassung zu bringen. In den letzten Tagen des Krieges wurde es mir klar, daß Hitler in seiner pathologischen Gewalttätigkeit ein ebenso großer Feind Deutschlands wie der Welt war, und auf meine Weise habe ich versucht, ihn zum Halten zu bringen.«

»Dafür werden die Juden büssen«

Am 24. Februar 1945 forderte Hitler von den Gauleitern Deutschlands, daß sie das Volk in eine ›teutonische Wut‹ des Widerstandes hineinstachelten, um seinen wahren Wert festzustellen. »Sollte das deutsche Volk versagen, dann würde das beweisen, daß seine Moral nichts wert ist, und in diesem Falle verdient es den Untergang. Das würde dann das gerechte Urteil der Geschichte und der Vorsehung sein.«
Am 16. März befahl er den Gauleitern, alle Industrieanlagen, öffentlichen Betriebe, Gas- und Wasserwerke, sowie die Nahrungsmittel- und Bekleidungslager zu vernichten. Den militärischen Streitkräften wurde befohlen, Brücken, Bahnanlagen, Kanalsysteme, Autobahnen, Wasserwege, Schiffe und Lokomotiven zu zerstören. Zechen und Docks, Staudämme und Speicher, Vieh und Großbäckereien – alles zum Leben Nötige sollte draufgehen. Die Hungerkatastrophe sollte das deutsche Volk züchtigen.
Der Wahnsinn einer solchen beabsichtigten Massenvernichtung lag in dem Vorhaben Hitlers, Deutschland mit ihm untergehen zu lassen, weil der Krieg verloren war. Zur gleichen Zeit jedoch kämpfte er um sein eigenes Überleben, und täglich wurden Offiziere und Soldaten auf seinen Befehl gehängt, weil sie gesagt hatten, der Krieg könne nicht gewonnen werden.
Hitlers Absicht zum Trotz reiste Minister Speer durch Deutschland, um die örtlichen Befehlsstellen. zu überreden, dieser Order des Vernichtungsdekretes nicht nachzukommen. Als Rüstungsminister ließ er die Herstellung von

Sprengmitteln fortsetzen und ordnete an, daß die restlichen Betriebe in Bergwerke und Stollen verlegt würden. Als Hitler von dieser Sabotage erfuhr, befahl er Speer zu sich in den Bunker.

Speer erklärte ihm, daß Deutsche kein Recht dazu hätten, selbst ihr Land zu vernichten; wenn andere Nationen es zerstören wollten, dann werde ›die geschichtliche Schande ausschließlich bei ihnen liegen‹. Weiter sagte er, die Regierung habe die Pflicht, dem Volke die Mittel zu belassen, um die zerschmetterte Nation wieder aufzubauen. Darauf erwiderte Hitler: »Wenn der Krieg verloren ist, wird auch die Nation untergehen. Das ist unvermeidlich. Daher wird es vernünftiger sein, all diese Dinge selbst zu vernichten, weil dies Volk sich als das schwächere erwiesen hat, und die Zukunft gehört nur der stärkeren Nation im Osten. Außerdem sind die, welche die Schlacht überleben, die Minderwertigen; denn die Guten sind gefallen.«

Und dann fügte Hitler hinzu: »Ich habe gehört, daß Sie in aller Öffentlichkeit erklären, der Krieg sei verloren. Angesichts Ihrer hohen Dienststellung und der Wertschätzung, mit der ich immer Ihre Fähigkeiten betrachtet habe, will ich Ihnen die Gelegenheit zur Wiedergutmachung geben. Ich werde von Ihnen nur die Feststellung verlangen, daß der Krieg nicht verloren ist.«

Für einen Augenblick schwieg Speer, dann sagte er gedehnt: »Der Krieg ist verloren!«

Obwohl Hitler gerade das Todesurteil über acht Offiziere ausgesprochen hatte, weil sie eine Brücke, deren Zerstörung er befohlen hatte, nicht in die Luft gejagt hatten, gab er nicht den Befehl zur Erschießung Speers, und zwar aus einem Grunde, der noch deutlich werden wird. Für den Augenblick beschied er sich damit, zu Speer zu sagen: »Ich werde Ihnen vierundzwanzig Stunden Bedenkzeit für das geben, was Sie gesagt haben.« Speer schrieb dem Führer einen Brief, in dem er seine Behauptungen wiederholte, aber die Annahme des Briefes wurde von Hitler verweigert.

Goebbels, der immer das Echo der Gewalttätigkeit seines Gebieters war, gürtete seine Lenden zur Vernichtung Deutschlands und der Deutschen. Die ganze Wut und all den Zorn, den er und Hitler auf Deutschlands Feinde gehäuft hatten, schleuderten sie nun gegen das deutsche Volk. Im Hintergarten seiner Villa schoß ein Exekutionskommando die deutschen Deserteure‹ herunter, während er selbst im Propagandaministerium gegen die deutschen Generale wütete, denen er reaktionäre Gesinnung und Verrat vorwarf. Der Krieg wäre schon gewonnen gewesen, wenn sie nicht den Führer überredet hätten, die geplante England-Invasion zurückzustellen, und wenn sie nicht im Feldzug gegen Rußland solche Feigheit bewiesen hätten. Der Rundfunkleiter Hans Fritzsche warf zur Verteidigung des deutschen Volkes dazwischen: »Warum soll denn das Volk dafür büßen, wenn behauptet wird, die Generale hätten versagt?«

»Und was geht mich das Volk an?« schrie Goebbels zurück. »Ein Volk, das so feige ist, daß es nicht einmal versucht, seine Frauen vor der Schändung zu schützen! Das Volk! Sie sind doch die Schuldigen! Erst haben sie uns an die Regierung gebracht, und jetzt beklagen sie sich! Wir haben sie doch nicht gezwungen, uns die Macht zu geben! Ich habe auch keinen von Ihnen gebeten, für mich zu arbeiten! Was Ihnen zustoßen wird, das wird Ihnen wegen Ihrer eigenen Verfehlungen zustoßen. Und ich versichere Ihnen, daß nach unserm Abgang nur noch wenig von der Welt übrigbleiben wird!«

Weil Flugzeuge und der Flugplatz Tempelhof noch zur Verfügung standen, verschwor sich Speer, Hitler, Goebbels,

Bormann und Himmler sowie einige andere aus der Spitzengesellschaft gefangen zu nehmen und sie im Flugzeug nach England zu bringen, doch wurden die Mitverschwörer im letzten Augenblick weich, und der Plan mußte aufgegeben werden. Speer beschloß nun ihre Gesamtvernichtung auf eigene Faust. Er wollte durch die Ventilationsanlage Gift in den Bunker einführen, aber das unergründliche Schicksal, das Hitler schon vor einem Dutzend Anschlägen zu seiner Beseitigung bewahrt hatte, warf wieder seinen unsichtbaren eisernen Schutzmantel um ihn, denn als Speer an die Ausführung seines Vorhabens herangehen wollte, mußte er feststellen, daß der Ventilationseinlaß zum Bunker mit einem vier Meter hohen Schornstein ummauert worden war, und so fiel auch dieser Anschlag ins Wasser.

Am 21. April schrieb Speer auf der Rundfunkstation Hamburg eine Ansprache nieder, die im Falle von Hitlers Tod gesendet werden sollte. In dieser Rede riet er allen Deutschen dringend an, nun, da sie von ihrem Treueid auf Adolf Hitler entbunden seien, alle von ihm erlassenen Befehle nicht mehr auszuführen. Nach dieser heimlichen Niederschrift kehrte Speer nach Berlin zurück, und hier finden wir ihn in der Nacht zum 23. April wieder, wie er wiederum Hitler zu überzeugen versucht, daß das deutsche Volk nach seinen unermeßlichen Opfern schließlich einen Anspruch auf Verschonung vor Vernichtung gerade aus den Händen des Mannes habe, für den es 67 Monate lang sein Blut vergossen hätte.
Speer aber trägt seine Einwände einem Standbild aus Stein vor. Selbst der ehemalige Student von Oxford, Minister von Schwerin-Krosigk, vermochte das einzusehen, denn er trug in sein Tagebuch ein:
›Es war grauenhaft, zu hören, wie kein Rat, kein vernünftiges Argument und nicht einmal ein Hinweis auf die entsetzlichen

Leiden unseres armen Volkes den Wall zu durchdringen vermochten, mit dem der Führer sein Innerstes umschlossen hatte und über den keiner hinwegzuschauen vermochte. Steckt wirklich nichts dahinter als der ohnmächtige Stolz eines titanenhaften Genies, das seiner Illusionen beraubt ist und das alles opfert für sein bis zur Selbstvergötterung aufgeblähtes Ich?‹
General Zeitzler beantwortete diese rhetorische Frage mit der Bemerkung: »Hitlers ganze Haltung war: Wenn ich untergehe, soll auch das ganze deutsche Volk untergehen. Tatsächlich hatte er selbst dies schon vorher völlig klar gemacht, und zwar am 1. September 1939 in seiner Reichstagsrede: »Solange ich gewillt bin, mein Leben für das deutsche Volk zu opfern, sollte das deutsche Volk ein Gleiches tun. Wenn nicht, dann muß es als Verräter gebrandmarkt werden.«

Bei welchem Volk könnte ein Monarch sein Volk so öffentlich und so in seiner Gesamtheit beleidigen und daraufhin nicht entthront werden? Auf welche Weise verzauberte Hitler das deutsche Volk, daß er es in seiner Gesamtheit als Verräter bezeichnen und von keinem dafür zur Rechenschaft gezogen werden konnte? Dr. Gebhardt sagte: »Das deutsche Volk liebte Hitler, weil es ihn fürchtete.« Selbst General Keitel äußerte sich: »Wenn drei Menschen zusammenkamen, fühlte sich keiner sicher, weil jeder fürchtete, einer von den beiden anderen könne ein Mann vom Sicherheitsdienst sein«. Als Chef des Oberkommandos der Wehrmacht beschwerte er sich, daß ›seine telephonischen Unterhaltungen abgehört würden‹.
Zu der Furcht vor Vergeltungsmaßregeln kam hinzu, daß die meisten Generale es auch aus Gründen soldatischer Moral ablehnten, auf irgendwelchen Vorschlag zur Beseitigung des Führers einzugehen, denn, so sagte General Beck zu General

Halder, der ihn nach den Möglichkeiten zu einer Teilnahme an einer Verschwörung befragte: »Eine Meuterei kommt für uns nicht in Frage – dieser Ausdruck existiert weder in meinem Wörterbuch, noch in dem irgendeines deutschen Offiziers.«

Am Morgen des 24. April verließ Speer den Führerbunker, und er trug seinen Kopf noch auf den Schultern. Wie war er dem Verhängnis entronnen, das Hitler doch schon für ein weit geringeres Vergehen, wie zum Beispiel bei Göring, im Auge hatte?
Als Göring in Nürnberg gefragt wurde, warum er zu Hitlers ganz offensichtlich unsinnigen Plänen nicht nein gesagt habe, erwiderte er: »Zeigen Sie mir einen Nein-Sager, der nicht zwei Meter unter der Erde liegt!« Speer war eine Ausnahme, und daß er am Leben blieb, liegt in der Tatsache begründet, daß Hitler schon von Anfang an durch Speers Fähigkeiten, eine eindrucksvolle Architektur zu entwerfen und zu konstruieren, gebannt und fasziniert worden war. Die neue Reichskanzlei, ein langer Block von würdevoller architektonischer Pracht, war Speers Schöpfung. Gemeinhin wird angenommen, daß Hitlers höchster Ehrgeiz darin bestand, die ganze Erdkugel wie eine Orange auf seinem Bajonett aufzuspießen. Ohne Zweifel erwartete er, Alexander, Cäsar und Napoleon zu übertrumpfen. Aber Kriegsruhm allein würde ihm nicht genügt haben. Das eine Ziel, das seinem neiderfüllten Geist mehr als alles in der Welt wie Weihrauch gewesen wäre, sollte es sein, ein Bild für eine Kunstgalerie zu malen und einen Bau zu entwerfen, den nicht schon der erste Nordwind einstürzen würde. Ein geborener Österreicher, hatte er sein Geburtsland wegen der Geringschätzung verlassen, die ihm in Wien zuteil wurde, wo die Menschen seine grotesken, dilettantischen Federzeichnungen verlachten.

Niemals würde in seinem Ohr das rohe und spöttische Gelächter der Kunstjury verklingen, die nach einem Blick auf seine Einsendung zu einem Kunstwettbewerb sie als ein Meisterstück ›jugendlicher Unreife‹ bezeichnet hatte. Als der junge Künstler auf einer Begründung für die Ablehnung bestand, hatte der Vorsitzende der Jury unter dauerndem Kichern es ihm schriftlich gegeben: ›Entwurf: dilettantisch; Komposition: stümperhaft; Ausführung: dilettantisch; Künstler: Dilettant.‹ Der Dilettant aber verlangte noch mehr, nämlich die Namen aller Mitglieder des Kunstausschusses, worauf er feststellte, daß von den sieben vier Juden waren. Noch am gleichen Abend schrieb er an den Vorsitzenden der Jury, um heftig gegen diese Entscheidung zu protestieren. Er schloß den Brief mit der Verwünschung: ›Dafür werden die Juden büßen! Gezeichnet: Adolf Hitler!‹
Er vergaß auch nicht die Bauunternehmer, die in ein höhnisches Gelächter ausbrachen, als sie seine Blaupausen von bizarren Bauwerken entfalteten, die gegen jedes Gesetz der Gravitationslehre waren. Die Versuche aber hatte er niemals aufgegeben.
Inmitten von Schlachtoperationen, an deren schnellen Entscheidungen das Leben von Tausenden hing, ließ Hitler seine Generale antichambrieren, indes er über baulichen Entwürfen brütete, die nach dem Kriege seine Heimatstadt Braunau verschönen sollten. Oder er arbeitete an einem Entwurf für einen neuen Orden. Speer wußte um Hitlers gehemmte künstlerische Wünsche und um seine kläglichen Versuche, etwas auf diesem Gebiet zu vollbringen, das spontanes Lob finden würde. Von keinem war ihm das bisher zuteil geworden, aber der unentwegte Dilettant gab es nicht auf. Daher vergab der Diktator Speer die schwersten Versündigungen, eben weil er vermutlich hoffte, irgendwie könne Speer seinem Meister einiges von seinen unzweifelhaften Talenten am

Zeichentisch vermitteln. Hierin allein war Hitler so naiv wie ein Kind. Hätte Hitler jedoch um Speers Pläne der Gewaltanwendung gegen ihn gewußt, dann wäre er fraglos zum wohl größten Opfer seines Lebens bereit gewesen, indem er auch den einzigen Mann getötet hätte, der das flackernde Flämmchen des Glaubens in ihm nährte, er könne eines Tages ein annehmbares Bildnis eines Menschen malen oder ein Gebäude entwerfen, das nicht schon gleich beim Einzug zusammenbrechen würde.

Hitler besitzt nicht die Vorschau auf kommende Dinge, wie er es glaubt. Er weiß nicht nur nichts von Speers Absichten, sondern er weiß auch nicht, daß Heinrich Himmler, ›der treue Heinrich‹, just in diesem Augenblick mit dem schwedischen Grafen Folke Bernadotte zusammentrifft, um mit ihm Pläne zur Übergabe zu besprechen. Ihm ist auch völlig unbekannt, daß ein anderes edles Mitglied seines intimsten Kreises, Hermann Fegelein, sein eigener künftiger Schwager, Mitgenosse Himmlers bei dem verräterischen Unternehmen ist. Der Bunkerbesucher wird es als Historiker nicht verschmähen, auch einen Blick auf Fegelein zu werfen, einen früheren Gestütsbereiter aus München, der später noch in einer sehr melodramatischen Episode Hauptspieler sein soll. Als Stallbursche ein Ignorant und ungebildet, aber spitzfindig und klug als Pferdekenner, wußte er sich in des Führers nähere Umgebung hineinzumanövrieren.
Siebenunddreißig Jahre alt, mit glatter Zunge bis zur Skrupellosigkeit, nie um einen Ausweg verlegen, in phantastischer Uniform mit vielen Orden wie ein komischer Opernheld, schaute er sich um nach Hitlers Schwäche und – fand Eva Braun. Bei der Weitersuche fand er Gretl Braun. Von dem Tage an, da Hitler Eva Braun dem Elternhaus entführte, war Gretl die ständige Begleiterin von Eva. Fegelein überschlug,

daß der Mann, der Gretl gewinnen könne, durch diese Eroberung Zutritt in Hitlers eigenstes Wohnzimmer finden werde. Nach einer achttägigen stürmischen Werbung schleifte Fegelein Gretl ins Brautgemach und nahm dazu Hitler als Trauzeugen. Die Spekulation machte sich bald bezahlt. Der kluge Jungvermählte wurde General, und alle Parteigrößen waren gescheit genug, sich eiligst mit dem Schwager des Führers auf guten Fuß zu stellen. Im Führerhauptquartier prunkte Fegelein mit seiner Verwandtschaft wie mit einem höchsten Orden. Er beherrschte alle und jedes, schaltete sich in Unterhaltungen ein, gab ungebetenen Rat und Befehle und beleidigte alte Generale. Es sollte jedoch ein Tag kommen, an dem sich seine Auffälligkeit als ein unangenehmes Hindernis und seine Verwandtschaft zum Führer als ein Fluch erweisen würden. Dann würde er gern seinen Dominoaufputz abstreifen und ihn verstecken, aber dann würde es zu spät sein.

Hitler konnte es aus seinen Überlegungen nicht los werden, daß Speer, sein fähigster Mitarbeiter, über die vorliegenden Tatsachen, wie er sie sah, so schlecht orientiert war; und nach langem Brüten schloß er, wenn auch widerstrebend, daß auch Speer ein Verräter sei. Jetzt habe ihn auch Speer im Stich gelassen. Als der SS-Generalleutnant Gottlob Berger zum Rapport den Bunker betrat, fand er Hitler mit einem Vergrößerungsglas beim Studium der Kriegskarte, wobei er immer wieder vor sich hin murmelte: »Die Wehrmacht hat mich betrogen, die SS läßt mich im Stich, und nun hat auch Speer mich belogen.« Nach. dem Bericht Bergers wiederholte Hitler das sechsmal.
Kein Mensch weiß sich zu erinnern, daß Hitler in seinem ganzen Leben, ob er nun eine Schlacht verlor oder mit dem Fuße strauchelte oder seine Suppe verschüttete, zugegeben hätte, daß ein Fehler oder Irrtum bei ihm liegen könne. Es

steht dagegen aber fest, daß er regelmäßig mit unabänderlicher Beharrlichkeit überzeugt war, er könne jedwede widrige Lage mit Gewalt ändern. Demgemäß trägt er nun Berger auf, 35 000 britische und amerikanische Kriegsgefangene nach Tirol zu transportieren, wo sie als Geiseln gehalten werden sollten. ›Wenn Deutschland in Stücke geht, werden auch diese Gefangenen in Stücke gehen. Diejenigen Gefangenen, die zu fliehen versucht haben und die wieder ergriffen wurden, sind sofort zu erschießen!‹

Berger beschwerte sich bei mir: »Immer gab er mir solche absurden Befehle. Wie sollte ich 35 000 Menschen zu Fuß nach Tirol bringen? Das wäre genau so unsinnig gewesen, als wenn er mir befohlen hätte, jede Nacht 5000 amerikanische Kriegsgefangene auf den Wilhelmplatz zu stellen, damit sie die Hauptlast der Bomben trügen, die ihre Kameraden aus der Luft abwarfen. Im Februar 1945 gab er mir einen anderen furchtbaren Auftrag: Ich sollte 20 000 Kriegsgefangene nach Dresden bringen, sie dort einzäunen und sie ohne Nahrung, Wasser und sonstiges in den Ruinen leben lassen. Immer gab er mir solche furchtbaren Aufträge.«

Frühling und ›Ofenrohre‹

Berlin brennt, doch durch die prasselnden Flammen geht das Knistern und Klicken des Funks in die Welt, daß Adolf Hitler heroisch die in Brandgelb eingehüllte Hauptstadt verteidigt. Dr. Werner Naumann, Unterstaatssekretär im Propagandaministerium, rennt von der Felsklippe des Bunkers zu der achthundert Meter entfernten Funkstation, wo er in ein geduldiges Mikrophon durchgibt, daß er soeben den geliebten Führer gesehen und ihn gar berührt habe. Der Führer könnte tausend Gründe dafür vorbringen, daß seine Anwesenheit an anderer Stelle wichtiger wäre, doch er ist in Berlin, um persönlich den Kampf zu leiten und sein Schicksal an das der Reichshauptstadt zu ketten. Während die Helden Nummer eins und zwei in ihrem unterirdischen Gibraltar, halb zurückgelehnt in ihre Lehnstühle, ihre eisgekühlten Getränke schlürfen, redet Dr. Naumann weiter: »Meine Landsleute, es würde Ihren Herzen gut tun, wenn Sie sehen könnten, wie unser heldischer Führer und unser ebenso tapferer Gauleiter Doktor Goebbels sich bemühen, einander in persönlicher Tapferkeit zu überbieten.«
Verwundete Soldaten und Bürger in der Stadt sterben vor Durst, in der Bunkerstadt jedoch fließt der Wein in Strömen. Wenn auch die ihrem Schicksal überlassene Bevölkerung von Berlin dankbar für jede Kruste Brot ist, die unterirdischen Genossen von Hitler und Goebbels haben Zugang zu den erlesensten Speisen und Getränken in den Lagerräumen. Zufrieden und satt wie ein Gastwirt, ordnet Goebbels an, daß die Reichsregierung in Berlin beim Führer verbleibt. Keiner

darf die Hauptstadt verlassen, während der Führer aufopferungsvoll weiterkämpft und sich in die rasendste Wut des Ringens wirft.

Die Treue zum Führer aber hängt davon ab, wie weit die Wege noch frei sind. Auf den Hauptverkehrsstraßen, die von Berlin nach Norden und Westen führen, herrscht ein Hochbetrieb von Autos und Wagen, Fuhrwerken, Kinderwagen und Fahrrädern – ihre Räder drehen sich um die Wette. Alle Minister, mit Ausnahme von Goebbels, sind nach Norden hin, nach Plön, entkommen. Soldaten, die der Wachsamkeit von SS und Gestapo entronnen sind, reißen ihre Uniformen herunter und mengen sich in Zivilkleidern in den stürmischen Strom panikbesessener Flüchtlinge. Krieger, denen die Beherrschung der Welt aufgetragen worden war, schätzen sich glücklich, in zerbröckelnden Kellerlöchern, schmutzigen Abzugskanälen und verschlammten Bombenkratern noch eine Deckung zu finden. Wo sie der Wachsamkeit und der rachsüchtigen Wut der unentwegten Fanatiker entrinnen können, torkeln sie mit gesenktem Kopf und erhobenen Händen an die Oberfläche und winken mit weißen Handtüchern, Fetzen und Unterwäsche.

Ein Viertel des rauchenden Berlins ist bereits gefallen, doch Hitler glaubt, daß auch drei Viertel des Kadavers noch leben können. Gebieterisch telegraphiert er an General Steiner, den gleichen Mann, den er noch zwei Tage zuvor verflucht und gebrandmarkt hat: »Sie bürgen mir mit Ihrem Kopf dafür, daß die Verbindung mit Berlin durch Ihren Angriff von Norden aus hergestellt wird!« Jedoch Steiners Ergebenheit zu seinem SS-Eid ist nicht so übermächtig, daß er seinen Sinn für Selbsterhaltung überträfe. Zwischen ihm und dem übersprühenden Führer stehen zwei vollständige Armeen: die

einundsechzigste russische Armee und die erste polnische Armee. Steiner dagegen steht nur eine unvollständige, ungenügend ausgerüstete Division, die sich auf einen schmalen Brückenkopf am Havel-Hohenfinow-Kanal stützt, zur Verfügung. So sicher er im Falle des Mißlingens seines Angriffes seinen Kopf verlieren würde, wenn er in den Bereich Hitlers gelangte, so unvermeidlich auch würde er vernichtet werden, wenn er zum Angriff gegen eine zahlenmäßige Überlegenheit von zehn zu eins übergehen würde. Es gelingt ihm die fernmündliche Verbindung zu Generaloberst Heinrici, und er beschwert sich: »Ich glaube, die in Berlin leiden an wahnwitzigen Halluzinationen.« »Trotzdem müssen Sie angreifen. Denken Sie daran, der Führer verlangt es von Ihnen.« Heinrici baut sich seine eigene Verteidigung für die Möglichkeit auf, daß er in die Hände des Führers fallen sollte.
»Aber dieser Angriff ist doch sinnlos!«
»Ja, ja, aber Sie müssen alles unternehmen, um dem Befehl nachzukommen.«
Als Keitel bei Steiner ist und ihn drängt, auf Berlin vorzustoßen, während er natürlich im Norden bleibt, weist der nüchtern denkende Steiner auf die Unmöglichkeit hin, auch nur einen Meter weit vorzurücken. »Schon gut, jedenfalls berichten Sie so, daß dem armen Manne in Berlin schließlich doch noch etwas Hoffnung bleibt«, und der Feldmarschall hüllt sich wieder in eine Rauchwolke aus seiner Zigarre, den einzigen Genuß während dieser letzten Tage des Krieges.

Während Hitler zuversichtlich an die Befreiung durch Steiner vom Norden her glaubt, hegt er auch an die Ankunft Wencks vom Süden einen unerschütterlichen Glauben – wie an den heiligen Nikolaus. Keitel hatte ihm berichtet, daß er selbst Wenck gedrängt habe: ›Es wird um Berlin gekämpft, und das

Schicksal des Führers steht auf dem Spiel. Welch größeres Reizmittel konnte Wenck wohl noch verlangen?‹
Als Keitel am 22. April mit Wenck sprach, hatte der zweiundvierzigjährige General angedeutet, daß er Einheiten nördlich der Havelseen zusammenziehen und umgruppieren wolle, aber Keitel hatte gegen dies Vorhaben Einspruch erhoben. Die Zeit dränge, der Führer warte an den Toren.‹ Unter dem Zwang, ohne Umgruppierung vorzustoßen, griff Wenck mit nur einem Korps an, dem XX., das aus drei Divisionen kühner und begeisterter Männer bestand, dem aber Panzer, schwere Artillerie sowie die Unterstützung aus der Luft fehlten. Wenck ließ zur Sicherung einige Bataillone an der Elbe, warf seine Leute herum und in den Kampf gegen einige Schützendivisionen der Russen, die seine Nachhut bedrängt hatten. Er setzte sich von ihnen ab und organisierte seine Truppen östlich von Magdeburg mit dem Ziel Potsdam.
Diese Bewegung wurde pflichtgemäß Hitler berichtet, sie gab der unterirdischen Bevölkerung Anlaß zu einer Feier. Jeder Meter, den Wenck vorankam, wurde zum Kilometer, jede Plänkelei schwoll an zu einer Schlacht, jeder nichtssagende Sowjetverlust wurde zu einer größeren feindlichen Niederlage. Voller Begeisterung bereiteten sich in der Stadt die Berliner darauf vor, ihren Befreier zu empfangen. Als Meisterpropagandist verfaßte Dr. Goebbels Kundgebungen zum Willkommen der Soldaten Wencks in den Berliner Vorstädten, wo er sie dann auch anfeuerte, in das Zentrum der Stadt vorzudringen, um die Eindringlinge zu vertreiben. Diese Kundgebungen wurden dann in der ganzen Innenstadt verbreitet, als hätte ein starker Wind sie aus den Vorstädten hergeweht. Wenck stand zu der Stunde noch sechzig Kilometer entfernt beim Versuch, sein leckes und zerschlagenes Lebensrettungsfloß in einem stürmischen roten Meer flott zu machen.

Durch die umkämpften Straßen der sterbenden Stadt arbeitet sich ein anderer Eindringling vor, den niemand zum Halten bringen kann: Der Frühling ist, unbekümmert um den Krieg und all die Not, die der Mensch sich selber schafft, mit seinem ganzen Aufgebot eingezogen. Eine wärmende Sonne durchbricht den Nebel und Rauch an all diesen Kampfplätzen in Berlin, die in glücklicheren Tagen zu dieser Jahreszeit verzauberte Großstadtinseln sein würden. Der Tiergarten, einer der reizendsten Stadtparks der Welt, schwelt und lodert; seine schönen Baumbestände, die sich in keinen Bunker retten können, stürzen hin wie Verurteilte vor dem Hinrichtungskommando. Die eingebetteten Teiche und Weiher, einst von schnatternden Schwänen und Enten belebt, verlangen nach den Kindern, die früher an ihren Ufern gespielt, und nach den Liebespärchen, die in leichten Ruderbooten frohgelaunt über die buchtenreiche Fläche glitten. Im Zoo, einst fast überladen mit gefiederten und geweihtragenden Weltgenossen, vermodern nun die Kadaver von Tieren, die jeden Kampf außer dem von Menschen entfesselten überstehen würden. Apfelblüten, die dem Abschuß durch Kugel und Bombe entgingen, lächeln breitentfaltet im Schillerpark, und selbst Tulpen und Lilien werden die Stunden ihres Schönheitsaufputzes und ihrer Düfte inmitten all des Schlachtenlärms und des bittersüßlichen Geruchs von frischem Blut nicht verwehrt.

Der Kurfürstendamm mit seinen Theatern, Restaurants, Gehsteigen, Cafés und Kinos liegt nun zerschlagen da, eine einzige weite Heerstraße der Ruinen, ausgebrannt im Aprilwind, nun nur noch ein metallischer Moderhaufen von ausgebrannten Panzern, Autos, Flugzeugen und der eingestürzten Baumassen der Riesengebäude, die einmal die große und vornehme Straßenflucht säumten.

Der Frühling kommt dem Angreifer als Verbündeter entgegen. Er gibt den zerschmetterten Bäumen und zerschundenen

Büschen neues Hoffen und frische Stärke und umwindet sie mit grünem Blattwerk, und er steckt ihnen sein Symbol des Friedens, eine weiße Blume, auf, und – in diesen vom Frühling ausstaffierten Schießscharten horsten Sowjetmaschinengewehre und Bazookas, die moderne Waffengattung der ›Ofenrohre‹, in Bereitschaft, jeden in den Winter des Todes zu schicken, der vom Frühling träumt.

Dennoch, die russischen Bären in seinem Garten drücken Hitler nicht nieder. Vor seinem geistigen Auge sieht er einen Jäger, der mit seiner langen Donnerbüchse auf jede der Bestien anlegt. Jede Büchse ist ein amerikanisches Gewehr, jeder Jäger ein Amerikaner. Nicht lange mehr wird es dauern, bis die Amerikaner den Koloß aus dem Osten bekämpfen. Das ist seine Hoffnung, seine Voraussage, seine Überzeugung. Das steht zwar nicht auf seiner geographischen Karte geschrieben, wohl aber auf der Karte in seinem Gehirn.
Im Besprechungszimmer kann er daher mit zynischem Lächeln das Fieberthermometer betrachten. Wie ein Arzt, der nach einem seinen Berufskollegen unbekannten Geheimmittel schickt, so ist er dessen gewiß, daß der sterbende Patient genesen wird, so wie er nur von der Medizin genest, die schon bald eintreffen muß.
Doch die Bulletins vom Krankenbette verzeichnen weiterhin fatale Symptome. In ganz Europa setzen auf kleine Inseln zusammengedrängte deutsche Streitkräfte den Kampf fort, aber die einbrechenden Seen alliierter Armeen verhindern eine Gesamtaktion. Busses Kampfgruppe ist zerfetzt; Schörner ist im Sudetenbergland eingeschlossen, versucht aber noch, mit seinem linken Flügel herauszukommen, um Wenck aufzunehmen und ihn zu einem Flankenangriff gegen Berlin zu werfen; aber er hat nicht mehr Erfolg als Heinrici im Norden. Schörners Rückzug öffnet die Türen Sachsens für das

Eindringen der Sowjets nach Mitteldeutschland. Kesselring, dem befohlen worden ist, Schörner zu Hilfe zu eilen, findet es angebrachter, sich gegen die Alpen hin zurückzuziehen. Vietinghoff-Scheel, der in Italien kommandiert, strebt in hastigem Tempo der mythischen Alpenschanze zu, scharf von dem amerikanischen General Mark W. Clark verfolgt, der meldet, daß die fünfundzwanzig Divisionen seines Gegners in Stücke zersprengt sind und seiner Armee keinen Widerstand mehr leisten können.

Diese Alpenschanze, die die letzte Zuflucht in der blühenden Einbildung des vom Fieber geschüttelten Patienten war, sollte sich vom Bodensee bis zur Enns und von den Alpen bis zum Tal der Drau erstrecken. Hier, hinter Wällen, die von mächtigen Gebirgszügen gebildet wurden, wo bis zu deren wolkenstürmenden Gipfeln hinauf Beobachtungsposten verteilt waren; hier, wo Truppen, Rüstungsbetriebe und selbst Flugzeugfabriken sich in Stollentiefen verkriechen konnten, die in die Abhänge der Felszitadelle getrieben waren, konnten die Deutschen die Alliierten abwehren, bis dem mit neuen Zinnen versehenen Reich sich eine neue Epoche eröffnen würde.

Zur Vorbereitung dieses historischen, heroischen und grandiosen letzten Widerstandes, der einen Homer und einen Wagner der Zukunft mit epischen, poetischen und musikalischen Eingebungen sättigen würde, waren zwei superstarke Rundfunkstationen in Mautendorf errichtet. Achtundvierzig Lastwagenladungen voll Funkmaterial waren von SS-Oberst Günther d'Alquen, als dem Leiter der Operation, über Schnee und Eis des Tauernpasses geschleppt worden. Der SS-Oberst, der früher Hauptschriftleiter des ›Schwarzen Korps‹ gewesen war, wollte überhaupt von Kriegen nicht viel wissen und hatte auf dem letzten Reichsparteitag im kleinen Kreise die Äußerung getan: »Es wäre ja Wahnsinn, wegen der

Tschechoslowakei einen Krieg zu entfesseln.« Auch jetzt war er nicht poetisch genug veranlagt, um die klassischen Möglichkeiten dieses Unternehmens zu würdigen. Er sprach die ganze Affäre als einen Windmühlen-Kampf des zwanzigsten Jahrhunderts an, und er berichtete mir von den Absurditäten des vorgesehenen Rundfunkprogramms, in dem die Mannschaften der alliierten Armeen mit der Begründung zur Übergabe aufgefordert werden sollten, es sei töricht für die alliierten Soldaten, noch in den letzten Tagen des Krieges das Leben verlieren zu wollen, weil nun Verhandlungen für eine friedliche Beilegung aller internationalen Differenzen im Gange seien. Offensichtlich verlegen über den Anteil, den er bei diesem Unterfangen à la Don Quichotte gespielt hatte, schloß er seinen Bericht mit der Feststellung: »Natürlich war das alles Unsinn. Aber unsere Befehle lauteten so.«

Zwei Wanderer vom anderen Stern

Wie die Wasser zweier gewaltiger Meere, die über zerbröckelnde Hügel und mitgeschwemmten Sand aufeinander zujagen, so rennen West und Ost auf eine Verbindung zu. Bis zum 9. März waren die Westarmeen über 900 Kilometer vorwärts gestürmt. Am gleichen Tage hatten die Streitkräfte der Sowjets in einem Feldzug, der an Hartnäckigkeit, Ausdauer und Entschlossenheit seinesgleichen in der militärischen Geschichte sucht, sich seit der Bluthölle von Stalingrad 2000 Kilometer durchgeschlagen. Um 500 Kilometer waren sie am 9. März noch voneinander entfernt, und am 7. April waren West und Ost sich bis auf 270 Kilometer nähergekommen. Am 22. April trennten nur noch 100 Kilometer die Wogen der Vorhuten, und am 25. April strömten bei Torgau an der Elbe – nordöstlich von Leipzig – die Wasser von West und Ost ineinander über. In diesem turmreichen Städtchen von damals 13 000 Einwohnern, das 1760 den Sieg Friedrich des Großen über die Österreicher gesehen hatte, reichten sich Soldaten des amerikanischen 273. Infanterie-Regiments und der russischen 58. Gardedivision die Hand zum Gruß und zur Bekräftigung des damals gemeinsamen Zieles ihrer beiden Länder.
Der deutsche Unterleib war aufgeschlitzt. Was das deutsche Oberkommando befürchtet, was jeder deutsche Soldat erschreckt hatte kommen sehen und was das deutsche Volk schaudernd erwogen hatte, das hatte sich nun ereignet. Nun war es nur noch eine Frage von Tagen, vielleicht nur von Stunden, bis die vereinten Bajonette von Ost und West den

restlichen deutschen Widerstand in Stücke zerschneiden würden. Schwermut lagerte über dem deutschen Hauptquartier, und Verzweiflung meldete sich als Gast in jedem deutschen Hause. Überall machte sich bittere Enttäuschung breit – überall, nicht aber im Führerbunker. Indes sein Kopf hin- und herbaumelte wie der Schädel eines Roboters, schlug Hitler wie unter mechanischem Antrieb seine Faust auf die vor ihm ausgebreitete Karte und schrie in einem triumphierenden Falsetto: »Das ist der Augenblick, auf den ich gewartet habe!« Seine Prophezeiung hatte sich erfüllt.

In Übereinstimmung mit der von den Nationalsozialisten geübten Praxis, schon vom Ausbrüten der Eier zu reden, ehe das Huhn gekauft war, hatte die Propagandamühle von Goebbels das Gerücht verbreitet, daß Ribbentrop als Minister des Auswärtigen die Einzelheiten eines Abkommens mit Großbritannien, den Vereinigten Staaten und Frankreich ausarbeite: Die Oder solle die Demarkationslinie zwischen den westlichen und östlichen Besatzungsmächten bilden. Als das Gerücht zuerst verbreitet wurde, hielt die Oderlinie noch. Und gerade jetzt gelangte dies wohlerfundene, dumme Gerücht zu seinen Erfindern als Meldung zurück, und man nahm es als Tatsache, obwohl selbst im Bunker nicht ein einziger war, der an Ribbentrops Fähigkeit geglaubt hätte, den Diplomaten auch nur auf einem Kinderfest zu spielen. Schwerin-Krosigk schrieb in sein Tagebuch: Wir sind entschlossen, uns zu beeilen und durch aktive Politik einen Bruch zwischen den Bolschewiken und den Anglo-Amerikanern herbeizuführen. Als aber schließlich trotz dieser beharrlichen Meldungen von einer bevorstehenden gewaltsamen Scheidung zwischen Ost und West bei Torgau die glückliche Hochzeit stattfand, hielten sich Hitlers Mitarbeiter im Bunker in Erwartung kreischender Bannflüche und Verwünschungen ihres Chefs die Ohren zu. Groß war jedoch ihre

Überraschung auf der unverzüglich einberufenen militärischen Lagebesprechung, ihn keineswegs aufgebracht zu sehen, vielmehr frohlockend. »Jetzt habe ich sie«, murmelte er, während er die Rundfunkmeldung mit den klingenden Phrasen begleitete:
»Das glückliche Einvernehmen wurde durch einen Streit zwischen den russischen und amerikanischen Offizieren über die Grenzen der beiderseitigen Besatzungszonen zerstört. Die Russen behaupteten, daß die Amerikaner die genaue Bestimmung des Abkommens von Yalta verletzten.«
»Jetzt ist es so weit!« rief er mit dem Stolz eines Jägers aus, dem die Büchse fehlt und der dann einfach seinen Löwen mit bloßer Hand erlegen will. »Sie, meine Herren, und das übrige Deutschland haben immer gezweifelt – ich aber wußte, daß diese unheilige Allianz nicht halten würde. Zwei grundverschiedene Systeme mit grundverschiedenen Ideen und grundverschiedenen Zielen konnten niemals zusammengehen. Aber das ist es nicht einmal, was sie auseinanderreißen wird; sie werden sich um das an die Kehlen kriegen, was sie als ihre legitime Beute betrachten, nämlich um Deutschland. Feindseligkeiten zwischen beiden können nun jeden Tag ausbrechen, zu jeder Stunde!«

Auf diese verheißungsvolle Kunde hin will die Konferenz sich schon auflösen, da stürzt ein Kurier herein. Eilig langt Hitler nach der Meldung, als bringe sie schon die Bestätigung, daß die westlichen Alliierten an Berlin vorbei auf Moskau zustürmen. Er wirft nur einen Blick auf die Blätter, dann läßt er sie auf den Boden flattern. Nachdem er sich krampfhaft auf die Beine gestellt und hinkend den Raum verlassen hat, greifen die anderen nach der Nachricht und lesen, daß die Russen Tempelhof, den Schlesischen Bahnhof und alle Bezirke nördlich und östlich davon im Herzen von Berlin genommen haben. Auf der größeren Karte sehen sie dann, daß Stalins Streitmacht den nördlichen Abschnitt der Oderlinie von Stettin bis Eberswalde überrannt hat. Die dritte deutsche Armee, mit der man in Berlin wie mit einem Dünkirchener Rettungsschiff gerechnet hatte, flieht kopflos westwärts.

Krebs springt in die Bresche mit einem Befehl an Steiner, mit seiner Attacke ›Dampf‹ zu machen. Steiner aber hat unter der neuen, durch den Einbruch an der nördlichen Oder herbeigeführten Bedrohung keine Absicht, in den Berliner Abgrund zu ›dampfen‹. Um Berlin zu entsetzen, wären, so erklärte er mir in seiner Münchner Wohnung, ›zumindest zwanzig bis dreißig Divisionen nötig gewesen, und so viele Divisionen waren in ganz Deutschland nicht mehr zu finden‹. Er summierte den Vorgang: »Vom 20. April an basierten die vom Führer ergriffenen Maßnahmen nicht mehr auf realen Tatsachen, sondern auf Wunschträumen. Jeder Mann, der in jenen letzten Tagen noch beim Versuch einer Befreiung Berlins gefallen war, wäre meines Erachtens sinnlos geopfert worden.« »Was macht Holste?« fragt der Führer Krebs. Der Führer kennt die Stellung eines jeden Generals, doch immer nimmt er an, daß der General noch die gleiche Stärke befehligt und über dieselbe Menge an Ausrüstung, Geschützen und Munition wie ursprünglich verfügt. Der geplagte Generalstabschef erläutert, daß Holste an der nördlichen Elbe die Verbindung mit Steiner herzustellen versucht.

»Sagen Sie ihm, er soll sich nicht mehr um Steiner kümmern, vielmehr südwärts drängen, um sich Wenck anzuschließen!« In aller Steifheit erwidert Krebs: »Jawohl!« ohne aber dem Führer nahezulegen, daß Holstes' Truppen nach dem vernichtenden Zusammenprall mit dem Gegner auf den Grad von Arbeitsdienst-Bataillonen herabgedrückt sind und daß er schwerlich mit Pickeln und Schaufeln zu Wenck durchbrechen kann, von dem er durch Panzer, Belagerungsgeschütze,

herumstreichende Kommissare und endlose Munitionszüge in den Händen der kämpfenden, siegbegeisterten Sowjets getrennt ist.
Während Generale vom Lehnstuhl aus hinter Wunschattacken ›Dampf‹ machen möchten, tanzt ein Kettenfeuer von Artilleriegeschossen so unaufhörlich wie Vaudevilletänzer auf dem Bunkerdach, und der steinerne Raum ist ein Wirbel von Schwefel, Rauch und Kalkstaub. Man hört Hitler in seinem Gemach stark husten und würgen. »Die Ventilatoren abstellen!« brüllt er. Der Vaudevilletanz hält mit Heftigkeit an. Ein ganzes Heer von Holzschuhtänzern und Hornpfeifern vollführt einen teuflischen Zapfenstreich, aber die Nerven der unter die Erde verkrochenen Hausgenossen haben sich so an das Knattern der Ventilatorenmaschinerie gewöhnt, daß jetzt, da sie abgestellt ist, geradezu Ruhe und Stille in den Höhlen zu herrschen scheint.

Wenn auch der Flugplatz Tempelhof in die Hände der Russen gefallen ist, so bedeutet das doch noch nicht das Ende. Der Flugplatz Rechlin liegt nur 240 Kilometer von Berlin entfernt; und von Gatow, das noch in deutscher Hand ist, können Kleinflugzeuge die Ost-Westachse von Berlin in dreißig Minuten erreichen. Die Prachtstraße, die Ost- und West-Berlin verbindet, ist acht Kilometer lang und kann auf beiden Seiten des die Straßenfläche teilenden Grünstreifens einen fünfgleisigen Verkehr aufnehmen. Aus vier prächtigen Straßen, dem Kaiserdamm, der Bismarckstraße, der Charlottenburger Chaussee und Unter den Linden gebildet, war sie von Hitler mit der Absicht, ein Gegenstück zu den berühmten Pariser Champs-Elysées zu schaffen, erweitert und verschönert worden. Jetzt hatte Hitler befohlen, die diesen großen Boulevard säumenden Bäume zu opfern und die Laternenpfähle zu entfernen, um so die imposante Auffahrt zu einer Landebahn für Flugzeuge umzugestalten. Er erwartete wichtigen Besuch.

Nachdem Hitler Göring abgesetzt hatte, war von ihm Generaloberst von Greim als neuer Befehlshaber der Luftwaffe eingesetzt und nach Berlin befohlen worden. In München sieht sich Greim nach einem Piloten um, der genügend Wagemut und technische Gewandtheit für den Flug hat. Und so tritt in die abenteuerliche Geschichte der letzten finsteren zehn Tage Flugkapitän Hanna Reitsch, eine blauäugige, lebhafte, kleine Versuchsfliegerin, die erste Fliegerin, die im Segelflugzeug die Alpen bezwang und in aller Welt Preise gewann. 1938 hatte sie an den Luftrennen in Cleveland, USA, teilgenommen und für ihre Verwegenheit in den Lüften großen Beifall gefunden. Vom Deutschen Flugwissenschaftlichen Forschungsinstitut angestellt, hatte sie Methoden zur Durchbrechung von Ballonsperren ausprobiert. Beim sechshundertsten Versuch ging ihr Flugzeug in Trümmer, doch sie genas schließlich von ihren schweren Wunden und wählte wieder die Luft als ihr Element. Sie war die erste Frau, die einen Hubschrauber in einem überdeckten Saal flog. In einem solchen Flugapparat will von Greim nach Berlin geflogen werden, um gleich in der Nähe der Reichskanzlei landen zu können. Der einzige der Luftwaffe gebliebene Hubschrauber ist bei einem Luftangriff zu Bruch gegangen. Sie fliegen daher von München nach Berlin in einem Bomber, und dort wird eine Focke-Wulf 190 bestiegen, von Greim und ein Feldwebel in der Flugkanzel. Hanna Reitsch soll wegen der Gefahren nicht mit, versteckt sich aber im Schwanz des Flugzeuges.

Nach dem Kriege wurde Hanna Reitsch verhaftet und von den Alliierten unter dem Verdacht festgesetzt, sie habe den Führer nach Argentinien geflogen. Nachdem sie die Unrichtigkeit dieser Anschuldigung hatte nachweisen können, ließ sie sich in der Kleinstadt Oberursel bei Frankfurt am Main

nieder, und dort berichtete sie mir die Geschichte ihres dramatischen Fluges:
»Sie müßten die Struktur dieses kleinen Fuchsloches kennen, das nur aus Rippen bestand, die wie Messer schnitten. Nachdem ich drin war, lag ich da wie eine Raupe. Allein hätte ich niemals wieder herausgekonnt, zumal die Tür von außen verschlossen war. Es war ein Sarg, und ich flog nur mit aus Treue zu von Greim, den wir alle wegen seiner Führung und seiner Haltung bewunderten.« Nach dem Start von Rechlin gerieten sie zwischen russische Flieger, die wiederum von deutschen Fliegern in einen Kampf verwickelt wurden, und mitten durch dies vielfache Luftgeraufe erreichte die Focke-Wulf Gatow, wo sie inmitten der Fontänen von russischen Artilleriegeschossen landete. Nachdem sie aus der Maschine herausgeklettert waren, stiegen sie in ein noch kleineres Flugzeug, einen Fieseler-Storch, der im Führersitz nur eine Person aufnehmen konnte. Von Greim übernahm die Kontrolle, und als sie mit dem Ziel des dreißig Kilometer entfernten Berliner Straßenzuges starteten, stand Hanna hinter ihm. Sie flogen tief; aus zwei Gründen: einmal wegen des Flugzeugtyps; zum anderen, weil paradoxerweise ihre Sicherheit in der niedrigen Höhe lag.
Hanna Reitsch soll selbst berichten:
»Wenn man hoch ist, können die Russen gut schießen, fliegt man aber niedrig, können sie einen nicht erblicken, weil man unter den Spitzen der Bäume fliegt. Man kommt überraschend und gibt ihnen keine Möglichkeit, das Ziel zu wechseln. Wir flogen über den Wannsee und dann unter den Bäumen des Grunewaldes dahin. Plötzlich brach eine Hölle von Schüssen los. Zwischen den Bäumen hindurch konnten wir sehen, wie russische Tanks und russische Infanterie mit allen nur möglichen Waffen nach uns feuerten. Die Luft war prall von Explosionen und Wölkchen, und es war ein Höllenlärm.

Von Greim versuchte in einem wundervollen Zickzackflug zu entkommen, aber keiner von uns beiden glaubte, daß wir aus dieser Hölle herauskommen würden. Ein plötzliches Aufblitzen wie ein richtiger Blitz, und von Greim schrie laut: ›Ich bin getroffen, mein rechter Fuß!‹ Von meinem Standort aus konnte ich nicht sehen, was passiert war und ob er zu Tode blutete. Ich sah ihn nur bleicher und bleicher werden. Ich versuchte, das Steuer zu ergreifen. Er sagte: ›Ich kann schon‹, und dann wurde er ohnmächtig. Unsere Rettung war es, daß sein linker Fuß nicht im Steuerruder war, denn, hätte er ihn drin gehabt, hätte ich den Knüppel nicht bedienen können. Sein Fuß war aber heruntergenommen, und daher hing das Ruder im Winde. Ich lehnte mich über seine Schulter, haschte nach dem Knüppel und versuchte, den Apparat aus dieser Hölle herauszubringen, immer befürchtend, Greim würde sterben. Ich mußte mich verbergen, aber ich mußte auch darauf achten, die Bäume nicht zu berühren. Unter mir konnte ich die Gesichter der Russen sehen. Sie schossen jetzt durch die Flügel. Mehrere Kugeln trafen unseren Tank, und auf beiden Seiten strömte Benzin aus. Ich hatte das Gefühl, jeden Augenblick müßte sich eine Explosion ereignen. Das wäre das Ende gewesen, aber wie durch ein Wunder fand keine Explosion statt. Nun waren wir über Berlin, aber wir waren in Feuer und Rauch eingehüllt. Von Greim öffnete die Augen und sagte: ›tapferer Kapitän‹, dann fiel er wieder in Ohnmacht. Durch all die Explosionen und den Rauch konnte ich die Reichskanzlei nicht finden. Ich konnte den Rundfunkturm ausmachen. Vom Turm aus kannte ich die Richtung zum Bunker des Zoos. Ich kannte auch das Hospital, in dem ich nach einem Luftangriff mit ausgerenktem Arm gelegen hatte. Mit diesen beiden Plätzen in meinem Bewußtsein manövrierte ich auf die Siegessäule zu, jenseits des Zoos an der Achse. Gerade als der letzte Tropfen Benzin aus dem Tank sickerte, fand ich das

Brandenburger Tor, riß den Knüppel herunter und landete auf der Straße. Das war alles. Wir waren angekommen.«
Hanna Reitsch windet sich aus der zersplitterten Maschine heraus, zieht von Greim hinter sich her und blickt auf eine Szenerie aus einer verlorenen Welt. Ungeheure Löcher im Pflaster lassen an die Fußtapfen eines prähistorischen Elefanten denken; gigantische Massen von Steinhaufen und umgestürzten Bäumen deuten auf eine allumfassende Umwälzung hin, der die Bevölkerung der Welt zum Opfer gefallen ist – denn nicht ein Lebewesen ist zu erblicken. Die einst so schöne Straße Unter den Linden ist keine Straße verzückten Zaubers mehr, sondern nur noch ein Gang von Trümmern und Steinschutt, gesäumt von den Skeletten von Gebäuden, aus denen schon seit Jahrhunderten das Leben gewichen zu sein scheint. Der dies Zerstörungswerk anrichtete, kann nicht der Begünstigung beschuldigt werden, weil auch die russischen, französischen und amerikanischen Botschaftsgebäude so völlig zerstört sind wie Görings Staatsoper, der ehrwürdige Dom und das alte Kaiserschloß. Herumliegende menschliche Leichname jedoch widerlegen die Annahme, es könne sich um eine Sintflut von altersher handeln. Das mächtige Brandenburger Tor sieht, entstellt und verkrüppelt, jämmerlich aus. Die vier Siegessäulen auf der Höhe strafen mit ihrer eigenen Verwundung ihr Symbol Lügen. Und nun gibt es in diesem Kolossalgemälde vorgeschichtlicher Verwüstung einen Schimmer, der ins zwanzigste Jahrhundert zurückführt. Ein langsam fahrender Lastwagen erscheint in einer Ecke des Bilderrahmens. Der Fahrer erblickt eine schlanke Gestalt in Fliegerbekleidung, die wie rasend winkt. Er stoppt seinen Wagen, springt ab, forscht, improvisiert eine Tragbahre, und unter Mithilfe der Fliegerin lädt er den verwundeten General auf.

Im Führerbunker nimmt die Erwartung wilde Formen an, so wie im Herzen Robinson Crusoes, als er Freitags erste Fußspuren erblickte. Die bisherige laute Aufregung, die diesen isolierten Planeten durchrast, ist beim Anblick dieser beiden Reisenden, die von einem anderen Stern zu kommen scheinen, vergessen. Schließlich gibt es anderwärts doch noch ein Leben! Diese beiden haben sich durch den Wall von Chaos durchgeschlagen und sind angelangt. Aller Augen folgen dem Abstieg der Tragbahre, die, von breitschultrigen Soldaten hochgehoben, die Stufen heruntergetragen wird. Ihnen auf dem Fuß folgt ein junger vergnüglicher ›Bursche‹ mit langem, blondem Haar, der jeden anlächelt. Rasch sind die Reisenden von den Bunkerbewohnern umringt und werden mit Fragen bestürmt: »Was gibt's Neues von Wenck?« »Was macht das übrige Deutschland?« »Kommen wir hier noch heraus?« »Wie?«

Alle diese Fragen müssen unbeantwortet bleiben, bis der Verwundete versorgt ist und von dem König der Gescheiterten besucht wird, der ihm wichtige Kunde gibt: »Ich habe Sie herrufen lassen, weil ich Hermann Göring wegen verräterischen Verhaltens verabschiedet habe. Ich hätte ihn niemals an erster Stelle dulden sollen. Er ist der Rauschsucht verfallen, er ist ein Morphinist und ein Feigling. Ich habe Sie hergerufen, die Ehre der Luftwaffe wieder herzustellen, die von Göring besudelt wurde, der niemals ihres Kommandos wert gewesen ist!«

Generaloberst von Greim ist Hitler ergeben, er glaubt an ihn, für ihn ist er der geistige Führer des deutschen Volkes, doch unter dem großen physischen Schmerz seiner Verwundung und dem noch tiefer sitzenden moralischen Schock beim Anblick der Verwüstung in der Hauptstadt seines Vaterlandes gerät seine Götterverehrung doch ein wenig ins Schwanken. Auch wird seine Qual nicht gemindert, als Hitler sagt: »Und nun, von Greim, ernenne ich Sie zum Feldmarschall und übertrage Ihnen den Befehl über die Luftwaffe des Deutschen Reiches.«

Die Luftwaffe! Was ist denn von der Luftwaffe übriggeblieben?

»Ich arbeite gerade Pläne für die Befreiung Berlins aus, und in diesen Plänen sollen Sie eine sehr wichtige Rolle übernehmen.«

Hitler entfaltet eine Karte und weist auf einen Punkt südwestlich von Berlin. »Hier steht Wencks Armee. Ihm gegenüber steht die dritte Russische Armee, aber wenn Sie für ihn den Weg durch den Ring um Berlin öffnen können, dann kann er durchbrechen und die Belagerung aufheben.« »Mein Führer, wie aber soll ich den Weg freilegen?«

»Mit jedem Ihnen zur Verfügung stehenden Bomber! Sie werden eine Zeitlang der Ruhe bedürfen, und dann, zur festgesetzten Stunde, werden Sie gehen, um die Sache zu übernehmen.«

»Mein Führer, ich bin Ihnen dankbar für die große Ehre, mit der Sie mich auszeichnen. Jeder Soldat hat den Ehrgeiz, einen Feldmarschallstab zu gewinnen. Doch das wird mir zuteil, während ich physisch nicht imstande bin, ihn zu führen; und moralisch habe ich kein Verlangen danach, weil ein Kommandeur ohne die Mittel, seine Pläne auszuführen, hilflos ist. Wenn ich die Dinge freimütig betrachte, ziehe ich es vor, hier bei Ihnen zu bleiben und dem Ende ins Gesicht zu sehen. Wenn Göring die Luftwaffe entehrt hat, lassen Sie mich helfen, von dieser verlorengegangenen Ehre wieder einiges zurückzuholen – hier!«

Der neuernannte Feldmarschall sinkt auf seine Bahre zurück. Dafür also hat er sich fliegend durch den Feuersturm geschlagen, dafür ist er also in die zehnte Stufe des Infernos hinuntergestiegen: um mit einem Schwert ohne Klinge für einen Führer ohne Kopf zu streiten! Er plädiert, er möge nicht wegbefohlen werden, der kopflose Führer aber besteht darauf, daß er für den Augenblick des Angriffes bereitzustehen habe. Inzwischen drückt er dem gerührten Feldmarschall einen Gegenstand in die Hand, mit dem er gegebenenfalls seine Treue zum Führer beweisen soll. Er ruft auch Hanna Reitsch herbei und händigt ihr ein gleiches Geschenk aus. Mit einem leichten Lächeln auf den Lippen nimmt sie es entgegen.

Als von Greim wieder in dem kleinen, ihm bereitgestellten Zementraum ist, hebt er seinen Kopf nach seiner treuen Pilotin an der schmalen Bettstatt neben sich. Gemeinsam betrachten sie ihr Geschenk von Adolf Hitler – einen kleinen Metallzylinder, der ein Röhrchen Kaliumzyanid enthält.

Das Wiesel und die Hühnerfarm

Verwüstung und Vernichtung in Berlin haben fantastische Ausmaße angenommen, doch Hitlers Glaube an eine Spaltung zwischen Ost und West ist unerschüttert. Über einer Hälfte der Stadt flattert die rote Fahne, und im Hochofen der Schlacht wird der eiserne Umklammerungsring immer enger. Die Entfernung des Bunkers von der nächsten Stelle der Kampffront zur Wilhelmstraße wird beängstigend kleiner. Wie einer Haushilfe, die nachts zum Feuerlöschen geweckt wird, so ist jeder männlichen Person zwischen dreizehn und siebzig ein Gewehr, eine Handgranate oder eine andere Waffe, die ihr oft völlig fremd ist, in die Hand gedrückt worden, um den vorstoßenden Wall von Rauch und Rüstzeug zu bekämpfen. Studenten und Angestellte, Postboten und Genesende sind hinter improvisierten Barrikaden zusammengeschart worden, und diese Abwehrstellungen vergehen in Nichts, wie papierne Brustwehren vor Strömen von Feuer zu Asche zerflattern.

Aus allen Richtungen der Windrose rasseln automatische Geschütze und Katyusha-Raketengeschütze, als Stalinorgeln bekannt, durch die breiten Straßen und speien donnernd ihre todbringenden Wälle, hinter denen Sowjetinfanterie und Kosakenpatrouillen sich ihren Weg nach vorn erkämpfen. Die Wilhelmstraße liegt wie ein offenes Jagdrevier vor ihnen. Kampflustige 77-Millimeter, Fünfundachtziger, Hundertzweiundzwanziger und Zweihundertdreier schleudern Tausende ihrer Ladungen in diesen historischen Straßenzug. In dem Bezirk um die Leipziger Straße, Unter den Linden und um die Hermann-Göring-Straße steht nicht ein Haus mehr, und das kaskadenartig herunterstürzende Mauerwerk verwischt alle Grenzen, so daß Straßen nur noch Acker wildgetürmter Trümmer sind. An der Spree und an den Kanälen, an deren Ufern die Berliner einst in glücklichen Tagen romantisch gestimmt promenierten, schleichen nun Gestalten entlang. Was noch an Werten in den Lager- und Warenhäusern verblieben war, wird unter den einstürzenden Gebäuden verschüttet, und die halbverhungerte Bevölkerung raubt, stiehlt und plündert. In diesem Dschungel toter Menschen, toter Pferde, ausgebrannter Autos, brennender Häuser und verkrampfter Tragbalken gibt es kein Gesetz; keines außer dem des Stammeshäuptlings, der in der Verstümmelung der Hauptstadt nur den Beweis dafür erblickt, daß der Eroberer mit seinen Alliierten strittig werden wird, weil ihnen das Privilegium der Beteiligung an der Ausplünderung verwehrt worden sei. Der unvermeidliche Konflikt zwischen Bolschewismus und Kapitalismus soll nun Wirklichkeit werden. Über die gefräßigen Flammen seiner brennenden Residenz hinauszielend, sieht Hitler sich schon in der baldigen Lage, der einen Seite seine Dienste anzubieten. Vielleicht treten sie gar selbst an ihn heran.

Während nun Hitler Luftschlösser in den flammenden Berliner Himmel baut, treibt sein treuester Paladin unter seinen Füßen einen Schacht in die Tiefe.
Was Orest dem Pylades, das war Heinrich Himmler Adolf Hitler. In dessen sklavischer Ergebenheit fand Hitler das vollendete Hilfswerkzeug, um seiner Manie des Vernichtens freie Bahn zu schaffen. Wie Wilde, die glauben, die Stärke ihrer erschlagenen Gegner gehe in den Körper des Siegers über, so mästete sich Hitler an der Lektüre der feindlichen Verlustlisten. Doch auch im Aderlaß der eigenen Soldaten sah er

keinen Blutverlust; er sah darin ›die Saat kommender Größe‹. Kriegsverluste aber vermochten seine Lust an der Vernichtung nicht zu stillen. Der Anblick hilfloser Städte wie Rotterdam, Coventry und Warschau, die wie ein Aufschrei aus Flammen und Explosionen waren, ließ ihn kalt; jedes Geschütz, das Sprengmunition in Fleisch und Blut sandte, bereitete ihm Vergnügen. Im Reichstag hatte er erklärt, daß die jüdische Rasse ausgelöscht werden müsse, wenn Europa in den Krieg gestürzt würde, und nun hatte der Krieg einen mörderischen Horizont noch erweitert. Mit den »Juden sollten auch die Zigeuner verschwinden, die asiatischen Minderwertigen, die Irren und Unheilbaren, die bolschewistischen Funktionäre und die sogenannten Asozialen. In den ersten Kriegstagen, als seine Luftwaffe noch eine Menge von Flugzeugen hatte, wollte er ›die Irren und Unheilbaren‹ in Deutschland durch Bombenabwurf auf die sie beherbergenden Anstalten töten, um dann die Briten der Verletzung internationaler Gesetze, die das Bombardement von Hospitälern verbieten, zu beschuldigen. Mit dem zunehmenden Druck des Krieges jedoch hielt er es für nötig, jemanden mit der Durchführung des gesamten Vernichtungsprogramms zu betreuen. Einzigartige Qualifikationen wurden für diesen Auftrag verlangt. Der aussichtsreichste Kandidat dafür mußte ein Genie in der Massakrierung sein und zugleich dem Führer so ergeben, daß er niemals in der Ausführung eines Planes schwankend werden würde, der der Nation ein Supremat eintragen müßte, von dem nicht einmal ein Herodot zu träumen gewagt hätte. Zur Massenvernichtung von Juden und anderen hätte Hitler Tausende aus der SS auswählen können; diese Arbeit aber verlangte ungeheuren Weitblick, der bei einem Durchschnittsmenschen nicht anzutreffen war. Diesen Mann fand Hitler in Heinrich Himmler.

Als unbekannter Geflügelzüchter hatte er sich der nationalsozialistischen Bewegung angeschlossen, und er hatte sich durch unbedingte Verläßlichkeit ausgezeichnet. Er schien zwar so harmlos wie ein Kaninchen zu sein, doch er wurde der Hauptakteur in der streifenden Mörderbande, der Hitler am 30. Juni 1934 freie Hand über die SA und alle seine politischen Gegner gab. Wer in Hitlers Umgebung sich auf Rücksichtslosigkeit verstand, blieb nie ohne Auszeichnung, und bald beförderte Hitler Himmler zum Reichsführer der SS. Später setzte er ihn als höchsten Gestapochef ein; er unterstellte ihm auch die Konzentrationslager, und schließlich machte er ihn zum Minister des Innern, so daß er die totale und absolute Polizeigewalt im ganzen Reich ausübte.

Die Welt bewahrt in ihrer Erinnerung ein durchaus wohlgelungenes Bild vom Charakter Heinrich Himmlers auf; keine biographische Skizze aber vermöchte lebendiger zu sein als das Selbstbildnis, das er im Oktober 1943 in Posen malte. Dort sagte er unter anderem: »Was einem Russen geschieht, einem Tschechen, das interessiert mich nicht im geringsten. Was die Nation hinsichtlich eines guten Blutes bieten kann, das werden wir nehmen, wenn nötig, indem wir ihre Kinder wegnehmen und sie hier bei uns erziehen. Ob Nationen im Wohlstand leben oder sich zu Tode hungern, interessiert mich nur soweit, wie wir sie als Sklaven für unsre Kultur benötigen; sonst interessiert mich das nicht. Ob zehntausend russische Frauen vor Erschöpfung hinfallen, während sie Tankabwehrgräben bauen, interessiert mich nur insoweit, ob der Tankabwehrgraben für Deutschland fertig ist. Wenn einer mir kommen sollte und sagt: ›Ich kann den Tankabwehrgraben mit Frauen und Kindern nicht bauen, das ist unmenschlich, denn sie würden dabei sterben‹, dann habe ich ihm zu sagen: ›Du bist ein Mörder deines eigenen Blutes, weil, wenn der Graben nicht gebaut wird, deutsche Soldaten sterben

müssen, und das sind Söhne deutscher Mütter, sie sind von unserem Blut!‹ Das ist das, was ich der SS eintrichtern will, und ich glaube, ich habe es ihr beigebracht als eines der heiligsten Gesetze der Zukunft. Unsere Sorge, unsere Pflicht gelten unserem Volke und unserem Blut. Für dies Volk müssen wir sorgen und planen, arbeiten und kämpfen, nichts anderes. Alles andere kann uns gleichgültig sein.«
Um die höchste blutsmäßige Vollendung der teutonischen Rasse zu erreichen, war es notwendig, jede mögliche Rassenmischung, wie sie sich aus einer Verbindung zwischen Juden und Slawen ergab, auszumerzen. Um dies Ideal zu erreichen, würde er, so berechnete Himmler, dreißig Millionen Menschen zu töten haben.
In einer meiner richterlichen Entscheidungen in Nürnberg entwarf ich dies Bild des Mörders ganzer Bevölkerungsgruppen:
»Himmler ragt aus dem ganzen Lager der Hitler-Barbaren als der grausamste von ihnen allen hervor. Er war ein Teufel in Menschengestalt, ein Monstrum, als Mensch verkleidet; es gibt keine wilde Bestie, die, nur an das Gesetz des Dschungels gebunden, vom Standpunkt der Ehre aus ihm nicht überlegen gewesen wäre; es gibt keine schleimige, madige Larve, und krümmte sie sich auch im Modder und Gestank der schmutzigsten Kloake, die ihm gegenüber als minderwertiger angesprochen werden könnte. Sein Glaube war Mord, seine Religion der Massenmord; sein Bekenntnis Kinderraub, seine Treue Verrat und sein Dogma Unterdrückung in jeglicher Form.«
Auf einer seiner Inspektionsreisen in Minsk, wo er in einem einst von Lenin bewohnten Hause verweilte, fragte er den General der Waffen-SS Nebe, der örtlicher Einsatzgruppenkommandeur war, ob nicht Vorkehrungen für ihn getroffen werden könnten, der Hinrichtung von Juden beizuwohnen.

General Nebe war durchaus willens, sich jemand zu verpflichten, der dem Dämon Hitler so nahestand; er ließ hundert Opfer zusammentreiben. Der schon genannte Obergruppenführer der SS Erich Bach-Zelewski soll als Zeuge dieses Vorganges berichten:
»Unter den Juden war auch ein junger Bursche von etwa zwanzig Jahren; er hatte blondes Haar und blaue Augen. Ruhig stand er vor den erhobenen Gewehrmündungen, als Himmler dem Hauptmann des Hinrichtungskommandos abwinkte und an den Burschen herantrat. Die Gewehre wurden heruntergenommen, und Himmler fragte den blonden Jungen: ›Bist du ein Jude?‹
›Ja!‹
›Sind deine beiden Eltern Juden?‹
›Ja!‹
Von diesen Antworten irritiert, schrie Himmler laut: ›Hast du irgendwelche Vorfahren, die Nichtjuden waren?‹
Ruhig erwiderte der Junge: ›Nein!‹
Himmler stampfte mit dem Fuß auf. ›Dann kann ich dir nicht helfen.‹ Er trat zurück, gab dem Führer des Kommandos einen Wink, und der Junge fiel, sich krümmend unter der Salve aus sechs Gewehren. Das aus dem Munde des Burschen strömende Blut sah in der blanken Sonne wie Gold aus, wie sein krauses Haar. Die beiden nächsten Opfer waren Frauen, und die Männer im Anschlag zitterten. Sie schossen, aber sie hatten schlecht gezielt. Die Frauen fielen kreischend und stöhnend zu Boden. Gellend schrie Himmler die Männer an: ›Nochmal schießen! Und seid nicht solche Stümper!‹
Während der ganzen Affäre beobachtete ich Himmler genau, weil ich hoffte, er würde auf Grund des erschütternden Erlebnisses den Befehl geben, die weiteren Hinrichtungen einzustellen. Sein Gesicht war bleich wie Käse, seine Augen gingen rollend in der Runde und schlossen sich, wenn die Gewehre

knallten, er ließ aber das Schießen nicht einstellen. Hinterher ließ er das Hinrichtungskommando antreten und sagte, sie sollten sich keine Gewissensbisse machen, da sie verpflichtet wären, Befehle auszuführen. Er sagte, daß er allein Gott und dem Führer für das, was geschehen müsse, verantwortlich sei.«

Im Anschluß an diese Episode besuchte Himmler eine Heilanstalt in derselben Stadt und befahl die Hinrichtung der Insassen. Bach-Zelewski fährt in seiner Schilderung fort: »In diesem Zusammenhang besprachen Himmler und Nebe die bequemste Art der Beseitigung von Patienten. Nebe sagte dabei, er habe darüber schon lange nachgedacht und glaube, Dynamit sei das beste Mittel dazu. Himmler billigte den Plan, der sich aber als Fehlschlag erwies, da die Patienten nicht gleich starben. Von da an wurden Gaskammern für ihre Vernichtung angewandt.«

So geräuschlos, wie sich ein Wiesel einer Hühnerfarm nähert, machte sich Himmler daran, das Ziel absoluter Rassereinheit zu erreichen. Aus allen Richtungen des besetzten Europas sammelte er die ›Minderwertigen‹, trieb sie wie Vieh in Zügen zusammen und ließ sie an die Vernichtungsstätten transportieren.

Bei diesem scheußlichen Unternehmen wurde ein hoher Stand wissenschaftlicher Leistungsfähigkeit erreicht. Bei den Konzentrationslagern wurden Scheinbahnhöfe errichtet, um den Opfern die Behauptung glaubhafter zu machen, sie würden zur Neuansiedlung in andere Gegenden verladen. Zunächst müßten sie sich einer körperlichen Untersuchung unterwerfen um festzustellen, welcher Platz nach ihrem Gesundheitszustand für sie am ehesten in Betracht käme. Sie sollten sich nur entkleiden und diesen großen Baderaum betreten. Nach dem Bade würden sie von Ärzten untersucht! Nachdem sich die Türen hinter den irregeführten Reisenden geschlossen hatten, drehten die Wärter das zur Vernichtung bestimmte Gas an. Bei seiner Zeugenaussage in Nürnberg wurde einer der Wärter gefragt, wie sie denn gewußt hätten, ob und wann die Opfer wirklich tot gewesen wären? Er erwiderte: »Wir konnten das leicht feststellen: wenn das Schreien aufhörte.« Frauen, die sich im letzten Augenblick über das ihnen Bevorstehende klar wurden, versuchten ihre Kinder unter den außerhalb der Badehäuser aufgestapelten Kleidern zu verbergen. Der Wärter erklärte: »Aber das rettete sie nicht. Wir rissen die Kinder einfach unter den Kleiderhaufen hervor und warfen sie in die Gaskammer.« Wenn die Geächteten zu weit von den Bahnstationen entfernt wohnten und die Transportschwierigkeiten zu groß waren, schickte Himmler seine Bataillone der Einsatzgruppen, die ihre Beute in den Häusern oder auch in nahegelegenen Wäldern niederschossen. An anderen Stellen wieder, wo sich das Erschießen oder die Anwendung der Gaskammern als untunlich erwies, wurden Frauen und Kinder in große geschlossene Transportwagen geschafft, wobei ihnen gesagt wurde, sie würden zu ihren Männern und Vätern gebracht werden, von denen sie durch einen unglücklichen Zufall getrennt worden seien. Wenn sie dann in den Waggons waren, wurden die Türen hermetisch abgeschlossen und die entsetzten Passagiere durch Kohlenmonoxyd, das aus der Maschine in diese Spezialwagen geleitet wurde, getötet.

Hitler beglückwünschte sowohl Himmler wie auch den Erfinder der Vergasungswagen, Beck, wegen ihrer Geschicklichkeit und Erfindungsgabe bei der Bewältigung eines so ›komplizierten Problems‹. Himmler sprach er darüber hinaus auch noch seine Anerkennung für seine gute geschäftliche Veranlagung aus, weil dieser verlangt hatte, daß aus dem Munde aller Opfer der Konzentrationslager das Zahngold entfernt und auf der Reichsbank als Reichsvermögen deponiert werden sollte.

In seinem ›Weltreinigungsprogramm‹ begnügte sich Himmler aber nicht mit Massenmord. Da ihm Millionen von Konzentrationslagerinsassen zur Verfügung standen, ließ er Versuche anstellen, um die besten Mittel und Wege zu finden, wie das Leben der Einzelangehörigen seiner eigenen Rasse am besten zu schützen sei. Er ließ zu Gefängnis Verurteilte in Wassertanks stellen, die zur Angleichung an die Wintertemperatur der Nordsee mit Eisstangen gefüllt waren. Nachdem eine große Anzahl bei diesen Versuchen erfroren war, kam er zu dem Schluß, daß Flieger, die über der Nordsee zum Absprung gezwungen waren, umkommen müßten, wenn sie nicht bald darauf gerettet würden. Es wurden auch Versuche zur Bestimmung gewisser Blutgerinnsel angestellt. Zu diesem Zweck schoß man die Versuchsopfer in verschiedene Körperteile. Alle Arten von Krankheiten wurden den hilflosen Opfern eingeimpft.

Hitler fand in Himmler eine derartige Übereinstimmung der Ideen, eine solche Brüderlichkeit im Haß und in der Leidenschaft zur Gewalttätigkeit, daß er unter Entwicklung einer geringeren Intelligenz, als sie ein Gefreiter aufzuwenden braucht, der einen Trupp Mauleselschinder kommandiert, im Januar 1945 Himmler zum Oberkommandierenden der Heeresgruppe Weichsel ernannte. Obwohl Himmler im ersten Weltkriege nicht weiter als bis zum Feldwebel gekommen war und obwohl er nicht die mindeste militärische Schulung genossen hatte, sah er sich jetzt auf einen Posten gestellt, der dem solcher Kriegsveteranen wie Rommel, von Rundstedt und Kesselring vergleichbar war. Major von Loringhoven erzählte mir, daß alle aktiven Armeegenerale völlig paff gewesen seien, als sie hörten, daß Himmler mit der Führung der Heeresgruppe Weichsel beauftragt worden war,

was vielleicht die schwierigste Aufgabe darstellte, die überhaupt einem militärischen Führer während des ganzen Krieges übertragen werden konnte. Kein General aber durfte zu Hitler gehen, um ihm zu sagen: ›Mein Führer, Sie haben da einen fürchterlichen Unsinn gemacht.‹
Das Unvermeidliche traf ein: Die Russen durchbrachen Himmlers Heeresgruppe Weichsel mit der größten Leichtigkeit, und das Schicksal von Berlin war damit entschieden.

Wer Himmler zum ersten Male begegnete, war überrascht von seiner scheinbaren Bescheidenheit. Sein Ruf als Massenmörder, der ihn zum gefürchtetsten Mann auf der Erde abstempelte, hatte in der Vorstellungswelt der Öffentlichkeit von ihm das Bild einer Kreatur von ungeschlachtem Äußeren und grimmigem Aussehen geschaffen. Statt dessen fand man einen sanft sprechenden Mann von annehmbarem Umgang, der bei der Vorstellung den Damen sogar die Hand küßte. Dadurch verminderte sich freilich keineswegs seine Häßlichkeit. Sein Aussehen wurde ganz richtig beschrieben als das ›Gesicht eines Schweins mit Vogelaugen‹. Die nicht geringste Widerwärtigkeit an ihm bestand darin, daß er von sich behauptete, er sei von Gott und der Vorsehung mit einer Sonderaufgabe betraut worden.
Es wäre wohl möglich gewesen, daß Hitler ohne die Mithilfe von Göring, Goebbels und Bormann nicht zum Gipfel der Totalität in Deutschland gelangt wäre; ohne Himmler aber würde er niemals den totalen Hitlerismus erreicht haben. Himmler glättete nicht nur Hitlers Gegenwart und Zukunft durch das einfache Verfahren, alle die niederzumachen, die seinem Gebieter wirklich oder vermutlich im Wege standen, sondern er bereinigte ebenso auch dessen Vergangenheit, indem er alle außer Aktion setzte, die zu viel von Hitlers früherer ruhmloser und schäbiger Komödiantenlaufbahn wußten.

Als Hüter des Wappenschildes des Diktators und als Chef der Polizei, der SS, der Gestapo, der Konzentrationslager, des Ersatzheeres und als Minister des Innern gab es einfach nichts, was Himmler im Namen des Reiches nicht hätte tun können. Er war aber von so minderwertiger Art, daß er an kleinlichen Diebereien und Kassenunterschlagungen seinen Gefallen fand. Nach Aussage General Sepp Dietrich unterschlug Himmler Gelder, die von den SS-Angehörigen an die Lebensraumorganisation gezahlt wurden, und eignete sich Gelder aus Steinbrucharbeiten und Dammbauten der Konzentrationslagerinsassen an.

Nach Himmlers Anschauung war Hitler zu bescheiden, wenn er von einem nur tausendjährigen Reich sprach. Die SS sollte mit fliegenden Bannern durch Zehntausende von Jahren marschieren. Jede Familie sollte vier Söhne zeugen, von denen zwei dazu bestimmt waren, auf den Schlachtfeldern der nationalsozialistischen Ideologie, die längst nicht mehr das war, wofür man sie ausgegeben hatte, zu fallen; die beiden anderen sollten leben, um wiederum Söhne zu zeugen, bis der ganze Planet ein einziger Wirbel von Hakenkreuzen wäre und alle anderen Welten durch seine Vollendung und Unbezwinglichkeit in den Schatten stellte.
In den Windungen dieses verdrehten Gehirns, in dem jede graue Krümmung auf Tod und Vernichtung zielte, gab es paradoxerweise doch eine gewisse Veranlagung zum Praktischen und zur Urteilskraft. In diesem Gehirn gab es auch manche Zellen für ein richtiges Gefühl; und eine dieser Zellen wurde sich im Februar 1945 dessen bewußt, daß der Frühling des Reiches, dessen Dauer er auf mindestens zehntausend Jahre berechnet hatte, sich irgendwie doch schon seinem Ende nähere. Obwohl bereits sechs von den dreißig Millionen Minderwertigen beseitigt und andere Millionen sterilisiert

und damit zeugungsunfähig gemacht worden waren, strömte die Flut immer noch in die falsche Richtung.

Walter Schellenberg, ein achtunddreißigjähriger Brigadegeneral der SS und Leiter des Ausland-Nachrichtendienstes, trat an Himmler mit keinem geringeren Ansinnen als dem der Absetzung des Führers heran. Die Unterlassungssünde, Schellenberg wegen dieses Vorschlages sofort verhaften zu lassen, war das Werk jener oben erwähnten grauen Gehirnzellen.
Bis zur Ermordung Hitlers jedoch wollte Himmler nicht gehen. Diese äußerste Tat lehnte er ab, und zwar berief er sich hierbei auf seine Lehenstreue gegenüber dem Führer. Doch nur ein Himmler vermochte den Unterschied zu erkennen zwischen einem glatten Mord und einer Übergabe Hitlers an die Alliierten, obgleich doch ziemlich klar war, daß dies den Tod bedeutet hätte, dem alle Demütigungen vorausgegangen wären. Himmler verwarf Schellenbergs Mordplan aus einem anderen Grunde: Selbst wenn er der Nachfolger des Führers geworden wäre, würde er nur die Erbschaft einer Katastrophe angetreten haben, die eben jetzt über den Führer hereinbrach.

Auf der anderen Seite konnte er durch direktes Verhandeln mit dem Feinde um sein eigenes Leben und seine Zukunft feilschen.
Dr. Kersten, der für Himmler das ihm greifbarere Wunder der Behebung von Schmerzen in seinem nervengequälten Körper vollbracht hatte, drängte seinen Patienten nun zu einer Handlung, die zweifellos mehr dazu beitragen würde, sein Leben zu retten, als die noch so fähigen Hände des ihn behandelnden Arztes. Er legte ihm ein Zusammentreffen mit dem Grafen Folke Bernadotte, dem Leiter des Schwedischen Roten Kreuzes, in Deutschland nahe. Am 19. Februar 1945 trafen

sich die beiden auch in Hohenlynchen, einem Sanatorium hundert Kilometer nördlich von Berlin, das der Leitung von Professor Gebhardt unterstand und wo Himmler sein Hauptquartier aufgeschlagen hatte. Als Graf Bernadotte mir über seine Erfahrungen mit Himmler berichtete, sagte er: »Himmlers Gesicht ließ mich an eine lachende Hyäne denken, aber wenn er lachte, dann schauderte es mich, als hörte ich der Beschreibung einer bubonischen Pestplage zu.« Bernadotte legte seinem tierischen Gesprächspartner nahe, Vorschläge über eine baldige Beendigung des Krieges vorzulegen. Weiterhin schlug er Himmler vor, dem Schwedischen Roten Kreuz zu gestatten, den in deutschen Konzentrationslagern internierten Skandinaviern zu helfen. Himmler machte keine Versprechungen, Bernadotte aber glaubte in dessen urtierhaften Augen den Schimmer der Hoffnung auf einen Handel wahrnehmen zu können. Am 20. April, genau an dem Tage, da Himmler Adolf Hitler seine Geburtstagswünsche darbrachte und ihm noch viele Jahre des Glückes und Erfolges wünschte, traf er Vorkehrungen, um aufs neue den Grafen Bernadotte zu treffen, um mit ihm Mittel und Wege zu besprechen, die nur zu einer sehr drastischen Verkürzung jener glücklichen Hitler-Jahre führen konnten. Um sechs Uhr am nächsten Morgen trafen sie auf Hohenlychen am Frühstückstisch zusammen. Innerlich erregt und besorgt, sann Himmler über das Komplott nach, das er eben schmiedete, und kaute zwischen den Gängen des tüchtigen Frühstücks, das er sich auftragen ließ, an seinen Fingernägeln herum. Wie weit sollte er in seinem Gespräch mit Bernadotte gehen, der jederzeit die aufsehenerregende Mitteilung in die Welt setzen konnte, ein neuer Brutus stehe auf der immer sich wiederholenden Szene menschlichen Verrates und Betruges zum Auftritt bereit? Bei dieser Überlegung zerrte er an seinem Leibgurt, der die Beschriftung trug: ›Unsere Ehre ist Treue.‹

Er besprach die militärische Lage und gab zu, wie ernst sie sei. Wieder horchte er auf das dringliche Vorbringen des Grafen Bernadotte, alle Dänen und Norweger in deutschen Konzentrationslagern nach Schweden zu bringen und alle Frauen im Konzentrationslager Ravensbrück der Aufsicht des Schwedischen Roten Kreuzes zu unterstellen. Wie zwei vorsichtige Boxer, die in den ersten Kampfrunden einander scharf aufs Korn nehmen, um hinter die Strategie des Gegners zu kommen, trennten sich Himmler und Bernadotte nach drei Stunden, ohne zu einer endgültigen Übereinstimmung über Hitler und Deutschland gelangt zu sein. Sie vereinbarten jedoch eine weitere Zusammenkunft.

Zwei Tage später trafen sich die Unterhändler um Mitternacht wieder, diesmal in der schwedischen Gesandtschaft in Lübeck. Ein Luftangriff schickte sie zur eigenen Sicherheit in den Keller des Gebäudes, wo Himmler nicht weniger als jeder andere den Schutz gegen die Bomben gesucht hatte. Als der Luftangriff zu Ende war, zogen sich Bernadotte und Himmler in ein Privatgemach zurück, wo sie sich bei flackerndem Kerzenlicht der Niederschrift der Meldung widmeten, die in Bälde wie ein elektrischer Schlag die ganze Welt treffen sollte, die aber vor allem der Welt im Bunker der Reichskanzlei einen Schock versetzen würde, der sie stärker aufrütteln mußte als das schwerste Artilleriegeschoß. In einer Sprache, die der Oberste Kriegsherr selbst hätte reden können, und dabei völlig vergessend, daß er selbst doch nur an zweiter Kommandostelle stand, sagte Himmler zu Bernadotte: »Ich ersuche Sie, die schwedische Regierung als neutrale Nation davon in Kenntnis zu setzen, die Westmächte zu informieren, daß ich bereit bin, mich ihnen im Westen zu ergeben. Im Osten werde ich weiterkämpfen, weil ich mit dem Bolschewismus niemals einen Kompromiß eingehen werde.« Dies Angebot wiederholte er auch schriftlich.

Als Zeichen seines guten Willens versprach Himmler, den Befehl zur Einstellung aller Hinrichtungen in Dänemark zu geben, und er sagte auch die Freisetzung des belgischen Königs zu. Es war höchste Zeit, daß Himmler ein wenig weiße Farbe auf die schwarze Liste seiner Verwaltung der Konzentrationslager tupfte. Er wußte, daß er auf der Alliiertenliste der Kriegsverbrecher unbestritten die erste Nummer hatte, doch er mußte auch befürchten, daß die Deutschen selbst einen Strick für ihn bereithaben würden, wenn sie das volle Ausmaß dessen erführen, was hinter den Stacheldrahtzäunen sowohl Deutschen wie Ausländern widerfuhr. Vor zwei Monaten schon hatte er Schellenberg ermächtigt, mit dem Grafen Bernadotte zu verhandeln, der das Schwedische Rote Kreuz vertrat und etwa zwanzigtausend dänische Gefangene nach Schweden überführt hatte. Zu dieser Zeit führte Schellenberg Besprechungen mit Jean Marie Musy, dem früheren Präsidenten der Schweizer Eidgenossenschaft, die eine Vereinigung von Rabbinern in Amerika vertrat, die um eine Befreiung aller noch in den Konzentrationslagern befindlichen Juden zur Weiterleitung nach der Schweiz und eventuell nach Amerika baten. In diesem Vorschlag sah Himmler eine Gelegenheit zu einem zusätzlichen Gewinn, wie er schon aus den für die Reichsbank bestimmten Goldzähnen gezogen wurde. Er lehnte die Erwägung jeder Freisetzung ohne Kompensation ab. Erst verlangte er Lastwagen, aber schließlich beschied er sich mit fünf Milliarden Schweizer Franken, die auf einer Schweizer Bank hinterlegt werden sollten. Dieser Vereinbarung gemäß wurden zwölfhundert Juden in die Schweiz gesandt, denen bald darauf weitere achtzehnhundert folgten. Als Hitler davon erfuhr, ließ er sofort die weiteren Verladungen einstellen.
Während von diesen Verhandlungen bereits Gerüchte durchsickern, gibt Heinrich Himmler allen Leitern von

Konzentrationslagern die Anweisung, bei Eintreffen oder Annäherung alliierter Truppen die Insassen abzutransportieren, sie bis zum Erhalt weiterer Anweisungen soweit wie möglich zu verbergen oder aber sie mit Gas oder Dynamit zu töten.

In den tiefsten Falten seines finsteren Gehirns arbeitet Himmler nun an Plänen, um sich sowohl mit den Siegern wie mit den Besiegten auf guten Fuß zu bringen, bis die Durchführung seiner Absicht zur Tatsache geworden ist. Wenn Bernadottes Botschaft erst die Westmächte erreicht, wird Himmler zweifellos eingeladen werden, Eisenhower auf einer Zusammenkunft zu sprechen. Und wenn es soweit ist, dann braucht er keine Repressalien von Hitler mehr zu befürchten. Bis zum Eintreffen dieser Einladung muß er noch den Schein wahren. Er schickt seinen SS-Generalarzt Dr. Gebhardt mit seiner persönlichen Leibwache zu Hitler, um sich an der Verteidigung von Hitlers geheiligter Person zu beteiligen. Hitler nimmt die siebenhundert Mann an, spricht kurz mit Gebhardt und schickt ihn zu Himmler zurück.

Schon sieht sich Himmler als Führer Deutschlands. Als Oberster Führer wird er England, Frankreich und den Vereinigten Staaten, die vermutlich die Auflösung der Nationalsozialistischen Partei fordern werden, gewisse Zugeständnisse machen. Freudig wird er dazu bereit sein; wahrhaftig, er hat bereits einen neuen Namen bereit: Partei der Nationalen Einheit.
Heinrich Himmler schaut in den Spiegel und erblickt – ein Fragezeichen. Er fragt sich verwundert: Wenn er nun General Eisenhower vorgestellt wird, soll er sich da verbeugen, soll er Haltung annehmen, soll er seine Mütze abnehmen oder die Hand zum Gruß bieten oder aber soll er – alles gleichzeitig tun?

Der Wundermann

Es gab da noch andere Gefährten Hitlers, die die Geißel seiner Wut und Rache fühlen sollten, und für diese würden sich noch weniger zu einer Hilfestellung bereit finden, als sich für Göring eingesetzt hatten.

Just zu diesem Zeitpunkt stellt Hitlers Schwager von Amts wegen, Hermann Fegelein, Erwägungen über die unbekömmliche Atmosphäre des Bunkers an. Dies dauernde ohren- und seelenzerreißende Krachen über einem ist wie ein Leben unter einer Hochbahnstrecke. Und eines Tages – und das wird schon bald sein – wird einer dieser Züge aus den Gleisen springen und durch die Decke herunterschlagen. Da zieht er es schon vor, bei diesem Ereignis nicht zugegen zu sein. Als der Führer die Giftröhrchen herumreichte, hat er dankend verzichtet. Er ist noch jung, und es werden noch viele Springwettbewerbe für Reiter ausgetragen, und es sind noch viele Flaschen zu leeren. Der Krieg ist zu Ende, das weiß er. Der Führer spricht von Wencks Armee, von Busses Armee, von Schörners Armee, von Manteuffels Armee, doch er könnte genau so gut von Armeen auf dem Mars sprechen. Berlin ist eingekreist und überdacht von Stahl und Feuer. Wie sollen diese Armeen, auch wenn sie noch einigermaßen intakt wären, jemals die Hauptstadt erreichen? Einige russische Einheiten stehen nur fünfhundert Meter entfernt. Fegelein hat gehört, wie Goebbels, Krebs und Burgdorf davon gesprochen haben, daß sie bis zum Tode beim Führer bleiben wollen. Sollen sie – mit ihrem unechten Heldentum! Und selbst Eva Braun, seine hübsche Schwägerin, lispelte mit ihren roten

Lippen von ihrer unvergänglichen Hingabe, die erst am Grabe enden werde. Das ist für ihn albernes Weibergeschwätz. Das Leben gehört den Lebenden und die Lust dem Wagemutigen. Er hatte seine augenblickliche Stellung seinem Draufgängertum zu verdanken – und seinem Scharfblick. Keiner war gewitzt genug gewesen, die Vorteile einer Einheirat in die Familie des Führers zu erkennen, nur er hatte sie erkannt. Nach seinem ersten Treffen mit Gretl hatte er von ihr als ›kleinem Mädchen‹ gesprochen. Acht Tage später hatte er sie geheiratet, und dabei hatte er darauf geachtet, daß ein Hochzeitsschimmer auch auf Adolf Hitler fiel, da er nun durch die unlöslichen verwandtschaftlichen Bande zu einem Verbindungsglied zur obersten Macht in Deutschland geworden war.
Fegeleins Plan war sehr einträglich gewesen. Nach General Engels Bekundung spielte der junge Ehemann Fegelein in Hitlers Hausorchester die ›erste Fiedel‹. Mit einem auf die Wellenlänge des Führers eingestellten Ohr ausgestattet, wußte er alle von Hitler beiläufig geäußerten Ansichten geistig zu verarbeiten und zur gegebenen Zeit diese Anschauungen in offizielle Befehle zu kleiden, die Hitler unterzeichnete. Auf diese Weise verstand es Fegelein gewandt, eine persönliche Opposition auszuschalten, ohne seine Hand zu zeigen. Obwohl er sich dauernd dem Genuß starker Getränke hingab, funkte doch genügend Licht durch sein veralkoholisiertes Gehirn, um ihm klarwerden zu lassen, daß die Tage der Bunkerbevölkerung gezählt seien. Soweit es seine Verwandtschaft zu Hitler anging, rechnete er damit, daß der Schimmer, der von seiner ehelichen Verbindung mit auf Hitler gefallen war, vergänglich wäre. Die Hochzeit, die der Führer mit seiner autoritativen Gegenwart beehrt hatte, kehrte sich nun in ein Begräbnis. Fegeleins Wünsche aber zielten gar nicht auf Nachruhm.

Selbst die Bühnenuniform, die er trug, begann ihren Glanz zu verlieren, weil sie ihn nur auffälliger machte. Sollte er in die Hände der Russen fallen, würden sie ihn wie Göring einstufen, denn keiner trug solche Uniformen wie Göring und Fegelein. Daher plante Fegelein einige Dinge von größter Wichtigkeit. Erstens: den Bunker verlassen; zweitens: in Zivilkleider schlüpfen; drittens: Berlin verlassen; viertens: ein heimliches Versteck finden, um dort zu bleiben, bis all diese Mißlichkeiten nichts mehr sein würden als ein vergessener Traum.

Der erste Schritt konnte ohne Schwierigkeiten getan werden. Die SS-Wachen fragten nicht nach den Schritten eines SS-Gruppenführers. Zur Nachtzeit schlüpfte er aus dem Bunker und schlug den Weg zu seiner Privatwohnung am Kurfürstendamm ein, wo er fern dem Geratter der Niethämmer auf den Bunker und fern dem ohrenbetäubenden Geschrei des Führers die Erleichterung eines Hasen genoß, der der Büchse des Jägers entronnen ist. Er legte seine Uniform ab und wurde, zumindest nach seinem Kleiderschnitt, wieder Zivilist. Kein Kleiderwechsel jedoch vermochte den Jäger von seiner Fährte abzubringen. Sobald Hitler die Abwesenheit Fegeleins feststellte, gab er einigen Angehörigen seiner Leibwache unter dem Kommando des Standartenführers Högl den Auftrag, das Verbleiben des wandernden Verwandten festzustellen, ihn zu ergreifen und zurückzubringen. Fegelein war entrüstet. Das konnte man doch keinem Gruppenführer antun, noch weniger aber einem Schwager Hitlers! Er sprang zum Fernsprecher: »Was soll denn das heißen, Eva? Du bringst das wieder in Ordnung, nicht wahr? Und dann noch etwas, Eva. Ich möchte mir gern ein Flugzeug beschaffen, das mich nach Berchtesgaden bringen soll. Gretl erwartet jetzt jeden Tag ihr Kind, und natürlich möchte ich gern bei ihr sein, um für sie zu sorgen und es ihr behaglich zu machen.«

Evas Überraschung über Fegeleins Ansinnen wurde nur noch von Fegeleins Erstaunen übertroffen, als er ihre Weigerung vernahm.
»Was? Du denkst auch so gemein von mir, daß du mich für einen Verräter hältst?«
»Das ist genau das, was der Führer sagt.«
»Aber, wie könnt ihr beide so etwas sagen? Ich bin ein Gruppenführer. Ich stehe nach wie vor treu zur Sache. Ich will nur für deine Schwester sorgen.«
»So viele, die dem Führer so manches verdanken, verlassen ihn jetzt, aber ich habe nicht gedacht, daß auch du zu den Verrätern gehörst!«
»Eva! Wie kannst du so zu mir sprechen! ›Verräter‹! Keiner ist treuer und ergebener als ich! Nun hör mal zu, Eva, und tu, was ich dir sage. Erkläre dem Führer, daß da ein großes Mißverständnis vorliegt – ich bin sicher, daß er auf dich hören wird, und dann möchte er mir doch ein Flugzeug bewilligen, das mich nach Süden bringt. Ein kleiner Fieseler-Storch reicht ja aus. Nach der Geburt von Gretls Baby werde ich wieder zurückkehren. Soll ich Gretl etwas von dir ausrichten? Eva! Gib doch Antwort!«

Er rüttelte am Haken des Fernsprechers, aber er bekam keine Antwort mehr. Er sah sich im Raume um. Drei Soldaten standen hinter ihm und drei vor ihm. Högl befahl nur kurz: »Sie werden unnötige Schwierigkeiten vermeiden!« Die Soldaten nahmen Fegelein in die Mitte, dann wurde er in Marsch gesetzt.
Im Bunker hört Fegelein, daß der Führer ihn sprechen will, also muß er in Uniform erscheinen. Das ist ihm eine Beruhigung, weil es seiner Meinung nach bedeutet, daß er beim Führer wieder in Gnaden steht. Wie gut, daß er seine Uniform wieder mitgenommen hat. Schnell wechselt er nun seine

Bekleidung und erscheint, strotzend von Orden, Schulterkordeln, Metall und Litzen, vor Hitler. Fegeleins Sorglosigkeit und sein dünnes Lächeln vergehen aber schon im nächsten Augenblick:
»Sie haben gedacht, Sie könnten mich genau so im Stich lassen wie Göring und die anderen, Sie Schweinehund, Sie Schurke!« So steht Hitler nun vor Fegelein, und er hat seine zitternde Hand in diesem Augenblick so unter Kontrolle, daß er die Orden von Fegeleins Brust und die Achselstücke von seinen Schultern reißt. »Ich dachte, daß wenigstens Ihnen klar geworden wäre, daß keiner den Führer zu täuschen vermag und den Folgen entgehen kann!«
»Mein Führer, ich bitte Sie, an Gretl zu denken, meine Frau, die bald Mutter meines Kindes werden wird, an Gretl, die Schwester Ihrer –«
Hitler klatscht seine feuchte Hand durch das Gesicht seines Schwagers. »Sie wagen, ihren Namen zu erwähnen?« Er keucht und ringt schwer nach Atem. »Sie wagen noch, ihren Namen zur Verteidigung Ihres elenden Körpers zu gebrauchen? Sie kleiner Wurm, Sie Insekt, Sie Larve im Stallmist! Ich habe Sie bis zum General befördert, ich habe Sie in meinen engsten Familienkreis hineingebracht, Sie aber haben nicht einmal das Gehirn eines Fisches, noch den Glauben eines einjährigen Kindes. Sie denken, der Führer steht am Ende, nicht wahr? Sie denken, er ist geschlagen? Sie wissen nicht, daß Wenck bald in Berlin sein wird!«

Es huscht über Fegeleins Augen. Hat er sich geirrt? Wird dieser mit den Händen zittrig hin- und herfahrende Führer jetzt noch wirklich ein neues Wunder zaubern? Wird er den Unsinn in sinnvolles Handeln kehren, das Chaos in Ordnung verwandeln und aus dem zerstörenden Feuer etwas Unbeschädigtes hervorbringen? »Mein Führer, geben Sie mir noch einmal eine Chance. Wenn Sie auch glauben, ich hätte Sie betrogen, ich schwöre Ihnen bei meinem Eid als SS-Offizier –«

»Die SS? Ein Pack von Betrügern! Jede Gelegenheit habe ich ihr gegeben. Ich habe sie in die heftigsten Schlachten geschickt – wo es eigentlich die Aufgabe des Heeres gewesen wäre –, daß sie ruhmreiche, ganz ungewöhnliche Siege davontragen sollte, aber sie ist gescheitert, elend gescheitert. Sie ist ihrem Gelöbnis untreu geworden, niemals zu weichen. Sie dachte mehr an ihre Haut als an ihren Führer, genau so wie Sie. Und Sie wagen es noch, mir von Ihrer Ehre als SS-Offizier zu sprechen? Doch trotz der Feigheit der SS, trotz des Verrats von Göring, trotz des Betruges von Speer und des Verrates all meiner Generale werde ich siegen! Die Russen werden vernichtet, und wir werden wieder nach Paris hineinmarschieren, wir werden den Blitzkrieg erneuern und England auf die Knie zwingen! Dann soll das stolze und hochmütige Amerika erst einmal sehen!« Speichel fließt von seinen Lippen, sein Atem geht schwer und stickig, als er sich an den Adjutanten wendet: »Weg mit ihm!«

In seinem Wutausbruch findet Hitler Erleichterung. Indem er die Siegesgewißheit ausspricht, glaubt er auch daran. Das Brausen und Brüllen der niedergehenden Geschosse klingt ihm wie das Brausen und Brüllen einer schon angesetzten deutschen Offensive. Als sein Hauptquartier noch in Rastenburg war, hatte er gesagt: »Wenn ich Ostpreußen verlasse, wird Ostpreußen fallen«, und seine Voraussage erwies sich als richtig. Er ging, und die Russen überrannten Ostpreußen. Natürlich sprach er es nicht laut aus, wenn er innerlich auch durchaus davon überzeugt war, daß er aus dem Grunde Ostpreußen verließ, weil er wußte, er würde es gegen die Russen nicht halten können. Sein Geist aber hatte sich in den

Trompetenstößen seiner eigenen Propaganda verwirrt. Keiner konnte bestreiten, daß, als er Rastenburg verlassen hatte, die Russen einzogen.

Er hat sein Vertrauen wiedergefunden, und so fordert er eine Aktion. Ungestüm telegraphiert er an Keitel im OKW in Holstein:
›Ich erwarte den Entsatz von Berlin. Was macht Heinricis Heeresgruppe? Wo steht Wenck? Was macht die neunte Armee? Wann kommt die Verbindung zwischen Wenck und der neunten Armee zustande? Wie ist die Lage im Panzerangriff vom Norden Berlins her?‹
Nach einer die ganze Nacht hindurch währenden Diskussion mit Jodl funkt Keitel am nächsten Tage zurück:
›Von der neunten Armee ist uns nichts bekannt. Wenck kommt mit seinem Nordflügel südlich von Potsdam zügig voran. Panzerangriff in Richtung Krampnitz nicht von Erfolg. Südlicher Flügel von Heinrici in fortschreitendem Nachgeben nach Westen.‹
In diesem Telegramm wendet Hitler seine ganze Aufmerksamkeit dem Satz zu: ›Wenck kommt zügig voran.‹ Obwohl Wenck Keitels Befehl, in Richtung Berlin loszuschlagen, befolgte, setzte er sich doch nicht zum Ziele, unbekümmert um Verluste vorzudrängen, um Berlin zu entsetzen. Er hatte seinen triftigen Grund, seine Streitkräfte an der Elbe kehrtmachen zu lassen. Er wollte die aus dem Osten fliehenden Soldaten auffangen und zugleich die durch die Sowjetoffensive von Haus und Hof vertriebenen deutschen Ostflüchtlinge mit einem Schutzmantel umgeben. Am 26. April trat er mit drei Divisionen zu einem Angriff an, der ihn an einem Tage um zwanzig Kilometer vorwärts brachte. Er erreichte Beelitz und befreite dort dreitausend verwundete Soldaten. »Sie umarmten mich mit Tränen in den Augen«, so berichtete

mir Wenck in einem Bonner Hospital, wo ich ihn aufgesucht hatte. »Wir kämpften uns bis Ferch durch und schließlich bis Potsdam, wo wir Verbindung mit General Reymann herstellten, der von den Russen eingeschlossen war und nun ausbrechen konnte. Zur gleichen Zeit konnten wir einen beträchtlichen Bevölkerungsteil, der nach Westen strömte, befreien.« Nun aber gingen die Russen, die Wencks Pläne durchschauten, zum Gegenangriff über, und zwar gegen seine lange Südflanke. An Zahl wie an Waffen unterlegen, meldete Wenck nach Berlin, es sei ihm unmöglich, noch weiter vorzustoßen. Er empfahl, daß General Weidling versuche, zu ihm hin durchzubrechen. Die Russen besetzten Potsdam.
Divisionskommandeur General Engel von der zwölften Armee pflichtete Wenck bei: »Als wir Potsdam erreichten, sahen wir die Unmöglichkeit eines Versuches, nach Berlin vorzustoßen, ein. Tatsächlich war es niemals unsere wirkliche Absicht, ins Verderben zu rennen. Als uns der Befehl in Potsdam erreichte, wir sollten alles zusammenscharren, was uns nur erreichbar sei, um nach Berlin vorzustoßen, weigerte ich mich, dem Befehl nachzukommen, und auch General Wenck war der Überzeugung, der Befehl sollte nicht befolgt werden. Wir kamen überein, nicht einen Tropfen Blut für einen absolut unsinnigen Einsatz zu opfern.«

In der Wilhelmstraße klettert die Erregung zu fieberhaften Höhen, als die Nachricht eintrifft, Wenck habe Potsdam erreicht. Hier hatte Hitler als Kanzler des Reiches seinen Eid geleistet; hier, am Grabe Friedrichs des Großen, hatte er gelobt, dem berühmten preußischen König nachzueifern, indes die großen Glocken der alten Garnisonkirche die Botschaft des neuen Friedrich laut verkündeten. Nun befiehlt Hitler, daß die Glocken wieder läuten sollen, denn das Dritte Reich sei neugeboren. Wie das Reich selbst aber liegen diese

Der Bunker im Garten der Reichskanzlei nach der Sprengung. Obgleich die schwersten Bomben und Granaten auf diese Betonklötze hernieder gingen, hielt der Bunker bis zu seiner Sprengung jeder Bombardierung stand.

- 2 -

3569 PS

3

Die Erschienenen zu 1 und 2 erklären, daß sie rein arischer Abstammung und mit keiner die Eheschließung ausschließenden Erbkrankheiten befallen sind. Sie beantragen mit Rücksicht auf die Kriegsereignisse wegen außerordentlicher Umstände die Kriegstrauung und beantragen weiter das Aufgebot mündlich entgegenzunehmen und von sämtlichen Fristen Abstand zu nehmen.

Den Anträgen wird stattgegeben. Das mündlich abgegebene Aufgebot ist geprüft und für ordnungsgemäß befunden worden.

Ich komme nunmehr zum feierlichen Akt der Eheschließung. In Gegenwart der obengenannten Zeugen zu 3 und 4 frage ich Sie, ~~Mein Bügen Adolf Hitler~~ ob Sie gewillt sind, die Ehe mit ~~ ~~ einzugehen. In diesem Falle bitte ich Sie, mit "ja" zu antworten.
Nunmehr frage ich Sie, ~~ ~~ ob Sie gewillt sind, die Ehe mit ~~ ~~ einzugehen. In diesem Falle bitte ich auch Sie mit "ja" zu antworten.

Nachdem nunmehr beide Verlobte die Erklärung abgegeben haben die Ehe einzugehen, erkläre ich die Ehe vor dem Gesetz rechtmäßig für geschlossen.

Berlin, am 2⁹ April 1945

Vorgelesen und unterschrieben:

1.) Ehemann:
2.) Ehefrau: *Eva Hitler geb. Braun*
3.) Zeuge zu 1:
4.) Zeuge zu 2:
5.)
als Standesbeamter

Heiratsurkunde von Adolf Hitler und Eva Braun. Unter der bizarren Unterschrift des Ehemanns sieht man die Unterschrift von Eva Hitler, die in ihrer Aufregung zuerst mit Eva B... unterschrieb, dann das »B« durchstrich.

Großadmiral KARL DÖNITZ mit dem Verfasser, Stenographen und Übersetzer bei der Darstellung seiner Rolle im Dritten Reich.

DÖNITZ, den Hitler zu seinem Nachfolger bestimmte

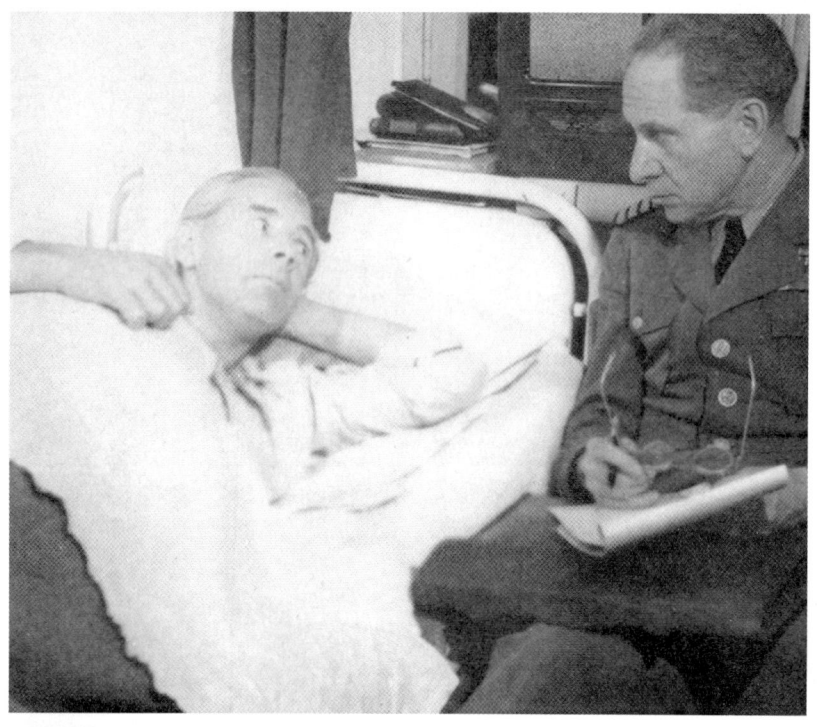

General WALTER WENCK berichtet dem Verfasser vom Krankenbett aus die dramatischen Ereignisse bei seinem vergeblichen Versuch zu Hitler nach Berlin vor zu stoßen, um ihn zu retten

General WENCK

Glocken zerbrochen am Wege, unter Trümmern und Asche eines vergangenen Reiches und verflogenen Ruhmes.

Hitler glaubt, daß Wenck seine Streitmacht mit der des Generalleutnants Reymann vereinigen kann und daß die beiden dann gemeinsam leicht ihren Weg nach Berlin freimachen können. Der Gedanke kommt ihm gar nicht, daß Reymann, der sich eben den Russen entwunden hat, nicht die Absicht hat, sich noch einmal in den Löwenrachen hineinzustürzen. Hitler ignoriert auch Wencks Telegramm, das nahe legt, General Weidling solle mit seinen Streitkräften von Berlin aus zu ihm durchbrechen. Er verwirft den Gedanken, die zu seinem eigenen Schutz bestimmte Besatzung freizugeben, als ganz unerträglich. Das würde ja bedeuten, ein Loch in den Boden des einzig noch verbliebenen Rettungsbootes zu bohren. Weidling wird in Berlin bleiben, und Wenck soll sich hier mit ihm vereinigen. So wird denn Wenck wiederum ermahnt, mit größter Eile auf Berlin vorzudrängen. Bei Spandau an der Havel wird er ein offenes Tor finden. Die Hitler-Jugend hält es ihm offen. So denkt Hitler. Nur mit leichten Waffen ausgerüstet, decken die zwölf- bis achtzehnjährigen Burschen wie die legendären holländischen Jungens den Damm mit ihren Leibern gegen die mit Artillerie und Bomben angreifenden Russen. Von den 5000 Jungens, die bei dieser Verteidigung aufs Spiel gesetzt werden, sind nur noch 500 übrig, als die Schlacht zu Ende ist. Die von diesen entschlossenen Burschen gehaltenen Brücken sollen nie den Schritt von Wencks Soldaten hören, die sich jetzt an die Elbe zurückziehen. Hitler wartet auf das Crescendo von Schritten, die in immer weiterer Ferne verhallen und immer tiefer im Flugsand versinken.

Mord in der Untergrundbahn

Im Garten der Reichskanzlei wirft das Schmutzwasser ein ganz eigenes Caravaggiogemälde von Licht und Schatten zurück. Auf seiner Oberfläche schwimmt mit zerbrochenen Pfeilern und ineinandergesackt der letzte Nazitempel; in seiner Massigkeit und Melancholie eine Ruine, wie sie Rom nicht nach zwanzig Jahrhunderten aufzuweisen hat. Ein kastenartiges Bauungetüm, flankiert von zwei grobklotzigen Türmen, von denen einer noch unvollendet ist, spiegelt sich in einer Ecke des Tümpels. Der Kasten ist das schlichte Betonwerk über den Stufen, die zu dem Lager des mächtigen Häuptlings hinabführen, dessen Kopf, nicht weniger unnachgiebig wie das felsenharte Dach über seiner Behausung, noch Siegespläne schmiedet.

In diesem Augenblick heftet er gerade einem zwölf Jahre alten Jungen, der eine Jacke trägt, die ihm um das Doppelte zu groß ist, einen Orden auf die Brust. Der Junge lächelt durch den Schmutz, der sein Gesicht bedeckt, während sein linker Arm in einem Verband, auf dem rote Flecken ihre Kreise bilden, schlaff an seiner Seite herunterhängt. Der Führer lobt ihn, weil er eine Granate geworfen hat, die einen russischen Panzer in die Luft jagte, und er schickt ihn wieder hinaus, um noch mehr Panzer zu vernichten. An jeder Straße, an jeder Gasse und all den umpeitschten Ecken Berlins hängen Soldaten, junge wie alte, unbeugsam noch vor dem Tode, in hockender Haltung an ihren Maschinengewehren und umklammern, das Eiserne Kreuz auf ihren Uniformen, sogar verrostete Gewehre. Die Reichskanzlei ist noch reich an Eisernen Kreuzen und bronzenen Eichenblättern. Wände und Türen sind dort mit Kisten verbarrikadiert, die bis obenhin voll des metallischen Ruhmes sind.

Den Führer freut der Zwölfjährige, der sein Geschoß gegen den Goliath der Straßen geschleudert hat. Einer dieser Goliaths könnte auch die Wilhelmstraße herunterrumpeln und genau am Bunkereingang auftauchen. Ein vierschrötiger Kosake könnte heruntereilen, ihn packen und ihn entführen, zu Stalin hin. Jeden Tag funken die Russen, daß die größte Menschenjagd aller Zeiten angegangen ist. Hitler soll lebend eingefangen werden. Obwohl der deutsche Rundfunk täglich und stündlich durchgibt, daß Adolf Hitler seine Truppen von Berlin aus führt und ermutigt, sind die Russen skeptisch. Sie glauben an eine Kriegslist; in Wirklichkeit verberge er sich anderswo. ›Ganz gleich aber, wo er sich auch versteckt, er wird gefunden, und dann soll er für seine Verbrechen büßen, und jeder, der ihn beherbergt, ihn verbirgt oder ihm in seinem Versteck hilft, wird für seinen verbrecherischen Beistand sein Leben verwirkt haben.‹ Sehr glücklich ist Hitler deshalb über diesen zwölfjährigen Burschen, der da einen von den Panzern geknackt hat, die ihn degradieren sollen. Solche Jungens sollte es viele geben!

In den letzten beiden Tagen haben sich weitere vierzehntausend Verteidiger von Berlin ergeben, noch mehr aber sind desertiert. An die zehntausend sind gefallen. Und dichter zieht sich der Eisenring. Im Angriff aus den nordwestlichen Vierteln Charlottenburgs haben die Russen die Bismarckstraße erreicht. Im Süden haben sie ihre Geschütze am Halleschen Tor in Stellung gebracht, und das sind nur noch neunhundert Meter bis zur Reichskanzlei. Scharfschützen haben sich durch alle Linien geschlichen, und einige hocken sogar schon im Hotel Adlon, das nur ein paar hundert Meter vom Bunkereingang entfernt liegt. Obwohl die Haufen von Panzerkatzen nur noch einige Sprünge bis zu dem belagerten Nest zu machen haben, schlagen sich dessen Verteidiger in einem Ringen, das ein Tribut für ihren Stamm ist. Wenn sie sich zurückziehen müssen, schleppen sie ihre Waffen hinter sich her und beziehen neue Stellungen in zerschmetterten Gebäuden, Bombenlöchern und Gräben und hinter umgestürzten Lastwagen, Karren und Barrikaden von Möbeln. Sie klettern in die Untergrundbahn und in die Abzugskanäle hinunter, um in den Rücken der Angreifer zu gelangen. Die Schlacht um Berlin wütet nun dreidimensional: in der Luft, auf der Erde und unter der Erde. In dem unterirdischen Kampf aber ist der Feind nicht weniger gewandt und vernichtet die Deutschen ebenso sicher wie im Erdkampf.

Als Hitler vernimmt, daß ein Bataillon Russen über einen Untergrundbahnstrang unter der Spree her vorstößt, weist er Krebs an, die Ventile zu öffnen, um den Eindringling fernzuhalten. Krebs scheint zu zögern, und der Führer fährt ihn an: »Was ist denn los? Geben Sie den Befehl sofort heraus!«
»Mein Führer, ich zögere, weil wir gerade auf dieser U-Bahn-Strecke Tausende unserer eigenen Verwundeten liegen haben! Es ist noch der einzige Platz, wo sie sicher sind!«
»Die Strecke fluten! Wollen Sie die Russen hier haben?« Mit gesenkten Augen geht Krebs davon. Nicht als wäre er plötzlich human oder naiv geworden. Tagelang hat er mit den Geschoßexplosionen um die Wette die Korken knallen lassen, nun wird er in seiner alkoholischen Betäubung um die verwundeten Jungens da unten in der Untergrundbahn sentimental. Er fragt Burgdorf, ob Hitler wohl fähig sei, auf der Ausführung eines so äußerst undeutschen Befehls zu beharren?

»Ist das vielleicht undeutscher als diese Fortsetzung hier überhaupt?« Burgdorf weist resigniert zur Decke hin. »Sie wissen, wir haben so viel Chance, den Krieg zu gewinnen, wie der Führer hat, Präsident der Vereinigten Staaten zu werden. Warum macht er dann nicht mit allem Schluß?«

In dem kleinen Raum unter der Reichskanzlei leeren die beiden Generale ein Glas nach dem anderen, und über dem Leeren eines jeden Glases rufen sie die Erinnerung wach an immer neue Erlebnisse und Anekdoten in der Laufbahn ihres Chefs, dessen Gesundheit ihr Trinken gilt.
»Er hat doch Hauptmann Röhm in den Tod geschickt, nicht wahr, den Mann, der ihm in den Sattel half? Trotzdem, ich liebe ihn. Er ist mein Chef, und wenn er Röhm töten wollte, dann ist das seine eigene Angelegenheit. Jedenfalls war Röhm ein Degenerierter.«
»Sprechen wir nicht von der Geschichte. Hier, nehmen Sie Ihr Glas! Irgendwie sind wir von der Untergrundbahn abgekommen. Ich wollte doch wissen, ob wir die Rohre über unseren Jungens in der Untergrundbahn öffnen sollen?«
»Na, ich sehe gar nicht, was da so Brutales dran sein soll? Wenn ich etwas wirklich Brutales nennen sollte, das der Führer begangen hat« – und nun dämpft er seine Stimme, als er das Glas erhebt – »dann wäre das da gewesen, als er befahl, jeder Soldat der sechsten Panzerarmee habe seine Orden und das ehrenhalber verliehene Ärmelband abzulegen, weil es ihnen nicht gelang, eine Schlacht zu gewinnen, in der sie keine Chance hatten – sie fielen wie die Fliegen –, jawohl, und der arme Sepp Dietrich wurde zum Gemeinen degradiert!«
»Was ist denn so Fürchterliches dabei? Als Gemeine wären wir doch besser dran! Dann brauchten wir nicht so viel zu denken.«

»Ne, ne! Ich möchte kein Gemeiner sein, das wär für mich nichts!«
»Na, schon gut – öffnen wir jetzt die Schleusen oder nicht, Burgy?«
»Was hat denn der Führer gesagt?«
»Öffnen, hat er gesagt.«
»Na, dann eben öffnen! Erst wollen wir aber nochmal 'ne Flasche öffnen!«
»Und bei dieser Flasche wollen wir dem Führer ewige Treue schwören! Wenn er stirbt, sterben wir mit ihm! Schwören Sie?«
»Ich schwöre!«

Der Bunker in der Wilhelmstraße begräbt keine Geheimnisse. Und wie diese Unterredung, die von einem der Ärzte berichtet wurde, die Geistesverfassung von Krebs und Burgdorf enthüllt, so gab es andere, die von der entfesselten Wut des Führers berichten, als er von der Hinauszögerung der Ausführung seines Befehles zur Ertränkung der Verwundeten hörte. Aber die Verzögerung dauerte nicht lange. In der Untergrundbahnstrecke wurde ein Rollen wie von einem fernen Donner vernommen. Tragbahren wurden umgerissen, Verbände abgerissen, Arzneischränke stürzten um, indes Soldaten und Schwestern in der Lawine graugrünen Wassers, das sich rot von Blut färbte, gellend in Angst aufschrien.
Hier sind keine Orden mehr auf die Brust zu heften, hier gibt es keine Erwähnung zu lesen über tapferes Verhalten dieser Soldaten, die nicht nur für den Führer starben, sondern auch durch des Führers Hand.

Der Sohn eines illegitimen Sohnes

Am Fernsprecher sitzt Hauptmann Boldt und ruft ins Blaue nach dem Telefonbuch Nummern an. Noch arbeiten die Untergrundkabel des Fernsprechsystems. Boldt stellt denen, die seinen Anruf beantworten, sehr einfache Fragen: »Haben Sie die Russen gesehen?« »Wieweit sind sie?« »Sind sie mit Tanks durch?« Die Angerufenen beantworten die Fragen offen, und aus der so gewonnenen Information werden auf der Karte des Führers neue Linien gezogen.
Das Hauptquartier des Oberkommandos kann mit dem Bunker nur noch über den drahtlosen Funk verkehren, und zwar durch einen Radioballon, der über Rheinsberg in der Luft schwebt. Das Leben eines Soldaten ist in Kriegszeiten immer unsicher, sein Schicksal hängt oft an einem Faden. Das gilt besonders für den Insassen des Radioballons über Rheinsberg, der nur durch ein dünnes Kabel mit der Erde verbunden ist. In seinem schwankenden Korb, fast achthundert Meter über der Erde, feindlichen Geschützen und Flugzeugen zum Ziel, kann er sich nirgendwo verbergen, den Kampf nicht erwidern, er hat keinen, mit dem er sprechen kann, keinen, der ihn befreit, und schließlich auch keinen, dem er, falls er einmal, wie unvermeidlich, abgeschossen wird, noch zuschreien könnte: ›Heil Hitler!‹

Berlin ist ein Meisterwerk des Wahnsinns geworden, sein Künstler malt mit rinnendem Blut, gebrochenen Gebeinen und zehrendem Feuer. Und wie er nun mit breiten Pinselstrichen an seinem Gemälde arbeitet, spricht er mit seinen männlichen und weiblichen Gefährten; er macht Konversation mit Blondi und ihren fünf Kleinen, mit Frau Christians Cocker-Spaniel und mit Eva Brauns Hund. Die Tiere haben sich gänzlich an die unaufhörliche Kanonade gewöhnt, sie bellen nicht mehr und horchen auch gar nicht mehr hin nach dem Aufklatschen der direkten Treffer. Sie liegen auf den Sofas herum oder strecken sich in voller – Länge auf den Läufern im Durchgang, und sie erhöhen den Eindruck, als sei der Bunker eine Millionärsjacht, deren Luken vor dem Sturm verschalt worden wären. Die an den Wänden wackelnden Gemälde tragen weiter zu der Atmosphäre dieses abgeschlossenen Luxus bei. Alfred Rosenberg, der sich vom Naziphilosophen zum Kunstsammler entwickelte, eignete sich viele dieser Gemälde in Italien an, um damit den Führerbunker zu verschönen. Auch in anderen Teilen Europas sammelte er ungezählte Meisterwerke, die nun in Salzbergwerken dem Ende des Krieges entgegenharren, damit sie nach Linz transportiert werden können, wo Hitler zu Ehren der Stadt seiner Kindheit ein Museum einzurichten beabsichtigt. Diese klassischen Gemälde, deren es Hunderte gibt, sind alle photographiert worden, und die Reproduktionen wurden in wundervolles Leder gebunden. Aus diesen Bänden schöpft Hitler Entspannung nach des Tages Last und Mühen. Er fährt mit der Hand über zartes Florentiner Leder, und das bereitet ihm nicht nur eine Sinnenfreude, sondern bei der Vorstellung, daß er jenes Genie gewesen, das allein all das ermöglicht hat, gerät er in eine geistige Ekstase. Meisterwerke, die am Kunstmarkt Werte von Millionen darstellen, sind ohne den geringsten Aufwand sein geworden. Die Außenwelt mag nun mit dem Hammer des Thor an seine Behausung pochen, keiner aber vermag ihm jemals zu nehmen, was er erreicht hat. Er krault Blondis Ohr und lacht in sich hinein. Und er sinnt nach. Keinen gibt es, weder in der zeitgenössischen Geschichte, noch in der Geschichte der Vergangenheit, der auf einem nur aus leichten Stäben gefügten Floß ins Leben hineinglitt und der doch solch eine Flotte voll Macht, Ruhm und Glück zusammenbrachte, wie sie im Auf und Ab der Zeiten einfach unerhört war. Die gleichen hochmütigen und perfiden Gegner wie in der ersten Zeit seines Aufstiegs versuchen nun, diese Schiffe zu versenken und ihren Führer zu vernichten, doch sie werden genau so um ihre geplante Beute betrogen werden.

Er begann sein Leben als Adolf Schicklgruber, als Kind des illegitimen Sohnes einer Marianne Schicklgruber. Sein Vater nahm den Namen Hitler, der auch Huettler geschrieben wurde, erst im Alter von fünfunddreißig Jahren an. Adolf zerschnitt die Bande, die ihn an sein Zuhause knüpften, und ging im Alter von etwa fünfzehn Jahren nach Wien. Dort wäre er ein großer Künstler geworden – der er noch ist –, wenn nicht die Gegnerschaft der Juden gewesen wäre. Er fand keinen Geschmack daran, Häuser zu streichen und Tapeten anzukleben, sondern wartete auf die Gelegenheit, seinem Schicksal zu begegnen, damit er die Welt zu seinen Füßen zwinge. Nun sitzt er in seinem Arbeitsraum und schaut auf das große Gemälde des Einen, den er als den Größeren erkennen muß – es stellt Friedrich den Großen dar. Noch eine Gestalt gibt es in der deutschen Geschichte, die er als seinen Vorläufer betrachtet: Richard Wagner. Alljährlich hat er den Bayreuther Festspielen beigewohnt und ist dann auf acht Tage Gast der Familie Wagner gewesen, die mit geschäftiger Klugheit viel Aufhebens um ihn machte, denn seine Gegenwart verhalf dazu, die Festspiele volkstümlich zu machen und gewinnbringend zu gestalten. Nicht jedes Mitglied der Familie Wagner jedoch war von Hitler beeindruckt. Die älteste Tochter von Frau Siegfried Wagner verließ das Bayreuther Haus und ging in die Schweiz, wo sie nicht nur mündlich ganz unverblümt ihre Glossen über den deutschen Diktator machte, sondern auch Schmähschriften gegen den Usurpator der Freiheiten ihrer Heimat veröffentlichte.

Von seinem Platz an der Wand sieht Friedrich der Große direkt auf ein holländisches Meisterwerk, eine Schale mit Früchten; das Bild gehört zu den von Rosenberg eingebrachten Werken und wurde gleichfalls für den Raum des Führers bestimmt. Hier plaudert der Führer auf einer blauweißgemusterten Polsterbank mit Eva Braun, die mit dem Cocker-Spaniel zu ihren Füßen spielt. Sie hört Hitler zu, der wiederum in aller Breite seine massigen Triumphe der Vergangenheit ausspinnt. Nun verzieht er den Mund. Dies verzogene Gesicht könnte erschrecken, wäre es seiner Gefährtin nicht seit vierzehn Jahren vertraut. Er nimmt vom Tisch einen ganzen Stapel von Photos, die ihm mehr Vergnügen bereiten als das Album mit den Klassikern der Kunst, das ihm Rosenberg verehrt hat. Jedes dieser durch seine vor Freude bebenden Finger gleitenden Lichtbilder zeigt einen Toten oder einen Verstümmelten. »Das sind sie!« grinst er zu Eva hinüber: »Sie dachten, sie könnten mich umbringen! Sieh sie dir mal an. Generale! Ha! Der zwanzigste Juli sollte ein Freudentag für sie werden. Sieh mal, wie sie sich freuen! Wie niedergeschlagen müssen sie wohl gewesen sein«, so kichert er weiter, »wenn sie sich daran erinnerten, daß sie es doch waren, die ganz im Anfang schon meinen Start hätten verhindern können.«

Keiner vermochte zu leugnen, daß der Enkel der Marianne Schicklgruber eine phantastische Karriere gemacht hatte. Selbst in den Frühtagen des Nationalsozialismus empfing er große Honorare von kaum gelesenen Artikeln, die er für die Parteizeitung ›Völkischer Beobachter‹ beisteuerte. Sein Buch ›Mein Kampf‹ wurde – infolge von Zwangsverpflichtungen zum Kauf – eines der meistgelesenen Bücher in der Literaturgeschichte; acht Millionen Exemplare wurden davon vertrieben. Er erhielt einen erheblichen Anteil von den jährlichen dicken Gewinnen der Zeitungen und Zeitschriften der Partei. Schließlich besaß er vier Häuser, nicht eingerechnet das Haus, das er schon Jahre zuvor in München für Eva Braun eingerichtet hatte. Außer seinem Einkommen, das auf jährlich acht Millionen Reichsmark geschätzt wurde, besaß er noch seine Sammlungen, die für ihn von überall her zusammengebracht worden waren. Auf seinen Reisen in einem privaten Sonderzug durch die von den Deutschen besetzten Gebiete konfiszierte Rosenberg nicht nur Kunstgegenstände, sondern auch Gold, Silber und wertvolle Möbelstücke. Die Summe dieser Beute wurde auf zwanzig Milliarden Reichsmark geschätzt – und alles wurde im Namen Adolf Hitlers zusammengebracht.

Wie Napoleon, der auch als Fremder nach Frankreich kam, daraus aber ein Schloß für sich selbst machte, so machte Hitler als Österreicher aus Deutschland einen unruhigen Bazar. Zur Zeit des Münchner Putsches im Jahre 1923 hätte er laut Gesetz nach Österreich ausgewiesen werden können. Von 1919 bis 1932, dreizehn Jahre lang, hielt er als Ausländer Deutschland in einem Dauerzustand politischen Aufruhrs. Er predigte Gewalt bei den Wahlen wie bei der Fernhaltung von den Wahlen, und er selbst besaß nicht einmal das Recht zur Stimmabgabe. Nach jeder Wahl und nach jeder Verhaftung seiner Knüppelgarde bei Tumulten, die von ihm herbeigeführt worden waren, mußte er das größte Verhängnis befürchten, das ihn treffen konnte: die Ausweisung nach Österreich. Wilhelm Frick als Minister in Thüringen zerschnitt schließlich den Faden des Damoklesschwertes, das über Hitlers Kopf schwebte, indem er ihn zum kleinen Beamten in der Stadt Hildburghausen ernannte. Eine Weile zögerte

Hitler, die Bestallung anzunehmen: daß der Mann, der nach dem höchsten Amt im Lande strebte, nur einen so kleinen Posten bekleiden sollte, darüber könnte er verlacht werden, und ein solches Lachen würde seine ganze Zukunft aufs Spiel setzen. Auf der anderen Seite jedoch konnte der Justizminister ihn jeden Tag mit sofortiger Wirkung nach Österreich zurückbeordern. Er nahm deshalb an. Sein Parteifreund Wilhelm Frick hielt die Ernennung geheim, und so wurde Hitler schließlich eingebürgert und – schon innerhalb eines Jahres – deutscher Diktator. Um aber seine Bürgerschaft fest zu verankern, vereinigte er Österreich mit Deutschland, so wie ein Abbruchunternehmer eine Mauer zwischen zwei getrennten Häusern niederreißt. Hitler hatte Napoleon übertroffen.

Nun fehlte ihm nichts mehr. Vom ersten Tage an, da er 1919 als noch unbeachteter Demagoge in München auftrat, litt er keinen Mangel mehr an Mitteln zur Befriedigung von Hunger und Durst. Er enthält sich von Alkohol, Nikotin und Fleisch; nicht etwa weil er ein Asket ist, sondern weil sie ihm geschmacklich nicht zusagen. Gelegentliche Gelüste hat er auf bayrische Leberknödel. Seinen Durst stillt er mit Tee, Sprudel, einprozentigem Bier, Tokaier Wein; ab und zu nimmt er einen Kognak in den Tee oder Maraschino zum Pudding.

Das Bildnis Hitlers als eines Mannes, der pausenlos für sein Volk arbeitet, ohne Ausspannen, ohne Zerstreuung und Unterhaltung, ist eine Bleistiftskizze von Goebbels, es ist das Bild eines Mannes, der nicht existiert. Soweit es die Zerstreuungen angeht, genießt Hitler eher mehr als ein Durchschnittsmensch, viel mehr als die Person, die Goebbels durch sein propagandistisches Stereoskop gezeichnet hat. Hitler

fand seine Freude am Kino. Vor dem Kriege konnte er sich zuweilen zwei oder drei Filme am Tage ansehen. Besonders gern hatte er amerikanische Filme.
Viel Gefallen fand Hitler an musikalischen Komödien, und vor dem Kriege besuchte er das Metropoltheater in Berlin, in dem hübsche Tänzerinnen auftraten. Er gab Hausgesellschaften und begab sich oft in bayrischer Tracht auf Picknickausflüge. Nach königlicher Manier hielt er sich seinen eigenen Gesellschafter, Arthur Kannenberg, einen talentierten Menschen, der sein Haushofmeister war und dazu für die Zerstreuung des Führers durch Akkordeonspiel und Gesang sorgte. Gern stellte Hitler anmaßend eine Vorliebe für Musik zur Schau, doch war er hierin vielleicht mit anderen mehr oder weniger berühmten Leuten einzustufen, die Konzerte mehr erleiden als sie zu verstehen, nur damit sie als ›kultiviert‹ gelten können. Wenn seine Gäste aufgebrochen waren, nachdem sie ihre Begeisterung über die mehr als zwei Stunden sich erstreckenden schweren Gänge geheuchelt hatten, forderte der Führer von Kannenberg leichtere Kost. Kannenberg erzählte mir, Hitlers Lieblingsmusikstück sei gewesen: ›Wer fürchtet sich vor dem großen bösen Wolf?‹
Kleinbürgerlicher Art war, wenn er darauf zu sprechen kam, seine Einstellung zu kosmetischen Fragen. Einmal verwarnte er Baldur von Schirach, daß er dessen Frau, die als Gast in seinem Hause weilte, zum Aufbruch auffordern lassen werde, wenn sie ihre ›Kriegsbemalung‹ nicht entferne. Nichtsdestoweniger duldete er nicht nur mit der ganzen, einem Dorfbürgermeister anstehenden Ungereimtheit bei seiner eigenen Eva deren überreichliche Entfaltung aller Künste im Stile der Elizabeth Arden, sondern er hielt sie selbst dazu auch noch an.
Heinrich Hoffmann, der Eva Braun und Hitler zusammenbrachte, meinte, daß ›Hitler jede Frau so zu sehen wünschte,

wie sie wirklich war; er war allen gegenüber aufmerksam‹. Als persönlicher Photograph und ehemaliger Arbeitgeber von Eva Braun stand Hoffmann Hitler wahrscheinlich näher als irgendeiner in Hitlers politischer und militärischer Umgebung. Während des Krieges, als der Kriegseinsatz alle diensttauglichen Deutschen, Mann wie Frau, zu einer nutzbringenden Beschäftigung verpflichtete, arrangierte Hitler mit Hoffmann, daß Eva Braun in dessen Gehaltslisten als Photoassistentin geführt wurde und ihr Gehalt bezog, um den gesetzlichen Bestimmungen nach außen hin Genüge zu tun; derweil aber verblieb sie in ihrem luxuriösen Appartement zur Unterhaltung des Hauptfabrikanten und Haupteinpeitschers der Kriegsgesetze.

Hoffmann war der einzige Mann in Deutschland, der Hitler als ›Herr Hitler‹ anreden durfte. Die Geschichte seines letzten Besuches bei Hitler, der am 1. April stattfand, ist seltsam genug, daß sie hier wiedergegeben werden soll: »Seit einem halben Jahre hatte ich mich von Hitler ferngehalten«, sagte Hoffmann, »weil ich im Verdacht stand, an Paratyphus zu leiden und Bazillenträger zu sein; so wurde es mir nicht gestattet, ihm nahe zu kommen. Das stimmte aber gar nicht. Hitler war falsch unterrichtet. Ich hatte fünfzig Atteste bei mir, um ihm zu beweisen, daß ich nicht krank sei, und ich sagte ihm: ›Hier, Herr Hitler, habe ich den Beweis, daß alles Lüge ist. Ich war niemals krank.‹ Doch Hitler hob abwehrend seine Hände – er demonstrierte das –: ›Halten Sie sich fern! Halten Sie sich fern! Sie sind krank! So ist mir berichtet worden!‹ Darauf sagte ich: ›Gut denn, dann werde ich die Atteste zurücklassen!‹ Daraufhin lud Hitler mich zum Tee ein, und zwar um drei Uhr morgens. Ich blieb von drei bis fünf Uhr.«

Die Geschichte klang mir so phantastisch, daß ich Hoffmann fragte: »Und während der ganzen Zeit haben Sie nicht mehr von der Krankheit gesprochen?«

»Nein, wir sprachen über Kunstthemen, da ich gerade von Wien kam.«
»Wollen Sie mir erzählen, daß trotz all den bestehenden Schwierigkeiten für Hitler, trotzdem sein Land überrannt war und seine Heere vernichtet, er noch so viel Zeit aufwandte, um mit Ihnen um drei Uhr in der Frühe Kunstfragen zu besprechen?«
»Ja.«
»War Eva Braun bei ihm?«
»Ja, sie, seine Sekretärin und ein Adjutant.«

Und so sitzt denn Hitler, Blondi zu seinen Füßen und Eva Braun an seiner Seite. Oftmals hatte er versichert, daß sie die beiden einzigen seien, die ihm am treuesten ergeben wären. Auf keinen anderen kann er sich verlassen. Man weiß, daß er zwei Schwestern und einen Bruder hat, aber er erwähnt sie nie. Seine Schwester Angelika, die Mutter der unglücklichen Geli, führte ihm seinen Haushalt in Berchtesgaden. 1936 heiratete Angelika einen Professor und schlug mit ihm ihren Haushalt in Dresden auf. Obwohl Hitlers Halbbruder Alois in Berlin lebte und einen Bierausschank am Wittenbergplatz betrieb, auf dessen Türe auffällig ›A. Hitler‹ geschrieben stand, nahm er keine Notiz von ihm; auch erwähnte er nie seinen Namen. Alois machte auch kein Geheimnis aus seiner Verwandtschaft, bat aber seine Kunden, nicht zuviel davon zu sprechen, weil Adolf sonst wütend werden und ihn aus der Stadt hinausweisen lassen könnte.

Wörtlich genommen hatte Hitler weder Verwandte noch Freunde. Das innere Band eines Vertrauens, wie es Menschen auf den Höhen wie in den Tiefen der menschlichen Gemeinschaft umschlingt, fehlte dem Diktator vollständig. Wie Hunde, die sich auf der Straße treffen, mißtraute er jedem.

Die dauernde Anwesenheit eines Stenographen zur Aufnahme der Besprechungen zwischen ihm und seinem Stabschef kennzeichnet deutlich die Schranke, die ihn selbst von seinen allerengsten Mitarbeitern trennte. Kameraden, deren Parteizugehörigkeit noch in die Tage der Straßenkämpfe und der kleinen Versammlungen in Hinterzimmern zurückdatierte und die nun wegen ihrer langen Dienstzeit hohe Stellungen bekleideten, redeten ihn niemals mit seinem Vornamen an. Keiner gebrauchte im Gespräch mit ihm das vertrauliche Du. Die Angehörigen seiner Umgebung waren mehr Ausführende eines unerbittlich gesteckten Zieles als Kameraden, die einer gemeinsamen Sache ergeben waren. In seiner Korrespondenz in wehleidiger Tonart, die Ribbentrop von Nürnberg aus führte, beklagte er sich bei mir, daß Hitler niemals irgendwem sein Herz erschlossen habe. Ihm kam es nicht in den Sinn, daß Hitler für die Sprache wahren Gefühls eben kein Herz hatte.

Das will nicht besagen, daß Hitler gänzlich kleiner, rührseliger Schnörkel entbehre. Frau Junge berichtete, wie Fegelein nach einem Essen mit Hitler und Eva Braun angeekelt zurückgekommen sei: »Die Art, wie Eva und der Führer miteinander tun, kann einen krank machen, als wäre er ein junger Hahn und sie eine Henne!«
Dieser Bekundung übertriebener Anhänglichkeit steht die Aussage von Dr. Karl Brandt entgegen, daß Hitler Eva Braun offen heraus gesagt habe, niemals werde er sie heiraten können, weil sie erstens ›nicht ganz die geeignete Person sei, die der Nation als Gattin des Staatsoberhauptes präsentiert werden könne, und zweitens wünsche er die mystische Legende in den Herzen des deutschen Volkes wach zu halten, daß, solange er Junggeselle bleibe, immer noch die Aussicht bestehe, daß möglicherweise eine der Millionen deutscher

Frauen die höchste Auszeichnung erfahren könne, einmal die Erste Frau des Staates zu werden‹. Nach Dr. Brandt glaubte Hitler, das sei eine sehr gesunde, wohlbegründete Psychologie, und oft sprach er in Evas Gegenwart davon.
Hitlers Beziehungen zu Eva Braun waren so unromantisch wie die Stimmung eines erfahrenen Banditen, der einen Eisenbahnzug zum Stehen bringt. Diese Phase seines Lebens verwehrt seiner Karriere sogar die fragwürdige Ausrede des Fanatismus, denn ein Fanatiker würde entweder Eva Braun geradeswegs geheiratet haben, oder aber er würde eben Asket geblieben sein. Wenn Fräulein Braun Intellekt oder besondere Geistesfähigkeiten besessen hätte oder wenn Hitler nur irrtümlicherweise angenommen hätte, sie besitze politischen Ehrgeiz, oder wenn er politische Intuition bei ihr vermutet hätte, dann müßte ihren Beziehungen ein philosophischer oder metaphysischer Aspekt zugesprochen werden, der ihre Buhlschaft überschattet hätte. Es ist jedoch Tatsache, daß er nichts von ihrem Herzen wußte und daher auch ihren jugendlichen Kopf nicht zu nutzen verstand, so daß er nie mit ihr politische oder militärische Angelegenheiten besprach, zwei Gebiete, auf denen sie völlig unwissend blieb.

In den Frühtagen der Regierung Hitlers war das deutsche Volk seinen Wünschen sklavisch untertan, nicht nur weil es die Geheimpolizei fürchtete, sondern weil es in ihm auch den reizenden Prinzen seiner Verehrung erblickte. Durch eigene Popularität und den Zugriff der Gestapo hielt er Deutschland in seiner Handfläche, und so hätte er Eva als seine erwählte Freundin hinstellen können, ohne daß das Volk von ihm verlangt hätte, daß er sie heirate oder sich von ihr trenne. Da er aber ein Kleinbürger war, wie er es eigentlich immer geblieben ist, hielt er Eva vor der breiten Öffentlichkeit geheim wie ein gestohlenes Pferd. In München hatte er ihr abgeschlossene

Räume vorbehalten. In der Reichskanzlei hatte sie Räumlichkeiten in seiner Privatwohnung, auf dem Berghof Räume in seinem Hause und auch ein Appartement in der alten Reichskanzlei. Sie reiste in seinem Sonderzug, und sein Flugzeug stand zu ihrer Verfügung. Auf Ozeanfahrten stand für sie ein Flugzeug bereit, damit sie im Falle von Seekrankheit oder unerwünschten Versuchen, ihre Identität zu lüften, im Fluge das Schiff verlassen könnte. Wenn sie gern ein Paar ganz bestimmte spanische Schuhe haben wollte, sandte er einen Kurier in das Land des verbrüderten Diktators, um die richtige kastilianische Fußbekleidung zu besorgen. Schließlich wurde sie die Gastherrin vom Berghof, aber keiner durfte öffentlich von ihr sprechen oder ihren Namen auch nur erwähnen. Und so dicht wurde dies dunkle Geheimnis gehütet, daß Eva Braun, als sie am 1. Mai 1945 plötzlich vor den erstaunten Augen der Welt wie ein mysteriöses Mädchen auftauchte, in der Gemütswelt des deutschen Volkes keine geringe Verwunderung, um nicht zu sagen, Verblüffung, hervorrief.

Major von Loringhoven fand es schwer verständlich, wie ein Mann vom Temperament Hitlers bei einer Frau wie Eva Braun Zerstreuung finden konnte. Hitler hätte eine teutonischere Frau heiraten müssen. Wie es scheint, fand aber Hitler in dem Geschwätz und der vogelgleichen Launenhaftigkeit dieses kindlichen Mädchens doch die Zerstreuung, die er benötigte. Eva Brauns Vater sagte in den Tagen ihrer Verbindung mit Hitler: »Eva ist so ein nettes, süßes Mädchen, sie hätte so viele Freier haben können, warum nur ging sie weg und lieferte sich diesem Werwolf aus?« Doch ihre Treue zu dem Werwolf setzte dem letzten Ausdruck ihrer jugendlichen Schwärmerei keine Grenzen. Wie Frau Winter sagte, veranstaltete sie eine Gesellschaft nach der anderen, wenn sie in

München oder auf dem Berghof allein war. Sie lud alle ihre Freunde ein und flirtete fürchterlich. Sie tanzte, sie trank, sie tat alles, was ihr in Gegenwart Hitlers nicht erlaubt war. Sie war nicht so ausgeglichen wie Geli. Eva Braun hatte wahrscheinlich einen eigenen Minderwertigkeitskomplex und versuchte dem, was von ihr erwartet wurde, nach außen hin durch Hochmut und Eitelkeit gerecht zu werden. Draußen in der Natur gab sie sich am besten. Sie war geschickt auf Skiern, beim Bergsteigen und Schwimmen; unter Sportsleuten war sie natürlich und umgänglich. Hitler dagegen war in der Welt des Sports ebenso ein Fremder wie in der ethischen Sphäre; sie aber hatte hier die unbeschränkteste Gelegenheit zur Entfaltung ihrer Persönlichkeit, unbehindert von den übermächtigen Einflüssen ihres Liebhabers.

Am 22. April sagte Hitler Eva Braun, sie möge sich auf das Sterben vorbereiten. Da sie bisher alle seine Befehle befolgt hatte, blieb sie auch diesem Befehl gegenüber nicht unschlüssig. Sie sandte ihre Juwelen an ihre Eltern, damit sie nach ihrem Hinscheiden etwas zum Verkauf und zum Leben hätten.
Frau Winter vertritt die Meinung, daß trotz Evas unterwürfiger Ergebenheit Hitler sich auf irgendeine Weise von ihr freigemacht hätte, wenn nicht der Krieg gekommen wäre.

»Dass er mir das antun musste!«

Die Nacht ist zu Ende, niemand da unten aber weiß, daß die Dunkelheit dem Sonnenlicht gewichen ist. Elektrische Birnen sind Sonne, Mond und Sterne in diesem engbrüstigen Universum aus Beton. Die Luftzuführungsmaschine, dieser Ersatz für offene Fenster, saugt die Luft eines zerschlagenen und geschändeten Frühlings ein. Das Gras im Garten der Reichskanzlei hat einen vergeblichen Kampf mit den heißen Schrapnellgeschossen ausgefochten; die Bäume sind den Mörsern nicht gewachsen, und die Tümpel, in denen sich der Himmel widerspiegelt, sind trümmerüberladen und stockig wie Brackwasser. Um die herumliegenden Toten kümmert sich so wenig einer wie um die Lebenden im Bunker.
Überall sprechen diese Zeichen eine Sprache, die von allen verstanden wird; nur nicht von Hitler. Der Garten der Reichskanzlei ist ein Miniaturbild dessen, was sich im Tiergarten zuträgt, der zum letzten Verteidigungsgraben von Berlin geworden ist. Von ihren 916 Quadratkilometern Flächeninhalt ist Hitlers Hauptstadt auf 25 Quadratkilometer zusammengeschrumpft. Seine uneinnehmbaren Festungen, seine Eisenwälle, seine Siegfried-Stellungen und seine unbezwingbaren Zitadellen haben nun ihren Mittelpunkt in einem offenen Park mit Teichen, Bäumen, Gehölzen, Rasen, Gängen und Blumen, sowie in einem Zoo gefunden. Der Tiergarten, der mit seiner Länge von vier Kilometern und mit einer Breite von etwas über einem Kilometer Berlins Stolz und Entzücken in friedvollen Tagen gewesen war, ist nun in den letzten

Kriegstagen ein häßliches, verstaubtes, schmutziges Fort geworden. Seine schönen Bäume mit den breitausladenden Kronen sind zugrunde gerichtet, seine Picknickflächen haben die Grünmatten hergeben müssen, seine Blumenbeete sind von Kugeln und Bomben umgepflügt. Über die ganze Länge und Breite dieses einst grünenden und blühenden Raumes sind Gräben gezogen und Geschützstellungen ausgehoben. Hitlers Frontlinien, die einst über die Meere und bis in den Kaukasus Asiens sich erstreckten, umfassen jetzt nur noch einen zerstörten Sommerpark, einen Zoo, das alte Kaiserschloß, einen verstümmelten Reichstag, die Hauptpost und die Wilhelmstraße mit ihren aufgerissenen Ministerien, sowie die Reichskanzlei, wo der Führer ein Lichtlein anzündet, das Wenck hierher leiten soll, diesen dauernd erwarteten und nie anlangenden Wenck.

Aufgeregt demonstriert hier am 28. April 1945 Hitler mit Linien, Unbekannten und Pfeilen auf der Karte, wie er noch die Schlacht um Berlin gewinnen will. Einige Meldungen dieses Tages machen ihn gereizt und verdrießlich, sein Selbstvertrauen aber bleibt so unerschütterlich, wie das Bombardement unablässig weitergeht. Die erste unangenehme Nachricht setzt ihn davon in Kenntnis, daß das Flugfeld Gatow, fünfzehn Kilometer vor Berlin, von wo Kleinflugzeuge starten und in gefahrvollem Flug über die russischen Linien schleichen können, um in den Straßen von Berlin zu landen, in die Hände des Feindes gefallen ist. Die nächste Tagesmeldung verzeichnet, daß der Staat Bayern unter Führung des Reichsstatthalters General von Epp sich vom Reiche lösen will. Auch Hamburg und Bremen erwägen eine Lostrennung vom Reich und die Annahme eines englischen Prinzen als Herrscher.

Während Hitler noch dabei ist, im Geiste die Donnerkeile zu schmieden, die er gegen diese Insurgenten schleudern will, packt ihn ein Schwindel von einem neuen Schlag, den er aus gänzlich unerwarteter Richtung bekommt.

In vollem Umfange sich dessen bewußt, daß seine Botschaft wie eine Bombe einschlagen wird, nähert sich mit allen Anzeichen einer schauderhaften Furcht Heinz Lorenz, der Verbindungsoffizier des Nachrichtenstabes, dem Arbeitsraum des Führers. Wie nun, wenn der Diktator im Stil von Königen der Vorzeit den Befehl zu seiner Auspeitschung geben würde? Es wäre absurd, wenn es dazu kommen würde. Schließlich hat doch Lorenz diese Bombe nicht gefertigt! Hitler aber hat schon viel absurdere Dinge getan, als die Träger harmloser Botschaften zu züchtigen.

In einem plötzlichen Einfall, der von seiner Furcht diktiert wird, überhändigt Lorenz die Nachrichtenniederschrift Linge, dem Diener des Führers, mit dem Auftrag, sie seinem Herrn weiterzugeben. Linge verschwindet im Innern des Sanktums, und einen Augenblick später schon geht ein Aufschrei durch den Bunker, so grell, als wenn eine Frau einen Abhang hinunterstürzt. Unverständliche Schreie folgen, als schlage die Frau im Absturz von Fels zu Fels auf. Dann interpunktiert gutturales und schluchzendes Stöhnen das Schlachtengebrüll.

Hitler erscheint aus seinem Arbeitsraum, ungläubig und starr stieren seine Augen auf die Worte auf dem Papier, das er in seiner gelähmten Hand verkrallt; im Gehen schleift er eines seiner Beine nach. Wie ein Krüppel, der seine Stelzen verloren hat, so schiebt und humpelt er über den Korridor in das Zimmer des verwundeten Feldmarschalls von Greim, von wo nun explosionsartige Gefühlsausbrüche kommen. Endlich wird gesprochen, und man vernimmt die Worte des Führers: »Ein Verräter wird niemals mein Nachfolger sein! Darf mir

niemals folgen! Von Greim, Sie werden aufbrechen, und Sie sollen Heinrich Himmler verhaften, und dann werde ich entscheiden, was mit ihm geschehen soll!« Goebbels, Krebs, Bormann und Burgdorf stürzen eiligst herbei, erfahren nun aus der ausführlicheren Darlegung, um was es sich handelt, und überliefern in wortreichen Explosionen Himmler den aller untersten Regionen der tiefsten Hölle.
»Daß er mir das antun mußte! Mir!« So wiederholt Hitler dauernd, als wenn es noch einen auf der Welt gegeben hätte, dem Himmler das hätte zufügen können, was er getan hat.

Alle Verwünschungen jedoch, die Bormann, Goebbels, Krebs und Burgdorf über das Haupt des abwesenden Himmler wie glühheiße Lava ergießen, entströmen falschen Voraussetzungen. Sie haben einen rein theoretischen Frevel als Ursache, denn Himmlers Angebot zur Übergabe der deutschen Streitkräfte an die Westmächte ist abgelehnt worden. Eine Kapitulation würde nur erwogen werden, wenn sie restlos und bedingungslos sowohl an den Osten wie den Westen gerichtet werde. Mit dieser Zurückweisung des Vorschlages von Himmler bleibt die Situation unverändert.

In Hitlers Augen jedoch ist Himmlers Verbrechen nichts anderes als der Stich des Brutus – ›et tu, Brutus‹, auch du! Doch es ist nicht genau so wie bei Cäsar, denn Hitler lebt noch, und er vermag die Verräter noch zu strafen! Mit welcher Kraft, aus jeder Ader seines kochenden Blutstromes gezogen, würde er in diesem Augenblick mit seinen eigenen Händen diesen Himmler packen!

In seiner Abwesenheit jedoch muß ein anderer sein Verbrechen büßen. Er brüllt nach Hermann Fegelein, und, von Wachmännern vorgeführt, erscheint der einstige Gruppenführer

mit bittend erhobenen Händen. »Ich wußte es, mein Führer, Sie würden den Irrtum feststellen! Sie wissen, ich bin Ihnen immer treu gewesen und werde es weiter bleiben!«
»Sie sind so treu gewesen wie Himmler, diese Kröte von einem Verräter und Betrüger, und Sie waren mit ihm verschworen!«
»Mein Führer, das ist nicht wahr!«
»Dann haben Sie von Himmlers Verrat gewußt!«
»Ich wußte nichts davon, mein Führer, doch wenn Sie sagen, daß er es getan hat, dann war es so; ich aber habe nichts damit zu tun.«
Hitler beruft ein Kriegsgericht von SS-Männern unter Vorsitz des Kommandeurs der Leibgarde, des Brigadeführers Rattenhuber, zusammen und instruiert das Gericht gleich über das Urteil.
Eva Braun bittet in ihrem gemeinsamen Raum um das Leben ihres Schwagers: »Du weißt, meine Schwester wird ein Kind bekommen. Laß ihn darum am Leben, bitte!« »Wir können doch nicht zulassen, daß Familienangelegenheiten eine disziplinarische Aktion verhindern!«
»Ich selbst bin entsetzt, daß er dich verlassen wollte, wo schon viele dich im Stich gelassen haben, ein Verräter aber konnte er nicht sein, das weiß ich sicher.«
»Sein Benehmen ist Beweis für seine Schuld. Er stand Himmler sehr nahe.«
»Aber er hat doch Himmler in letzter Zeit gar nicht gesehen, er war doch hier! Aber ich bitte auch gar nicht darum, daß er aus politischen Gründen begnadigt wird; ich bitte nur darum, daß du ihn leben läßt, weil du weißt, was meine Schwester mir bedeutet, und ich, ich meine, auch dir ...«

Eine Stunde später stapfen ein Leutnant und eine Marschabteilung, Fegelein in ihrer Mitte, durch den Bunker. Laut

schreit der Verurteilte: »Mein Führer, ich bin unschuldig! Ich bin unschuldig!« Und dann flehentlich zu dem Abteilungsführer: »Leutnant, ich bitte Sie um eine Gunst!«
»Ich darf keine Gunst gewähren. Mein Befehl lautet, Sie zu erschießen!«
»Ich bitte nur um eines, daß es mir gestattet wird, Eva Braun zu sprechen.«
»Ich habe keine Ermächtigung dazu, Sie überhaupt mit jemandem sprechen zu lassen!«
Über den Flur und die Stufen aufwärts, diese spiralförmig ansteigenden siebenunddreißig Stufen, verschwindet die Marschabteilung, Fegelein immer im Gleichschritt mit, im Garten. Ihr Führer – selbst seine blanken Stiefel spiegeln noch Autorität und Wichtigkeit wider – weist den Weg, vorbei an Schutt, unbegrabenen Leichen und Geschoßkratern zur Mauer der Kanzlei. »Abteilung – Halt! Rührt euch!« Während die Männer sich auf ihre Gewehre stützen, ein Auge suchend auf einen Pfeiler oder einen Steinbrocken oder einen Bombenkrater gerichtet, der ihnen gegen eine plötzlich hochschießende gelbe Flamme Schutz gewähren könnte, kritzelt der Leutnant schnell etwas auf ein Stück Papier und schickt es eiligst durch einen Gefreiten in den Bunker.
»Gruppenführer, ich kann dafür in Schwierigkeiten kommen, aber wenn Fräulein Braun für Sie eine Begnadigung erreicht, mir soll es recht sein. Macht mir selber keinen Spaß, dies Geschäft, das können Sie mir schon glauben.«
»Danke, Leutnant. Geben Sie mir eine Zigarette.« Doch die Zigarette, die der Offizier dem Gefangenen überreicht, entfällt dessen zitternden Händen. Der Offizier hebt sie auf, zündet sie an und steckt sie zwischen die bebenden Lippen des Gefangenen.
»Danke Ihnen, ich bin sicher, daß Eva etwas für mich tun wird, ich meine, für ihre Schwester.« In nervösen Stößen

entquellen diese Worte mit dem Rauch dem Munde. Eine warme Aprilsonne zeichnet die Stirnen der Wachmannschaft mit glitzernden Perlen, in Fegeleins Gesicht aber steht der kalte Schweiß. »Leutnant, können Sie das nicht einen oder zwei Tage zurückstellen? Ich bin sicher, daß sich in der Zeit alles zurechtbiegen wird.« Die Abteilung nimmt hastig Deckung, als ein Artilleriegeschoß seine Nase in den aufgewühlten Boden gräbt und als die Explosion Erdklumpen wie Fontänen aufspringen läßt. Der Leutnant und der Verurteilte bleiben stehen.
»Gruppenführer, ich habe Befehl, Sie sofort zu erschießen, und Sie reden von einem Tag oder von zwei Tagen. Ich laufe Gefahr, selbst getötet zu werden, aber ich tue es aus Treue zur SS, in der Sie Gruppenführer sind – oder waren. Aber hier ist unsere Antwort.«
Der Leutnant nimmt dem zurückgekehrten Kurier das Papier ab, wirft einen Blick darauf und steckt es dann in seine Tasche; aus einer anderen zieht er ein weißes Taschentuch, und während er murmelt: »Fräulein Braun bedauert, sie kann nichts für Sie tun«, bindet er es schnell um die Augen des Gefangenen.
Mit gedrücktem Ton befiehlt er die sechs Männer in ihre Stellung. »Fertig! Legt an! Feuer!« Die Gewehre sprechen gleichzeitig mit dem Einschlag einer zischenden Bombe in den Hof, die Rauch und Dreck turmhoch aufwirbelt. Der Knall der Gewehrsalve verweht, Fegelein aber liegt hingestreckt auf dem versengten Gras, seine Hemdbrust ist ein roter Blutfleck.

Im Bunker wird sein Name nicht mehr erwähnt.

Thermopylen in Flammen

Mit der Sicherheit eines auf der Lauer liegenden Leoparden setzen die Russen zum letzten Sprung gegen die Reichskanzlei an, gegen das Herz des nationalsozialistischen Staates, das weiterarbeitet, obwohl der Körper zerhackt, verstümmelt und zerrissen ist und aus tausend Wunden blutet. Hütet Hitler wohl selbst noch dies zerfleischte Herz? Gerüchte laufen um, er sei tot, doch die Reichskanzlei ist eine Kriegstrophäe, nach der es die Russen nichtsdestoweniger gelüstet. Hier wurde der ›abscheuliche Betrug an Joseph Stalin begangen, und hier soll dieser unvergeßliche Verrat‹ gerächt werden. Russische Panzer, die am Anhalter Bahnhof aufgefahren sind, schießen über den Potsdamer Platz hinweg in die Hermann-Göring-Straße hinein, noch aber bleibt der Altar des Nationalsozialismus unversehrt. Die Kriegsveteranen in ihren Stahlhelmen, die in den Traditionen preußischen Ruhmes und der blendenden Attacken aufgezogen sind, wollen nicht weichen. Ob nun für Hitler oder für sich selbst, jedes zerschlagene Haus und selbst jeden Trümmerhaufen noch verwandeln sie in ein loderndes Thermopylae und ein von Maschinengewehren starrendes Tannenberg. Umgestürzte Straßenbahnwagen, ausgebrannte Lastwagen und vernichtete Panzer schreien aus der Zickzacklinie der Kampffront ihren Schlachtruf. Hitler wollte niemals eine Verteidigungslinie haben; sie vernichte die Kampfmoral, sagte er. Diese Kampffront aber ist seine Lebenslinie geworden, obwohl keiner zu sagen wüßte, wo deutsches Gebiet endet und Sowjetland beginnt. Wer hält dies ausgeweidete Theater auf der

Höhe des Parks? Wer die amerikanische Botschaft, die nur noch ein Bauskelett ist? Und wer den Löwenkäfig im Zoo und das Affenhaus, wer dies Einmannloch auf der Straße – Freund oder Feind? Die wild springende Kampflinie geht in Windungen wie ein Zerlege-Unterhaltungsspiel; es ist so, daß im Hinterland der stark abgeschirmten Reichskanzlei viele kleine Schlachten ausgetragen werden, Waterloos im Kleinen, die einzelne Monumente, zusammengeschossene Springbrunnen und einstürzende Schornsteine umtoben.

Hitler jedoch ignoriert den Panzerlärm vor seiner Eingangstür. Es ist so, als ob er von einem höheren Fenster aus sein Fernglas auf weit im Hintergrund liegende Bergkuppen richte, von woher das Wunder kommen soll. Jeden Augenblick muß doch Wenck mit wehenden Fahnen am Brückenkopf der Havel erscheinen. Das Fernglas des Kommandeurs übersieht, daß die Hitlerjugend, die ›Ofenrohre‹ abschießt, Handgranaten wirft und Gewehre abfeuert, vor den Artilleriedämmen der Sowjets wie Spatzen unter Schrotflinten fällt. All die jungen Burschen an der Havel werden bei diesem Warten auf ein Gespenst umkommen, denn Wencks Legionen werden niemals eintreffen, sie sind im Rauch der Schlachten verschwunden und haben sich im dunstigen Zwielicht einer tödlichen Niederlage aufgelöst.

Auf der vielstudierten Karte in Hitlers Hand aber kämpft die Armee von Wenck sich immer noch weiter nach vorn; auf der gleichen Karte greifen auch Phantomtruppen von Busses neunter Armee noch in geisterhaftem Ruhm weiter an. Im Norden sind Manteuffels Legionen in Stücke gehauen, über Hitlers Tisch jedoch stapfen sie immer noch in voller Kriegsausrüstung dahin; und am Himmel braust immer noch im Adlerflug die Luftwaffe daher. Und gerade die Luftwaffe wird alles wieder einrenken. Der mannhafte Krieger in seinem Schlachtfeld aus Zement humpelt zum Oberkommandieren-

den der Luftwaffe. »Von Greim, Sie müssen sich darauf vorbereiten, sofort einen Angriff zu starten!«
»Mit was, mein Führer?«
»Mit jedem für die Aufgabe verfügbaren Bomber! Sie werden nach Rechlin fliegen und von dort aus alle Gruppen- und Geschwaderkommandeure anrufen, jedes verfügbare Flugzeug abzustellen.«
Von Greim zittert vor diesem Gespenst eines Menschen da vor sich, vor diesem Mann, dessen Körper gerade so aussieht, als könnte er jeden Augenblick zusammenbrechen. Und doch schreit er: »Excelsior!« Den Luftwaffenkommandeur verlangt es darnach, sein Schwert zu ziehen, die Hacken zusammenzureißen zum Salut für seinen tapferen Führer, aber er ist physisch nicht in besserer Verfassung als Hitler. Sein zerschossener Fuß ist zum doppelten Umfang angeschwollen, sein Blut ist infiziert, und das Fieber jagt durch seinen ganzen Körper. Warum aber soll er nicht seine Befehle aus dem Bunker geben, um, wenn alles fehlschlägt, mit dem Führer zu sterben? Wenn er hier zugrunde geht, dann beweist er damit auch, daß Göring durch sein Ausrücken sich als ein Feigling erwies, und damit wäre die Ehre der entehrten Luftwaffe wieder hergestellt. Der Führer aber erklärt, es sei unmöglich, aus dem Bunker Befehle zu senden.

Am 20. April hatte die Kriegstüchtigkeit der deutschen Armee einen Punkt erreicht, daß die dem Hauptquartier zugeteilte Funkereinheit einfach ohne Befehl und ohne irgendwen in Kenntnis zu setzen, nur von Gerüchten und dem hinzukommenden Trieb zur Selbsterhaltung beflügelt, mit unbekanntem Ziel ihre Zelte abbrach, als von den Generalen die Verlegung des Hauptquartiers des Führers nach dem Süden erwogen wurde. Somit war die einzig verbliebene Sendeeinrichtung der Apparat Bormanns, der aber nur einen

kurzen Bereich hatte und auf den Parteicode eingestellt war. Der Radioballon, der dem drahtlosen Fernsprechverkehr zwischen Bunker und Oberkommando gedient hatte, war eben vor einer Stunde abgeschossen worden, mitten in einem von Generaloberst Jodl geführten Gespräch. Nachdem auch diese Verbindungslinie zerstört war, glich die unterirdische Feste einem U-Boot ohne Periskop. Sollten daher Befehle an die Luftwaffe gelangen, mußten sie schon persönlich überbracht werden. Von Greim, der Kommandeur der einst so mächtigen Luftwaffe, muß seine eigene Brieftaube sein. »Wo befindet sich denn die russische Linie?« fragt von Greim.
Mit zitterndem Finger fährt der Führer in einer ganz undeutlichen Linie über die Karte. »Mir ist gemeldet worden, daß die Russen morgen zum Schlußangriff auf die Reichskanzlei ansetzen wollen. Sie werden daher alle Straßen, auf denen sie sich zum Angriff konzentrieren, bombardieren. Auf die Weise werden wir vierundzwanzig Stunden Aufschub gewinnen, und das wird Wenck Zeit geben, hier einzutreffen.«

Hitlers Hoffnungen auf Rettung gründeten sich auf Wencks Eintreffen in Berlin, sie waren aber nur das Produkt einer kindlich naiven Überlegung. Die drei dünnen und schlecht ausgerüsteten Divisionen von Wenck würden – wenn ein Durchbruch durch den Stahlwall rund um Berlin überhaupt noch denkbar gewesen wäre – in der Stadt direkt unter das Hackbeil von vier russischen Armeen geraten sein. Und bei jedem Versuch einer Rettungsaktion würde Hitler der erste gewesen sein, der erledigt gewesen wäre. Als Hanna Reitsch mir von ihrer letzten Unterredung mit Hitler berichtete, sagte sie, daß mit diesen Instruktionen ›Hitler ein Wunder verlangte, weil zu der Stunde, da er den Befehl gab, die Russen bereits an der Ecke der Wilhelmstraße, am Potsdamer Platz, standen. Es war mehr als phantastisch.‹

In einem kühnen Flug, der eine ganz besondere Auszeichnung verdient hätte, war es dem Fliegerfeldwebel, der vor fünf Tagen noch heil angekommen war und Speer hinausgeflogen hatte und der dann auch mit von Greim gelandet war, mit seiner zweisitzigen Übungsmaschine, einer Arado 96, gelungen, auf der West-Ost-Achse erneut zu landen. Hanna Reitsch übernahm nun in ihrer Doppelrolle als Pflegerin und Pilotin dieses Flugzeug und die Verantwortung, den Luftwaffenchef aus dem Schmelzofen von Berlin durch die Feueröfen über der Stadt hinwegzufliegen und ihn sicher inmitten der Granateinschläge in Rechlin abzusetzen.

Die Atmosphäre im Bunker knistert geradezu vor Erregung: Zwei der Insassen des gesunkenen U-Bootes sollen durch die Rettungsluken an die Oberfläche geschossen werden. Einige nehmen Feder und Papier und kritzeln fieberhaft Episteln voll Heil und Lebewohl an die Außenwelt. Hitler spricht von der Abwehr des russischen Angriffes; er phantasiert von Wencks Ankunft, der Befreiung Berlins, einer Verhandlung mit den Westmächten und einem politischen Überleben, keiner aber glaubt ihm mehr diese Schwärmereien, am wenigsten Eva Braun.

Am 15. März war sie nach Berlin gekommen in der Absicht, es nie wieder zu verlassen; als sie in den Bunker hinabstieg, betrachtete sie es als Gewißheit, daß sie in ihr Grab hinabsteige. Das war für sie ein Triumph. Den Führer zu heiraten, das wäre das höchste aller Ziele gewesen; wenn ihr das aber nicht gelingen sollte, dann würde der Tod an seiner Seite in ihren Augen das entzückendste Kleidungsstück in der Modenschau ihres Lebens werden. Bis zum Morgen des 28. April wußte sie noch nicht, daß sie das wundersamste Kleid aus dem Kleiderschrank ihrer Träume tragen sollte zur

Hochzeitsfeier mit dem Mann, für den sie auf die Welt verzichtet hatte. Ohne Aussicht auf das Läuten der Hochzeitsglocken, schreibt sie in rührseliger Hysterie an ihre Schwester in Berchtesgaden:
›Ich muß Dir diese Zeilen schreiben, damit Du nicht traurig bist über unser Ende hier im Bunker. Viel eher sind wir voller Trauer, weil es euer Schicksal ist, in dem Chaos weiterzuleben, das nun folgen wird. Ich selbst bin froh, hier sterben zu können; glücklich, an der Seite des Führers sterben zu können; vor allem aber froh, daß der Schrecken, der jetzt kommt, mir erspart bleibt. Was könnte das Leben mir jetzt noch geben? Es ist schon vollkommen für mich gewesen. Es hat mir schon alles Beste in vollstem Umfang gegeben. Warum sollte ich noch weiterleben? Jetzt ist die Zeit, zu sterben, die rechte Zeit. Beim Führer habe ich alles gehabt. Jetzt zu sterben, neben ihm, vollendet mein Glück. Lebe wohl und sei so glücklich, wie Du kannst. Vergieße keine Tränen, noch bedaure unseren Tod. Es ist das reine und anständige Ende. Keiner von uns möchte es nun ändern. Es ist das rechte Ende für eine deutsche Frau.‹

Als sie den Bunker verlassen, sagt von Greim: »Das klingt unverkennbar genau so kindisch, wie sie aussieht. Zerreißen Sie ihn.« Auch Hanna Reitsch ist der Meinung, daß Eva Braun, wenn dieser Brief abgeliefert und später gedruckt würde, von deutschen Lesern als nationalsozialistische Märtyrerin betrachtet werden könne; so vernichten sie ihn. Später hat Hanna Reitsch ihn aus dem Gedächtnis rekonstruiert. Mag auch die Wiederherstellung des Brieftextes in den Ausdrücken vom Originaltext abweichen, so sind doch Eva Brauns Weglassungen noch erstaunlicher als das, was sie schrieb. In dieser Schreckensbotschaft sagt sie nichts davon, daß Gretls Mann und der Vater des Kindes, das sie erwartet, erschossen worden ist. Ein vorher geschriebener, vom 25. April datierter Brief von Eva hat Gretl erreicht; bei meinem Besuch in Garmisch las sie mir daraus einen bedeutungsvollen Satz vor, der lautete: »Jeden Tag, jede Stunde kann das Ende kommen, und so sind wir uns darüber klar geworden, daß wir es nicht zulassen wollen, lebend gefangengenommen zu werden.«

Hanna Reitsch und von Greim eilen in einem Panzerwagen durch die Nacht zu dem kleinen, am Brandenburger Tor wartenden Flugzeug. Im grellen Schein der Brände rundum verflüchtigt sich die Nacht, und hell stehen die Umrisse von Unter den Linden, die als Startbahn dienen, im Widerschein. Schnell wird von Greim an Bord genommen, und Hanna Reitsch klettert hinterher. Zweimal werden sie von Artilleriefeuer wieder herausgetrieben, nun endlich aber hat die Fliegerin das Steuer fest in der Hand, und der Propeller wirbelt an. Langsam setzt sich die Maschine in Bewegung, nun muß sie schnell einem Krater ausweichen, gewinnt aber mehr Fahrt und erhebt sich von der Erde. Russische Batterien erschüttern die Luft, und das kleine Flugzeug taucht und fliegt im Zickzack. Die fähige und kühle Hand am Steuer strebt nach den Rauchwolken. Inmitten des Donnergebrülls der Geschütze und der Blitzschläge der Flak reagiert die treue Maschine dem Druck wie der Drosselung. Eifrig klettert die Arado 96. Tief unter ihr liegt Berlin, ein einziges wogendes Flammenmeer, ›stark und phantastisch‹. Die Maschine hat Höhe gewonnen und schießt wie ein dunkler Pfeil durch die Nacht in Richtung Rechlin.

Es ist vier Uhr in der Morgenfrühe, und auf dem Müritz-See liegt der Schimmer der Dämmerung, als Hanna Reitsch der Bodenbesatzung ihre Landungssignale gibt. Im Bodennebel flackern Lampen auf, und der eiserne Moskito senkt sich zur Erde. Von Greim gibt seine ersten und letzten Befehle als Luftwaffenchef, nachdem er humpelnd aus der Maschine geklettert ist. Jedes verfügbare Flugzeug soll zum Bombardement der russischen Linien, die die Reichskanzlei bedrohen, aufsteigen. Dieser Befehl bedeutet alles, und er bedeutet ebenso gut nichts. Er spricht von der nahen feindlichen Bedrohung des Führers und somit auch von der Nähe des Endes von Berlin. Wo aber sind die Maschinen für den aufgetragenen Befehl? Alle Offiziere salutieren vor ihrem Chef und entfernen sich, ihre Arme hängen hilflos und schlaff herunter.

Einen der Befehle des Führers hat von Greim nun erteilt, nun wendet er sich der wichtigeren, noch vor ihm liegenden Aufgabe zu. Wo ist Heinrich Himmler? ›Niemals soll ein Verräter mein Nachfolger sein!‹

Hanna Reitsch nimmt in Rechlin ein weniger schnelles Flugzeug. Es ist eine Paradoxie in der Luftfahrt, daß für die Zwecke des Ausweichens ein langsames Flugzeug tauglicher ist als ein schnelles. Jedes für größere Geschwindigkeit gebaute Flugzeug muß eine hohe Geschwindigkeit beibehalten, um schwebend zu bleiben, und für eine große Schnelligkeit sind große Strecken nötig, um die Richtung wechseln zu können, während eine für langsamen Flug konstruierte Maschine schnell und in einem erheblich kürzeren Radius manövriert. Hanna Reitsch wählt eine Bücker 181, und mit dieser Maschine fliegt sie die Ränder der Wälder entlang. Amerikanische Flugzeuge greifen zu dieser Zeit alles an, was sich in Bewegung befindet, und darum meidet sie Straßen, Bahnstrecken und Landstraßen; wie ein Jäger hält sie sich an die Wälder.

Bei der Ankunft in Lübeck springt das Himmler jagende Paar in ein Auto, und in eiliger Fahrt geht es nach Plön, dem Hauptquartier von Admiral Dönitz, der nun die nördliche Hälfte von Deutschland befehligt. Hier treffen sie das Objekt ihrer Jagd, das angesichts seiner Versuche, das Land mitsamt dem Führer zu übergeben, gar keine Beschämung zeigt. Von Greim entlädt auf Himmlers Haupt die fünfhundertpfündige Bombe des Bannfluches, mit der Hitler selbst das Flugzeug befrachtet hat, das Geschoß aber prallt ab, sogar ohne zu explodieren. Niemand vermag das Selbstvertrauen, die Autorität und die Macht zu erschüttern, mit denen die Person eines Heinrich Himmler ausgestattet ist. Ihn verhaften zu wollen, wäre so, als wollte man den Kronprinzen der Wirbelwinde oder den wahrscheinlichen Thronerben der Sturmwinde festnehmen. Es bleibt eine erstaunliche Tatsache, daß Dönitz, Keitel und Jodl, sowie auch alle Finger des Himmlerschen Exekutivarmes annehmen, daß Himmler im Falle des Todes des Führers ihm als absoluter Herrscher über die noch verbliebenen Reste des Reiches folgen werde – so eingespielt und tyrannisch ist die Gestapo –, und dies trotz von Greims Botschaft! Keiner vermag auch zu leugnen, daß Himmler mit seinen terroristischen Organisationen der Gestapo, der SS, des Sicherheitsdienstes und der Konzentrationslager persönlich mehr einschüchtert und in Schrecken versetzt als das Edikt des fernen Führers.

Der unbegreifliche Fehler der Intelligenz Deutschlands, und vor allem der Wehrmacht, bestand darin, daß sie es zuließen, daß ein ungebildeter, vulgärer Mensch einen Polizisten in jedes Haus steckte, einen Spion in jedes Zelt, eine Brieftaube in jede Konferenz und daß er eine Ratte an jede Fernsprechleitung hing, um Unterhaltungen abzuhorchen, in Diskussionen seine Nase zu stecken, jede Äußerung zu berichten, ein geselliges Privatleben zu einem Verbrechen und die natürliche menschliche Würde zu einer straffälligen Herausforderung zu machen. Von diesem obersten Teufel

Himmler ließ sich Deutschland einschüchtern, und es mußte dafür mit der Strafe zahlen, die unvermeidlich der Unterwerfung des Menschen unter einen geistigen Despotismus und unter die Tyrannei folgt. Darin liegt die wahre Erniedrigung Deutschlands, daß es nur einen Mann gab, der es wagen konnte, Hitler öffentlich zu trotzen – und dieser Mann war Heinrich Himmler.

HOCHZEIT IN DEN KATAKOMBEN

Wären alle die schwarzen Pfeile der Vernichtung, die auf den Bunker niederprasseln, mit Zungen versehen, dann vermöchten sie doch nicht die alleräußerste Hoffnungslosigkeit der militärischen Lage klarer auszudrücken, als sie nun von diesem Telegramm enthüllt wird. Vor sechs Tagen hatte Hitler die Wehklage darüber angestimmt, daß es nun zu Ende gehe. Er meinte, er glaube selbst daran, doch er log sich etwas vor. Niemals konnte er im Ernst annehmen, es gäbe für einen Adolf Hitler keinen Ausweg mehr. Wenn auch alles fehlgeschlagen war, gab es noch einen General Walther Wenck. Jung und kühn, wie er war, würde er mit seiner gleichfalls jungen und kühnen Armee seinen Weg nach Berlin hinein zum unsterblichen Ruhm erkämpfen. Wie freigebig war doch das Schicksal diesem Walther Wenck gegenüber! Wie mancher General würde gern eine Hand, einen Arm, ja, das Leben selbst dafür hingeben, durch die Rettung der Hauptstadt unvergänglichen Ruhm zu gewinnen! Denn in Berlin war die Person des Obersten Führers, das Gesetz selbst, das einzig Beständige, die Inspiration in Person, das Rückgrat des Deutschen Reiches! Der Mann, der den Schmutz von Versailles abgewaschen, das Reich wieder vereinigt und Deutschland größere Triumphe gebracht hatte als Cäsar Rom, Alexander Griechenland und Napoleon Frankreich! Wenck würde der größte Held dieses Krieges werden, und bei seiner Ankunft würde Hitler eine der Bedeutung entsprechende Botschaft erlassen und dem vom Glück begünstigten General den höchsten deutschen Militärorden verleihen.

General Wencks Armee! Sechs Tage lang hat Hitler sie sich ausgemalt als die alles vernichtende legendäre Armee eines Blücher, eines Moltke, eines Clausewitz – und nun kommt die Meldung von Keitel: Die Armee von Wenck besteht nicht mehr!
Wie nutzlos der Brückenkopf an der Havel! Wie vergeblich der Angriff der Luftwaffe! Was erst wird sich morgen ereignen, wenn die Bomber eintreffen, die nicht einmal die genaue Lage der russischen Stellungen kennen? Wie verschwendet aber sind Zeit und Vorbeschäftigung mit solchen Möglichkeiten, denn – es gibt auch keine Luftwaffe mehr. Von Greim ist zum Kapitän eines versenkten Schiffes gemacht worden, das in fünfhundert Meter Tiefe liegt.

Die Meldung fällt zu Boden, und Eva Braun langt nach dem schicksalkündenden Papier. Sie kennt nichts von militärischen Angelegenheiten, noch weniger von Politik; politische Überlegungen und Ziele sind ihr völlig fremd. Ihre Welt ist die der Kleider und des Komforts, jene Welt, die ihr schlafwandlerischer Liebhaber ihr aufgebaut hat – ihr Liebhaber, der sagte, er besitze nur zwei Freunde, auf die er sich völlig und bis zu seinem Ende verlassen könne: Eva Braun und seinen Hund Blondi. Zu Hitlers Füßen liegend, weiß Blondi nichts davon, daß Wenck nicht angreifen kann, so wenig wie dies Tier in seiner Einfalt etwas davon weiß, daß dieser Mann, der da seelenruhig auf seinem Stuhl sitzt, so viel von der Welt in Trümmer gelegt und Millionen von Menschen und mit ihnen ungezählte seiner Hundeschwestern und -brüder ums Leben gebracht hat. Blondi weiß nur, daß es da einen gewissen Geruch gibt, ein gewisses Odeur von Lederpolitur, ein Humpeln und eine schnarrende Stimme und dazu so etwas wie eine Bürste von Haaren unter der Nase und daß sich all das in einem Wesen vereinigt, das seinen Herrn vorstellt. Sie

weiß nicht, ob Hitler glücklich oder traurig ist. Da sie annimmt, das Telegramm sei etwas zum Spielen für sie, reißt sie es aus Evas Händen und sitzt da in bebender Erregung und in Erwartung eines Befehles, es irgendwo abzuliefern. Eva will es aus dem Maul der Hündin reißen und es für sie weiter wegwerfen, um eine Ablenkung zu schaffen. Das Mädchen zwingt Blondi, die Kinnbacken nachzulassen, und nimmt die Meldung, die den König seiner Welt so unglücklich gemacht hat, an sich. Leise spricht es dann auf seinen Fürsten ein, und er schlurft aus dem Zimmer, um mit Goebbels zu sprechen, der lächelnd mit dem Kopfe nickt und einen Kurier in die Stadt schickt.
Erhobenen Kopfes geht Eva durch den Bunker. »Heut nacht werden Sie sicherlich weinen«, verkündet sie Frau Junge, die diese Bemerkung als Ankündigung eines Selbstmordes auslegt, sich aber darüber wundert, wie die Augen der Eva Braun vor Freude glänzen.
Hitler ruft die junge Sekretärin zum Diktat. Es ist eine der wenigen Gelegenheiten, wo Hitler in den Stenogrammblock diktiert statt gleich in die Maschine. Niedergedrückt und erschöpft, kann er sich selbst nicht mehr in die Raserei versetzen, die ihn gewöhnlich in seinen Diktatstunden erfüllt, wenn das Geklapper der Schreibmaschine in seiner Vorstellungswelt das Delirium der Zurufe einer Zuhörerschaft, an die er sich wendet, hervorzaubert. Bei dem augenblicklichen Gegenstand des Diktates jedoch gibt es nichts Exaltiertes und Sieghaftes: Es geht um seinen letzten Willen, um sein Testament. Die Arme auf dem Rücken verschränkt, das Kinn fest auf die Brust gepreßt, spricht er, indes das Trommelfeuer über ihm mit seinem stockenden Diktattempo Schritt hält:
»Während ich mich nicht entscheiden konnte, in den Jahren des Kampfes die Verantwortung übernehmen zu können, eine Ehe einzugehen, habe ich mich nunmehr am Abschluß

meiner irdischen Laufbahn entschlossen, als meine Frau das Mädchen zu erwählen, das nach vielen Jahren treuer Freundschaft aus eigenem freiem Willen in die praktisch belagerte Stadt kam, um sein Schicksal mit meinem zu teilen.«

Frau Junges Bleistiftspitze bricht ab – das also war es, was Eva Braun damit meinte, als sie sagte: ›Heut nacht werden Sie sicherlich weinen!‹ Es sollte ein Weinen aus Freude sein. Für Eva Braun war eine Heirat eine Heirat, auch wenn sie in einer Grube stattfand, die bald zu ihrem Grab werden würde. Ihr wurde der Bunker zu einem Tempel mit Blumen und voll Musik. Nach vierzehn Jahren sollte nun das Kinderspielhaus ihrer Träume Türme aus Gold und Elfenbein tragen! Nicht als wenn sie Anstoß am Konventionellen genommen hätte, doch ihre Mutter hatte sie immer wieder gefragt: ›Warum heiratet er dich nicht?‹ Und nun wird Hitler sie vor ihren Eltern und der Welt völlig anerkennen. Was einer Ehe vorangeht, ist überall in der Welt vergeben und vergessen, und so wird es auch vergeben und vergessen sein hier in den vulkanischen Räumen, sobald erst die Heirat vollzogen ist.

»Auf ihren eigenen Wunsch«, so fährt der Führer fort, »geht sie als meine Frau mit mir in den Tod.« Das sind die Flitterwochen, die er seiner Braut anzubieten hat. Als Goebbels zu Hitler bemerkte, welch große Ehre er Eva Braun erweise, indem er sie mit sich zusammen sterben lasse, erwiderte er: »Nun denn, sie verdient es.« Diese Ansicht wiederholt er in seinem letzten Willen: »Das wird uns entschädigen für das, was wir beide durch meine Arbeit im Dienst des Volkes verloren haben.« Während seiner ganzen Laufbahn hat er verschwenderisch seine Tafel für die der Unterwelt Verfallenen gedeckt. Feinde wie Freunde hat er unterschiedslos an seine Bankettafel gebracht und sie von lächelnden Totenköpfen bedienen lassen; und nun taucht er sein Glas tief in die rotgefüllte Bowle und bietet es, überlaufend, dem einzigen Menschen an, der nach seinem eigenen Geständnis ihm treugeblieben ist.

Sein persönliches Eigentum vermacht er der Partei. Seine Bildersammlung hinterläßt er der Stadt Linz in Österreich. Nicht die leiseste Erregung seines Gewissens ist ihm anzumerken, als er diesen Passus diktiert. Mit sich völlig im klaren darüber, wie er diese Sammlungen zusammengebracht hat, sucht er einen nachträglichen Freispruch durch die Erklärung zu erreichen, er habe die Bilder gekauft. Unter den vierzehnhundert Tonnen deutscher Dokumente, die von den Alliierten sichergestellt wurden, ist nicht ein einziges Schriftstück aufgetaucht, das diesen Kauf bescheinigt hätte. Keinen Beleg gibt es da, daß Adolf Hitler eine gewisse Geldsumme zahlte für ein Bild, so wenig wie für eine Stadt, ein Land oder seine Bevölkerung.
Martin Bormann wird von ihm als sein Testamentsvollstrecker bestellt. Und dann fügt er der einzigartigsten Hochzeitsankündigung der Geschichte den seinesgleichen suchenden Beerdigungsvermerk an: »Um der Entehrung durch Absetzung oder Kapitulation zu entgehen, wählte ich selbst mit meiner Frau den Tod. Es ist unser Wunsch, sofort an der Stelle verbrannt zu werden, wo ich den größten Teil meiner täglichen Arbeit im Verlaufe von zwölf Jahren im Dienst an meinem Volke verbracht habe.«

Walter Wagner, der von Goebbels herbeigerufene Urkundsbeamte, ist nun eingetroffen, und Hitler läßt Frau Junge bei Stenogrammblock und Schreibmaschine allein und humpelt an die Seite seiner plötzlich eingesetzten Braut. Denkt er an den Hunnen Attila, mit dem er sich zu vergleichen beliebte,

der nach der Eroberung Europas die blondhaarige Ildico heiratete – und der auch in der Nacht nach der Hochzeitstafel starb?
In Beantwortung der von dem Beamten gestellten Fragen versichern die beiden Heiratskandidaten, sie seien rein arischer Abstammung und frei von Krankheiten. Wäre Wagner exakter vorgegangen, müßte bezweifelt werden, ob der stolze Bräutigam nach seinem eigenen Gesetz seine Braut hätte heiraten können. Nach den nationalsozialistischen Gesetzen hatten bekanntlich Heiratsanwärter zu beweisen, daß ihre vier direkten Voreltern rein arischer Abstammung waren. Hitler aber konnte nicht genau sagen, wer sein Großvater väterlicherseits gewesen war. Wagner warf diese Frage auch gar nicht hinsichtlich von Hitlers Mutter und Vater auf. Unterblieb das, weil Hitler die Erwähnung des Namens Schicklgruber nicht wünschte, wie der Name seines Vaters bis zu dessen fünfunddreißigstem Lebensjahre gelautet hatte? Die Tatsache bleibt bestehen, daß die amtliche Heiratsurkunde hinter den Bestimmungen ›Vater und Mutter‹ unausgefüllt geblieben ist.
Schließlich spricht Wagner jene magischen Worte aus, die nicht nur dem Namen nach, sondern in allem und jedem die Braut zur Frau machen; die Frau aber, die nunmehr auch nach dem Gesetz das geworden ist, was sie in vierzehn Jahren gemeinsamen Lebens schon gewesen war, setzt an, um das Register auszufüllen: »Eva B..« Forschend lächelt der Beamte, und Eva, deren Gesicht sich verfärbt, versucht, den Buchstaben B auszustreichen, und setzt hinzu: »Hitler, geb. Braun.«

Weiße Zementflocken, die an einen Regen von Hochzeitsreis denken lassen, sprenkeln von der Decke und überziehen silbern das Hochzeitsgewand von Frau Hitler, das ganz zufällig Hitlers Lieblingskleid ist. Die Geschichte wird hinsichtlich

dieser wichtigen Einzelheit nicht wie bei Hitlers Eltern eine leere Rubrik finden, denn es kann berichtet werden, daß Evas Hochzeitsgewand aus einem schwarzen Nachmittagskleid von matter Seide mit weitem Rock und ärmellosem Oberteil, mit rosaroten Trägern und zwei Rosen im viereckigen Halsausschnitt bestand; dazu trug sie ein Jackett mit langen Ärmeln. Ihre Füße steckten in schwarzen Wildlederschuhen mit modernen Absätzen, und im Haar trug sie einen Goldclip. Eine Perlenkette umschloß ihren Hals. An ihrem Handgelenk glänzte eine mit Diamanten besetzte Platinuhr.
Hitler erscheint in seinen üblichen schwarzen Schuhen, schwarzen Hosen und feldgrauem Rock. Für ihn ist diese Zeremonie nichts weiter als eine feldmarschmäßige Aktion. Goebbels und Bormann sind als die offiziellen Trauzeugen eingetragen. Frau Goebbels und Frau Christian gratulieren der Braut.
Als ich Frau Christian fragte, ob sie auch Hitler beglückwünscht habe, entgegnete sie: »Wie hätte ich das wohl können? Das war doch wirklich sein Todestag. Ich vermochte nicht zu sagen: ›Ich wünsche Ihnen von ganzem Herzen das Beste‹, weil ich wußte, daß er bald tot sein würde. Es war wirklich eine Todeshochzeit.«

Obwohl es eine wirkliche ›Todeshochzeit‹ war, bei der nicht einmal das Gespenst fehlte, mangelte es nicht ganz an der üblichen Fröhlichkeit von Hochzeitsfeierlichkeiten. Frau Christian fuhr fort: »Wir hatten Sekt, und wenn ich erst einmal drei Glas Sekt getrunken habe, dann geht es nicht zu wie auf einer Beerdigung, das kann ich Ihnen versichern.« Wenn die Hochzeitsgäste es vermocht hätten, durch das Dach zu sehen, dann hätten sie wohl geglaubt, ganz Berlin feiere dies Hochzeitsereignis mit. Der ganze Himmel sprühte von Feuerwerk: Leuchtspurkugeln in Rot, Blau und Grün tanzten am

Himmel, in Gelb barsten die Kugeln und schleuderten feurigglühende, blumenartige Gebilde in Strömen von Kaskaden hoch. Stalinorgeln lieferten zu dieser pyrotechnischen Musik den basso profundo, während Hitler mit Eva am Arm, Dr. Goebbels mit Frau Goebbels an der Seite, hinter ihnen Frau Christian und Oberst von Below in einem exotischen Hochzeitsmarsch in Hitlers Privatraum zum Hochzeitsmahl eintraten. Hier wurden noch mehr Sektflaschen entkorkt, Hitler trank etwas Süßwein, es gab laute Toaste auf die Braut, und – Hitler hielt eine Ansprache.

Gewöhnlich hält ein Bräutigam auf Hochzeitsfesten keine Rede, aber dies war ja keine Hochzeit üblicher Art. Sein Glas in der Hand haltend und über dem Sprechen daran nippend, erinnerte der eben Vermählte an die Hochzeit von Goebbels, bei der er Brautführer gewesen war. Nun aber – und dabei beschrieb er mit seinem Glas einen Schnörkel in der Luft – sei es umgekehrt: Jetzt heirate er, und Goebbels sei sein Brautführer. Von diesem erstaunlichen Geistesblitz aus stieß er dann in die ermüdende Erinnerung an seine Soldatenzeit vor, und im Verlauf dieser biographischen Dissertation erschloß er sein Herz und enthüllte seinen Zuhörern ein Geheimnis; nämlich seinen tiefinnersten Wunsch, der um nichts anderes kreiste als um ein Leben in seiner kleinen österreichischen Heimatstadt. Seiner Ansprache fehlte der innere Zusammenhang, doch muß zu seiner Entschuldigung gesagt werden, daß er aus dem Stegreif redete, und dazu noch unter gewissen erschwerenden Umständen. Zudem hatte er nur eine kleine Zuhörerschaft, zusammengedrängt auf wenige Quadratmeter. Und er war so gewöhnt an gewaltige Massen ihm zujubelnder Hörer. Während des Krieges habe er, so fuhr er fort, nach einem Platz ausgeschaut, wo er wohl sein Haus errichten möchte, um dort seine letzten Lebensjahre zu verbringen.

Dort würde er vergessen, an Krieg zu denken; und dann – er stellte sein Glas hin und schlug mit der Faust auf den Tisch – werde er, wie er sagte, jedwedem den Zutritt verwehren, der eine Uniform trüge. Wenn ihm solche Weisheit durch die Heirat kam, dann kann die ganze Welt nur aufrichtig bedauern, daß Adolf Hitler nicht schon früher geheiratet hat.

Plötzlich entschuldigte sich Hitler. Er mußte noch eine andere Arbeit verrichten. Er schüttelte sein durch seine eigenen Bemerkungen hervorgerufenes Heimweh ab, und er schüttelte auch, falls er sie überhaupt gehabt hat, die Vorstellung ab, er sei nun verheiratet. Er kehrte zu Frau Junge zurück und stürzte sich wieder auf die Niederschrift dessen, was das wichtigste Dokument seines Lebens werden sollte. Tausende Reden hatte er gehalten; das ganze Land und alle Häuser waren früher mit seinen Bekanntmachungen und Erklärungen über seine Politik und seine Ziele geradezu tapeziert worden. Nun aber wollte er der Welt in kompakter und entschiedener Sprache erst die Bedeutung von all diesem erklären. Vor dieser Bekundung mußte die Welt zum Vergleich schon zurückschauen bis zum Berge Sinai.

Hitler weiß, daß Traudl Junge mit ihrem Stenogrammheft hier gewissermaßen die Geschichte selbst, die auf einer unvergänglichen Papyrusrolle schreibt, personifiziert. Sei vorsichtig bei der Wahl deiner Worte, so scheint ihm die Geschichte sagen zu wollen, als sie, den Bleistift gespitzt, zu ihm hinübersieht. Der Gerichtshof ist zusammengetreten, und unsichtbar sitzt die ganze Menschheit zu Gericht. Sprich und sage ihr, wie all das gekommen ist. Achtzig Millionen Deutsche, erschlafft und voller Narben, mit eingefallenen Wangen und geisterhaften Augen, wollen wissen, warum ihr Land zerstört worden ist und warum sie einem geordneten, gesicherten, Heim und Hof zugetanem Leben entrissen worden sind und sich nun wiederfinden in trümmervollen Straßen, ohne Schirm und Dach und ohne die Achtung der Welt. Warum zählt jede Familie unter den Söhnen Vermißte; Söhne, deren Gebeine in Afrika bleichen, in Asien und in jedem Lande Europas? Warum liegen Töchter, Mütter und Väter zerschmettert unter ganzen Bergketten zermalmter Ziegel und Steine, die einmal Deutschland waren?

Hitler zögert nicht, mit seiner Zusammenfassung der Geschehnisse zu beginnen. »Mehr als dreißig Jahre sind nun vergangen, seit ich im ersten Weltkriege meinen bescheidenen Beitrag als Kriegsfreiwilliger geleistet habe ...« Das ist die Wahrheit. Keiner kann leugnen – so korrekt ist die Darstellung –, daß Hitlers Beitrag zum ersten Weltkrieg wirklich nur bescheiden war. Noch weiß keiner, wo und wie er das Eiserne Kreuz bekam, vielmehr wird berichtet, daß er in den letzten Kriegstagen im Hospital lag; nicht aber, wie er später behauptete, wegen zeitweiliger Erblindung, sondern wegen Epilepsie. Beim Blutbad des Jahres 1934 sah er darauf, daß jene, die zu viel um seinen ›bescheidenen Beitrag‹ wußten, das Gedächtnis verloren. Niemals aber vermochte er sich in den Stammrollen vom Rang eines Gefreiten hinaufzubefördern. Dem ersten Absatz seines politischen Vermächtnisses fügt er die erste Erfindung an, daß nämlich der erste Weltkrieg dem Reich aufgezwungen worden sei. Während Hitler diese Äußerung von sich gibt, blickt er umher, doch er sieht nicht die Geisterschatten der Clemenceau, Wilson, Lloyd George und der Millionen Toten jenes Krieges, die im Defilieren ironisch lächeln.

»In diesen drei Jahrzehnten habe ich gehandelt nur aus Liebe und Treue zu meinem Volke in all meinen Gedanken und Handlungen und meinem ganzen Leben. Sie gaben mir die Stärke, die schwierigsten Entscheidungen zu treffen, die

jemals einem Sterblichen auferlegt worden sind. Ich habe meine Zeit, meine Arbeitskraft und meine Gesundheit in diesen drei Jahrzehnten dafür verbraucht.« Frau Junge blickt auf. Fragt sie sich, wie viel ›Liebe und Treue‹ jenen Führerbefehl durchtränkt, der nicht nur die Zerstörung jedes noch stehenden Gebäudes dieser wackelnden Nation anordnet, sondern auch die Vernichtung der Nahrungsmittel, auf daß die gesamte teutonische Welt in dem Rauchwirbel einer dramatischen Götterdämmerung untergehe? Will sie wohl Hitler fragen, welcher Typ seiner Sonderliebe und Treue die deutschen Jungen und Greise getötet hat, die an Laternen und Bäumen hängen?
Nach der Lossprechung Deutschlands von der Schuld am ersten Weltkriege wendet er sich der Abwehr der Verantwortung für den zweiten Weltkrieg zu:
»Es ist unwahr, daß ich oder irgendwer sonst in Deutschland im Jahre 1939 den Krieg gewollt hätte. Er wurde gewünscht und angestiftet ganz ausschließlich von jenen internationalen Staatsmännern, die entweder selbst jüdischer Abstammung sind oder für die jüdischen Interessen gearbeitet haben. Ich habe zu viele Angebote auf Kontrolle und Beschränkung der Rüstungen gemacht, die die Nachwelt nicht für alle Zeit zu übersehen vermag, wenn sie mich mit der Verantwortung für den Ausbruch des Krieges belasten möchte. Weiterhin habe ich niemals gewünscht, daß nach dem ersten unseligen Weltkrieg ein zweiter gegen England oder gar gegen Amerika ausbrechen sollte. Jahrhunderte mögen vergehen, aber aus den Ruinen der Städte und Monumente wird der Haß gegen jene letztlich Verantwortlichen wachsen, denen wir all das zu verdanken haben: gegen das internationale Judentum und seine Helfer.«
An diesem Gegenstand entzündet sich Hitler. Er durchschreitet den Raum, zupft an seinem Kragen, nippt an einem Glas Wasser und fährt fort:

»Drei Tage vor Ausbruch des deutsch-polnischen Krieges schlug ich wiederum dem britischen Botschafter in Berlin eine Lösung des deutsch-polnischen Problems vor, ähnlich der Lösung des Saarkonfliktes, nämlich eine internationale Kontrolle. Dies Angebot kann nicht geleugnet werden. Es wurde nur zurückgewiesen, weil die führenden Kreise in der englischen Politik den Krieg wollten, zum Teil im Hinblick auf das erhoffte Geschäft, zum anderen Teil unter dem Einfluß einer vom internationalen Judentum organisierten Propaganda.«

Er setzt sich nieder, um auszuruhen, dann nimmt er den Trott eines verwundeten Tigers wieder auf, und das verschafft seinem aufgestauten Zorn über die Vereitelung seiner Pläne eine Erleichterung. Eine Geschoßexplosion wirft ihn wankend gegen den Tisch, an dem Frau Junge schreibt, nichts aber wird ihn von der Anklage des Volkes abhalten, das seit den frühen Tagen seines Buches ›Mein Kampf‹ von ihm zur Austilgung verurteilt war. Zwischen Tisch und Stuhl geklemmt, erhebt er seine Stimme über den Aufruhr der draußen tobenden Schlacht:

»Auch habe ich es völlig deutlich gemacht, daß das Judentum, der wirklich Schuldige an diesem mörderischen Kampf, mit der Verantwortung beladen werden würde, wenn die Völker Europas noch einmal als bloße Aktien betrachtet werden, die von diesen internationalen Verschwörern in Börse und Finanz gekauft und verkauft werden können. Weiterhin habe ich keinen Zweifel darüber gelassen, daß dann nicht Millionen Kinder der arischen Völker Europas vor Hunger sterben, nicht Millionen Erwachsener den Tod erleiden und nicht Hunderttausende Frauen und Kinder in den Städten verbrannt und zu Tode bombardiert werden würden, ohne daß der wirklich Schuldige dafür zu büßen haben werde, selbst unter Anwendung humanerer Mittel.«

Wiederum die Juden. In diesem Absatz aber tut Hitler mehr, als die Juden nur schuldig sprechen. Hier nimmt er auch die Schuld an ihrer Vernichtung auf sich. Wenn er von ›humaneren Mitteln‹ spricht, dann bezieht er sich dabei auf die Konzentrationslager mit ihren Gaskammern und auf die Einsatzgruppen mit ihren Hinrichtungskommandos.

»Nach sechs Kriegsjahren, die trotz aller Rückschläge eines Tages als die glorreichsten und tapfersten Bekundungen des Lebenswillens der Nation in die Geschichte eingehen werden, kann ich die Stadt, welche die Hauptstadt des Reiches ist, nicht preisgeben. Da die Streitkräfte zu klein sind für einen weiteren Widerstand gegen den feindlichen Angriff auf diesen Platz und da unser Widerstand schrittweise durch Männer geschwächt wird, die ebenso enttäuscht sind, wie es ihnen selbst an der nötigen Initiative fehlt, möchte ich, indem ich in dieser Stadt verbleibe, mein Schicksal mit jenen anderen teilen, mit jenen Millionen, die es gleichfalls auf sich genommen haben, so zu handeln. Darüber hinaus wünsche ich nicht in die Hände eines Feindes zu fallen, der ein neues Schauspiel nötig hat, das von den Juden zur Belustigung ihrer hysterischen Massen aufgezogen würde.«

Frau Junge setzt den Bleistift ab und fährt sich mit einem Taschentuch durch das Gesicht. Ihre Nerven versagen, nicht jedoch wegen des Schwefeldunstes im Raum oder wegen des anhaltenden Crescendos der mit schrillem Gekreisch berstenden Geschosse. Es greift ihr das Herz an, und sie fühlt sich erniedrigt vor dieser ›Leistung‹ des Führers, so berichtete sie mir später. »Was er sagte, war völlig bedeutungslos. Dieser letzte Wille enthielt nichts Neues, nichts, das hervorhebenswert oder etwas Besonderes gewesen wäre. Ich hatte angenommen, er würde etwas sagen, was die ganze Lage erläutern, etwas, das seine Haltung in diesen letzten Tagen illustrieren

würde, und warum das alles so kam, wie es geschehen ist. Ich dachte, es würde ein Dokument werden, das die letzten Tage erklären und eine Rechtfertigung geben würde. Statt dessen aber wurde es kein Dokument; es war nur eine Wiederholung alles dessen, was er die Jahre hindurch in seinen Reden und Proklamationen gesagt hatte.« – Sie nahm ihren Bleistift wieder zur Hand, als der Führer nun mit leiser Stimme fortfuhr: »Daher habe ich mich entschlossen, in Berlin zu bleiben und dort nach meinem freien Entschluß den Tod in dem Augenblick zu wählen, wo ich glaube, daß die Stellung des Führers und Kanzlers selbst nicht mehr länger gehalten werden kann. Ich sterbe glücklichen Herzens, wohl bewußt der unermeßlichen Taten und Leistungen unserer Soldaten an der Front, unserer Frauen in der Heimat, der Leistungen unserer Bauern und Arbeiter und der in der Geschichte einzigartigen Arbeit unserer Jugend, die meinen Namen trägt.«
Frau Junge blickt in das ihr wohlvertraute, haßentstellte und von Krankheiten verwüstete Gesicht vor sich, doch sie vermißt jeden Schriftzug eines ›glücklichen Herzens‹.
»Daß ich aus dem Grunde meines Herzens all diesen meinen Dank ausspreche, ist ebenso selbstverständlich wie mein Wunsch, daß sie deswegen unter keinen Umständen den Kampf aufgeben, sondern ihn eher fortsetzen sollten gegen die Feinde des Vaterlandes, ganz gleich wo, gemäß dem Glaubensbekenntnis des großen Clausewitz. Aus dem Opfer unserer Soldaten und aus meiner eigenen Verbundenheit mit ihnen bis in den Tod hinein wird in jedem Falle in der Geschichte Deutschlands die Saat einer strahlenden Wiedergeburt der nationalsozialistischen Bewegung und daher die Verwirklichung einer wahren Gemeinschaft aller Volksstämme aufschießen.«
Die Sekretärin ist verwundert – was würden wohl die Millionen deutscher Soldaten, die da in Gräbern mit und ohne

Kreuz über die Welt verstreut liegen, denken über Hitlers Behauptung von seiner ›Verbundenheit mit ihnen‹, über diesen Führer, der sie niemals an der Front besucht hat und der in ihrem Tod nicht den Verlust eines begehrenswerten Lebens und der Zukunftshoffnung sah, die aller Jugend eigen ist, sondern nur die Saaten künftiger Größe‹?

»Viele der mutigsten Männer und Frauen haben sich entschieden, ihr Leben mit dem meinen bis zum Letzten zu verbinden. Ich habe sie gebeten und ihnen schließlich befohlen, das nicht zu tun, sondern an dem weiteren Kampf um die Erhaltung der Nation teilzunehmen. Ich bitte die Spitzen der Armeen, der Marine und der Luftmacht, mit allen erdenklichen Mitteln den Geist des Widerstandes unserer Soldaten im nationalsozialistischen Sinne zu stärken, und zwar mit besonderem Hinweis auf die Tatsache, daß auch ich selbst als Gründer und Schöpfer dieser Bewegung den Tod einer feigen Abdankung oder gar einer Kapitulation vorgezogen habe.«

Es ist nicht wahr, daß er ›die mutigen Männer und Frauen bat und ihnen schließlich befahl‹, nicht mit ihm zu sterben. Er höchstpersönlich reichte unter seinen Genossen im Bunker die Giftphiolen herum; persönlich billigte er die von Goebbels und dessen Frau bekundete Absicht, ihre Kinder zu töten.

»Möge es in einer kommenden Zeit Bestandteil des Ehrenbegriffs des deutschen Offiziers werden – wie das in der Marine schon der Fall ist –, daß die Übergabe eines Gebietes oder auch einer Stadt unmöglich ist und daß die Führer als leuchtendes Beispiel einer treuen Pflichterfüllung bis in den Tod allen an der Spitze vorangehen müssen.«

Wie er niemals eine Gelegenheit zur Herabsetzung des Offizierskorps des Heeres versäumt hat, das ihn immer daran erinnert hat, daß er nur ein als General verkleideter Gefreiter gewesen war, so entfesselt er jetzt seinen niedrigen und undankbaren Hohn über die Zehntausende von Offizieren, ob tot oder verstümmelt, die seinen Namen in die Schlacht hineintrugen und für ihn jene phänomenalen Siege, wenn auch nur vorübergehend, errungen haben, wie sie noch niemals vorher in den Annalen der Kriegsgeschichte auf einen Führer gehäuft worden sind.

Nun verläßt Hitler Frau Junge wieder, um zu der Hochzeitsgesellschaft zurückzukehren, wo der Braut noch zugetoastet wird und wo fröhliche Gesänge sich mit den Altstimmen der Geschütze und dem Widerhall eines Konzertes von Explosionen vermischen. Je lauter und einschüchternder das Schlachtenorchester einsetzt, um so üppiger strömt der Sekt und um so ausgelassener wird die Stimmung der Bewohner der verlorenen Welt in der Wilhelmstraße.
Hitler bespricht sich mit Goebbels. Für ihn löst sich die Hochzeit im Nebel einer toten Vergangenheit auf. Ihm ist es so, als habe er Eva Braun schon vor hundert Jahren geheiratet. Oder aber vielleicht hat er sie überhaupt nicht geheiratet? Ohne ihr einen Blick zu schenken, verwickelt er Goebbels in eine eindringliche Unterhaltung. Wie ein seinem Schicksal überlassener und irregewordener Kapitän seine Befehle auf einem verlassenen und sinkenden Schiff hinausschreit, so spricht Hitler von Kabinettsbildung und Zukunftsplänen. Er, der die Verkörperung der Gesamtregierung und des Reiches selbst ist, er, der das Reich vernichtet, so wie er sich selbst vernichten will, spricht noch von Regierungsgeschäften! Schon am 22. April – nach dem Kalender war das vor sechs Tagen, doch in der Zeitenfolge von Stimmungen und Pein in dieser versunkenen Welt müßte zumindest schon ein Jahr vergangen sein – hat er erklärt, alles sei verloren. Vor wenigen Stunden erst hat ein Blatt Papier, ein Telegramm, das letztverbliebene Symbol einer Rettung torpediert: Wencks Armee. Und

noch spricht er vom Weiterkämpfen. In tiefem Ernst beugt er sich mit Goebbels über eine Liste mit Namen. Bleistifte kritzeln, notieren, streichen aus und schreiben aufs neue. Er langt nach einem Blatt Papier und hinkt zu seiner Sekretärin zurück.

Von Schmerzen und den Nachwirkungen eines Schlagflusses gekrümmt, auf seinem Gesicht purpurrote Flecken, hat er auch seine Hände und Füße nicht mehr in der Gewalt, sie vollführen die ruckartigen Bewegungen des Veitstanzes. Dennoch zwingt er jetzt mit heftiger Entschiedenheit seine Arme über seinen Kopf, als wolle er seine Worte, die wie Maschinengewehrkugeln über seine Lippen rollen, zu ihren Zielen lenken: »Ich stoße den früheren Reichsmarschall Göring aus der Partei aus und beraube ihn aller Rechte, die ihm kraft meiner Reichstagserklärung vom 1. September 1939 zuteil geworden sind.«

Stoßartig fliegen die Arme nochmals hoch, und die hervorgezischten, glühendheißen Worte zielen gegen einen anderen Widersacher: »Ich stoße den früheren Reichsführer-SS und Minister des Innern, Heinrich Himmler, aus der Partei und aus allen Ämtern des Staates.«

An Görings Stelle setzt er den Großadmiral Karl Dönitz. In Himmlers bisherige Amtsstellungen ernennt er zwei Männer: den Gauleiter Karl Hanke zum Reichsführer-SS und den Gauleiter Paul Gießler zum Minister des Innern.

In wütendem Zorn entreißt er sich die Worte, die die Verbrechen Görings und Himmlers berichten.

»Göring und Himmler haben, gänzlich abgesehen von der Untreue mir gegenüber, dem Lande und der ganzen Nation durch geheime Verhandlungen, die sie ohne mein Wissen und gegen meine Wünsche mit dem Feinde geführt haben, unermeßlichen Schaden zugefügt, desgleichen auch durch den illegalen Versuch, die Macht im Staate an sich zu reißen.«

Dann kommt der Schlußdonner, die ausschweifendste Phantasie, das Schlußwort einer krankhaften Besessenheit, die der Grund zu dem Steinhagel des Hasses war, der vom Berg der Vernichtung niederging.

»Vor allem aber trage ich den Führern der Nation wie den ihnen Unterstellten die genaue Beachtung der Rassengesetze und die erbarmungslose Gegnerschaft zu dem Weltvergifter aller Völker, dem internationalen Judentum, auf.«

Während Frau Junge sich an ihre Schreibmaschine setzt, schreitet Hitler durch die Tür und ruft die Beamten, Offiziere, Leibwachen und andere Angehörige seiner persönlichen Umgebung zusammen. »Meine Augen waren schwer von Schlaf«, sagte mir die Baronin von Varo, als sie den unheimlichen Abend zu rekonstruieren versuchte, »als ich den Weg zum Korridor im Führerbunker einschlug. Was ich da sah, öffnete meine Augen weit genug, kann ich Ihnen versichern. Etwa zwanzig Menschen standen dort, und dann erschien eine seltsame Figur. Sie sah aus wie ein Gespenst. Als ich schärfer hinsah, erkannte ich Hitler. Er war absolut zusammengefallen; er hing in seinen Kleidern; seine Augen starrten ins Leere. Seine Hände zitterten wie Blätter im Sturm.«

Hitler spricht. Es ist keine von den altgewohnten Reden. Seine Stimme ist fast zu einem Flüstern herabgedämpft: »Angesichts von Himmlers Verrat, habe ich nicht die Absicht, mich von den Russen gefangen nehmen zu lassen, um als Museumsstück ausgestellt zu werden. Ich habe mich daher entschlossen, mir selbst mein Leben zu nehmen, und so möchte ich Ihnen allen denn Lebewohl sagen. Mit diesem Akt entbinde ich jeden von Ihnen von seinem Eid, und es ist mein Wunsch, daß Sie sich bemühen, die englischen oder amerikanischen Linien zu erreichen, weil ich nicht wünsche, daß

einer von Ihnen in russische Hände fällt. Und hiermit wünsche ich Ihnen allen noch zu danken für die Dienste, die Sie mir erwiesen haben.«
Mit gesenktem Kopf und gebeugtem Rücken, wie ein in schlotternde Kleider gehülltes Fragezeichen, wankt er herum, gibt jedem in der Gruppe die Hand wie ein zu seinem Grabe gehender alter Mann. Baronin von Varo will ihm ein Wort zum Trost sagen. »Irgendwie werden wir es schon schaffen.« Hitler aber hört nichts, und, wie es scheint, sieht er auch nur mehr wenig. Langsam und mit schwerer Anstrengung schlurft er aus dem Raum.

Im Lichte von Hitlers Charakter betrachtet, so wie er sich in Tausenden von Vorgängen offenbarte, schien mir seine letzte Ansprache, wie sie mir von seinem Schlafwagenkellner Erwin Jakubek mitgeteilt wurde, eigentlich dezent, so daß ich beim Nürnberger Verfahren die Aufmerksamkeit von Dr. Karl Brandt darauf lenkte. Er erwiderte dazu: »Captain, Sie sollten sich nicht täuschen lassen. Hitler war bis zu seinem Ende ein erstaunlicher Heuchler. Er dankte niemals im richtigen Sinne des Wortes einem Menschen, weil er annahm, alles und alle gehörten an aller erster Stelle ihm. Er war nur bemüht, mit seiner letzten Ansprache einen Eindruck zu hinterlassen. Seine Hoffnung ging dahin, daß seine Zuhörer, wenn sie entkämen, von seinem ruhmvollen Selbstmord berichten würden, der ihn, wie er dachte, in einer unvergänglichen Bronze vor der Geschichte heroisieren und ihn zum Märtyrer machen würde.«
Um vier Uhr in der Morgenfrühe des 29. April setzte Hitler seine seltsame Unterschrift unter die letztwilligen Verfügungen – eine Häufung von Strichen, die in einem Winkel von fünfundvierzig Grad umfallen. Die Dokumente wurden von Goebbels, Bormann, Burgdorf und Krebs gegengezeichnet.

Noch aber ist die abgespannte Sekretärin nicht zu Ende mit ihrer Nachtarbeit. Kaum ist Hitlers hinkende Gestalt über der Türschwelle verschwunden, als eine andere humpelnde Figur erscheint. Vom ersten Augenblick der Aggression an stand das nationalsozialistische Reich auf schwachen Füßen. Seyß-Inquart, der Quisling Österreichs, hatte ein verkrüppeltes Bein, Julius Schaub, Hitlers Adjutant und Schatten, führte seines Herrn Befehle auf einem Klumpfuß aus. Rudolf Heß humpelte in Nürnberg in den Gerichtssaal herein und hinaus, als trage er eine Prothese, da er beim Fallschirmabsprung über Schottland sich einen Fuß verletzt hatte. Hitler selbst wackelte auf Gliedmaßen herum, die ihm nicht mehr gehorchten und ihre Beweglichkeit verloren hatten. Und nun kommt Joseph Goebbels daher, in einer abgehackten Gangart wie ein Schaukelpferd. Überall dort, wo die nägelbeschlagenen Schuhe marschiert waren, hatte schon sein verkrüppelter Fuß Spuren hinterlassen, denn bei ihm ging immer seine Propaganda dem Angriff voraus. Jetzt aber hofft er, der Geschichte vorgreifen zu können, indem er auf die Matrize der Zeit sein Impressum drückt, ehe dann die Historiker anlangen und ans Werk gehen.

Die Natur hatte ihn mit einem kurzen Bein ausgestattet, mit einer unansehnlichen Figur und einem die Karikaturisten reizenden Gesicht. All das wird er verwischen, indem er der Nachwelt einen gigantischen Helden vorsetzt, den kommende deutsche Geschlechter bewundern und verehren und dem sie nacheifern sollen. Das wird er durch eine Nachschrift zum letzten Willen und Testament des Führers erreichen:

»Der Führer hat mir befohlen, falls die Verteidigung der Reichshauptstadt zusammenbrechen sollte, Berlin zu verlassen, um meinen Posten als ein führendes Mitglied einer von ihm bestellten Regierung einzunehmen. Zum ersten Mal in

meinem Leben muß ich mich kategorisch weigern, einen Befehl des Führers zu befolgen.«
So pürscht er sich melodramatisch heran, das ist dem Anschein nach Ungehorsam, das ist offensichtliche Auflehnung. Tatsächlich aber weiß jeder im Bunker, daß Hitler und Goebbels völlig und in allem übereinstimmen. Und sie sind sich immer einig, weil es nur ein bestimmendes und kontrollierendes Hirn gibt, und das gehört Hitler. Hätte Goebbels sich bei einer anderen Sache kategorisch geweigert, dem Befehl des Führers zu gehorchen, wie er so dramatisch verkündete, würde er sich bald humpelnd in der Marschkolonne hinter Fegelein, Göring und Himmler wiedergefunden haben.
Dann aber fährt Goebbels nach dieser offenbaren Unehrlichkeit geradezu mit Absurdität fort:
»Meine Frau und meine Kinder stimmen mit mir dieser Weigerung zu.«
Wollte man in diesem schaurigen und grausigen Drama nach einem komischen Akzent suchen, dann braucht man sich in diesem Zusammenhang nur die Szene vorzustellen, wie Goebbels sich mit seiner Frau und seinen sechs Kindern berät, von denen das älteste zwölf und das jüngste fünf Jahre zählte.
Schon sieht er den Grabstein, zu dem alle Deutschen pilgern werden, in Marmor glänzen und in Vergoldung glitzern. Und so schreibt er denn, einmal im Schwall seines Selbstlobes, wie rein zufällig seine eigene Grabschrift:
»Sonst würde ich – ganz abgesehen von der Tatsache, daß Gefühle der Menschlichkeit und der Treue es uns verbieten, den Führer in seiner Stunde größter Not zu verlassen – für den Rest meines Lebens nur als ehrloser Verräter und gemeiner Schurke erscheinen.«
Niemals um Worte verlegen, findet dieser Redner klassischer

Schulung in seinem Selbstporträt die zutreffende Phrasierung. Es will wenig besagen, wenn er den Gedanken so beendet:
»... und mit der Selbstachtung würde ich auch die Achtung meiner Mitbürger verlieren; eine Achtung, die ich in jeglichem späteren Versuch, die Zukunft der deutschen Nation und ihres Staates zu formen, benötigen würde.«
Im Auf und Ab seiner ungleichen Gliedmaßen sich bewegend, geht er durch den Raum, während eine Spur von Schaum sich auf seiner Unterlippe bildet:
»In dem Wahnsinn des Verrates, der in diesen kritischsten Tagen des Krieges den Führer umgibt, muß es wenigstens einen geben, der bedingungslos bis zum Tode bei ihm bleiben will, selbst wenn das mit dem formalen und völlig berechtigten Befehl, den er in seinem politischen Testament gegeben hat, in Widerstreit steht.
Indem ich so handle, glaube ich den besten Dienst zu verrichten, den ich der Zukunft des deutschen Volkes erweisen kann. In schweren Zeiten, die kommen werden, sind Beispiele wichtiger als Männer. Immer werden sich Menschen finden, die Nation voran zur Freiheit zu führen; ein Wiederaufbau unseres völkischen Lebens aber würde unmöglich sein, wenn er sich nicht auf der Grundlage klarer und eindeutiger Beispiele entwickeln würde.«

Nun aber kommt der Schlußangriff auf die Vernunft, die abschließende ungeheuerliche Zumutung an die Logik und die äußerst mögliche Schmähung der Menschlichkeit: »Aus diesem Grunde drücke ich zusammen mit meiner Frau und zugleich auch für meine Kinder, die zu jung sind, um für sich selbst sprechen zu können, die aber rückhaltlos diesem Entschluß zustimmen würden, wenn sie alt genug wären, den unabänderlichen Entschluß aus, die Reichshauptstadt, auch

wenn sie fällt, nicht zu verlassen, vielmehr an der Seite des Führers das Leben zu beenden, das für mich nicht weiter von Wert sein würde, wenn ich es nicht im Dienste des Führers und an seiner Seite verbringen kann.«
Im Namen seiner sechs Kinder, die zu jung sind, um für sich selbst zu sprechen‹, verspricht er, sie zu töten. Und dann gesteht er, daß seine Opfer, wären sie alt genug, um alles zu begreifen, das Umbringen billigen würden.

Endlich ist Frau Junge wieder frei von ihren Sekretariatsarbeiten, und sie zieht sich zum Schlaf in die allgemeine Garderobe zurück. Dem Korridor gegenüber hat Eva Braun endlich ihren Bräutigam. Es ist fünf Uhr, als sich die Tür hinter beiden schließt.

Blut auf dem Telegramm

Zu einer Zeit, als der Tod für Hitler nicht mehr war als ein mystisches Nachsinnen, hatte er mit verschiedenen Wissenschaftlern und Architekten die Möglichkeit besprochen, im Mittelpunkt Münchens sein Grabmal aufzurichten; es sollte eine monumentale Pyramide werden, die von den Spitzen der Alpen aus zu erblicken wäre. Mit der Zusammenschrumpfung seines irdischen Königreiches hatte auch sein Ehrgeiz eine entsprechende Eindämmung erfahren – nun wünschte er nicht einmal mehr ein Grab. Schließlich wäre es ja auch nur mit einem Stein beschwert worden, der das Mißlingen verkündet hätte, und das sollte die Welt nicht erleben! Dr. Stumpfegger wird herbeigerufen, und im Gespräch mit ihm lockert er den Schraubverschluß der kleinen Metallröhre in seiner Hand. Dem Zylinder entnimmt er ein winziges Fläschchen, das einen halben Teelöffel voll bernstein-gelblicher Flüssigkeit enthält. »Stumpfegger« – dabei übergibt er ihm das zerbrechliche Glasröhrchen – »versuchen Sie das. Das ist von Himmler besorgt worden, aber ich wage nicht, irgend einem Ding zu trauen, das aus seinen Händen kam. Reagiert ein Hund auf Gift genau so wie ein Mensch?«

»Jawohl, mein Führer, besonders ein ausgewachsener großer Hund.«

»Nun denn, nehmen Sie Blondi und probieren Sie es an ihr aus.«

Wenige Minuten später wird ein so Mark und Bein durchdringendes Aufheulen vernommen, als sei es der qualvolle Aufschrei der gesamten Tierwelt, die durch eine Maschine in

Stücke gerissen wird. Dann ein plötzliches Gekläff großen Erschreckens, und dann ist alles still. Stumpfegger berichtet Hitler: »Der Versuch war erfolgreich. Blondi ist tot.«
»Sehr schön, und jetzt möchte ich mit Ihnen die letzten Vorkehrungen besprechen.« Und während Eva dasitzt und an ihrem Taschentuch nagt, diskutieren Hitler und Stumpfegger die Einzelheiten des geplanten Doppeltodes. Hitler will, daß nach der Einnahme des Giftes sein Adjutant Günsche ihm eine Kugel durch das Gehirn jagt, um seines Hinscheidens doppelt gewiß zu sein. Diesen Plan läßt er jedoch wieder fallen, als Stumpfegger erklärt, das Gift wirke zwar schnell, der Tod trete aber nicht sofort ein; jeder, der über hinreichende Willenskraft verfüge, könne noch die Schußwaffe abdrücken, nachdem er das Gift genommen habe. Hitler ist seiner sicher, daß er die Giftphiole und die Pistole gleichzeitig handhaben kann. Stumpfegger wendet sich Frau Hitler zu. Wird auch sie die notwendige Stärke aufzubringen vermögen? Sie hat nun das Taschentuch zur Seite gelegt, und selbst ihre Augen, die so stark Furcht und verwundertes Entsetzen widerspiegeln, scheinen mitzuhören. »Ja doch«, versichert sie verträumt wie jemand, der den Fingerbewegungen eines Hypnotiseurs folgt. Stumpfegger erläutert weiter die Notwendigkeit, die Waffe in einer bestimmten Stellung schon zu halten, ehe das Gift verschluckt wird, sonst werde die eintretende Schwäche ein genaues Zielen unmöglich machen.
Hitler zieht seine Pistole, eine Walther 7,65 Millimeter, aus dem Halfter und steckt die Mündung in den Mund. Er fragt, ob es so wohl wirkungsvoll sei. Stumpfegger erwidert, so werde es außerordentliche Wirkung haben. »Der Patient muß das Giftröhrchen zerbeißen«, faßt der Arzt in seiner genauen Erklärung zusammen, »und dann, mit der Pistole im Munde, den Drücker abziehen. Auf diese Weise wird der Höchsteffekt erzielt.«

Eva Hitler ist wieder ins Weinen verfallen. Zu jeder Erläuterung hat sie hypnotisch genickt: »Ja, ja.«

Der peinlich genaue Arzt nimmt an, daß sein Herr den äußersten Schritt sofort tun will, und fragt, ob er zugegen bleiben solle. Hitler entläßt ihn und befiehlt einen Feldwebel der Wache herbei, der Eva Hitlers und Frau Christians Cocker Spaniels erschießen und die jungen, durch Blondis Tod verwaisten Hunde ersticken soll.
Die Kinder von Goebbels brechen in untröstliches Weinen aus, als sie zuschauen, wie ihr nun totes Spielzeug aus dem Bunker herausgetragen wird. Welch ungewöhnliche Dinge ereignen sich doch an diesem Platz, der einmal so abenteuerlich und so voll Kurzweil war wie die Jagd nach verborgenen Schätzen! Nun wollen sie nach Hause, doch ihre Eltern erklären ihnen, die größte Überraschung werde erst noch kommen: Sie dürften mit Onkel Adolf weggehen.
Onkel Adolf aber zögert immer noch zu gehen. Er erkundigt sich nach Heinrich Himmler. Wo ist er? Was stellt er an? Hat von Greim ihn gefunden? Warum bleibt eine Meldung von Greims aus? Nun, vielleicht ist er auf dem Rückweg, mit Himmler als Gefangenem. Niemals würde Hitlers Asche Ruhe finden, sollte Himmler gar noch lebend und erst nach seinem Tod in den Bunker zurückkehren! Inzwischen jedoch wird er dafür sorgen, daß Himmler niemals Führer wird!

Von Hitlers doppelter Willenserklärung sind drei Kopien gemacht worden. Sie sollen an Großadmiral Dönitz, an Generalfeldmarschall Kesselring und Generaloberst Schörner gehen, und zwar sollen sie durch Major Willi Johannmeier, Hitlers Heeresadjutanten, Heinz Lorenz, den stellvertretenden Reichspressechef, sowie Wilhelm Zander, den Stellvertreter Bormanns, überbracht werden.

Um die Mittagszeit schlichen sich die Kuriere durch einen unter der Reichskanzlei herführenden unterirdischen Durchgang, der in der Hermann-Göring-Straße endete, aus dem Bunker. Von der Saarlandstraße her bekamen sie Feuer von den Russen, sprungweise kamen sie in den Tiergarten und machten an der Station ›Zoologischer Garten‹ nahe dem Adolf-Hitler-Platz halt, um die weiteren Wege zu besprechen. Auf Grund des sachkundigen militärischen Rates von Johannmeier folgten sie der Bahnlinie zum Reichssportfeld, kreuzten die Scharnhorster Straße, dann die Pichelsdorfer Brücke und langten an der Havel an, deren Brückenkopf noch von der Brigade der Hitler-Jugend gehalten wurde. Hier wurde Major Johannmeier durch den Splitter eines Artilleriegeschosses verletzt, was ihn aber nicht aufhielt. Zu den dreien stieß hier ein Feldwebel Hummerich, der die geplante Wegstrecke kannte. Sie bekamen mehrere kleine Boote, vertrauten sich dem Fluß an und ruderten bis zum Wannsee, wo der Fluß sich zum See erweitert. Dort trafen sie auf ein deutsches Lager, von dem aus Johannmeier an das Hauptquartier des Oberkommandos im Norden um eine Lufttransportgelegenheit funkte. Als nach einigen Stunden ein Flugzeug erschien, kreiste es wohl über den Kurieren, schlug aber dann wieder nördlichen Kurs ein. Um nicht in dem am Wannsee-Brückenkopf erwarteten feindlichen Angriff gefangengenommen zu werden, ruderten die vier Männer in zwei Booten – ursprünglich hatten sie drei Boote, doch eines war leck geworden – zur Pfaueninsel, wo sie sich im Wald versteckten. In der nächsten Nacht erschien wieder ein Flugzeug am Himmel; Johannmeier signalisierte ihm mit einem Blinkfeuer. Die Maschine, die sich als Seeflugzeug erwies, wasserte in der Mitte des Flusses, und unter Beistand von Hummerich machten sich Zander und Lorenz unverzüglich daran, die Maschine zu erreichen. Johannmeier hielt am Ufer Wache, denn nun hatten die Russen das Feuer auf die Maschine eröffnet, die zwar nicht zu sehen, wohl aber stark zu hören war. Obwohl sich die Männer schwer in die Ruder legten, konnten sie nur ganz wenig vorankommen, weil das Wasser von den nicht abgestellten Propellern der Maschine in dauernder starker Bewegung war. Die Lage verschlimmerte sich für die Bootsinsassen, als die Neuankömmlinge begannen, das Feuer der Russen zu erwidern. Schließlich erreichten die Kuriere die Maschine, doch nun ergaben sich neue Komplikationen: Der Flieger verlangte ihre Ausweispapiere, ehe er überhaupt einen an Bord nähme. In dem Lärm der dreimotorigen Ju 52 versuchte Zander zu erklären, daß sie auf der denkbar wichtigsten militärischen Mission seien und daß sie unbedingt sofort aufgenommen und zum Hauptquartier des Oberkommandos in Flensburg geflogen werden müßten. Lorenz steuerte seine Überredungskünste und dringlichen Bitten bei, der Pilot aber war nicht zu überzeugen.

Der wirkliche Grund dafür, weshalb die Retter und die auf Rettung Hoffenden nicht zu einer Verständigung gelangen konnten, wurde mir zwei Jahre später von Lorenz angegeben: »Der Krieg war endgültig verloren, und kein einziger deutscher Soldat hatte ein Interesse daran, etwas zu tun, was nicht unbedingt nötig war. So wollte die Besatzung des Flugzeuges eben auch keine Zeit verlieren, weil keinem danach gelüstete, Gefahr zu laufen, noch im allerletzten Augenblick des Krieges getötet zu werden. Und wir wußten nicht, ob wir ihnen den Gegenstand unserer Mission anvertrauen konnten.«
Als Lorenz wiederholte, wie schwierig es gewesen sei, den Flieger von der Dringlichkeit seiner Aufgabe zu überreden, fragte ich ihn: »Aber haben Sie ihm denn nicht gesagt, daß sich Hitlers letzter Wille in Ihrem Besitz befände?«
»O nein! Das konnte ich ihm nicht sagen!«

KARL KOLLER, General der Flieger (rechts), schildert dem Verfasser den wirklichen Sachverhalt während der letzten Wochen im Bunker der Reichskanzlei.

GRETL BRAUN, Eva Brauns Schwester, bei ihrer Hochzeit mit HERMANN FEGELEIN (links im Bild), den Hitler später wegen Konspiration mit Himmler erschießen ließ.

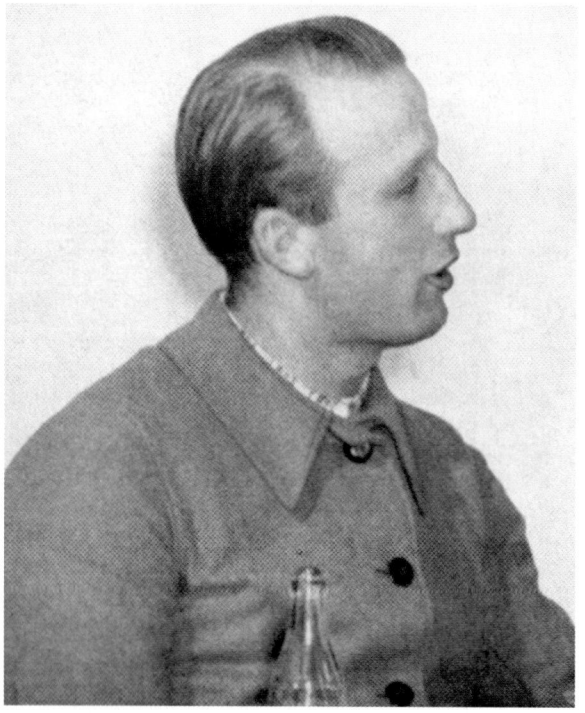

ARTUR AXMANN, Reichsjugendführer der NSDAP (gegenüber dem Autor), ist einer der Kronzeugen für den Selbstmord Hitlers; er gehörte mit zu den letzten, die sich aus dem Bunker der Reichskanzlei retten konnten.

GÜNTER SCHWÄGERMANN, der Adjutant von Goebbels, war Zeuge des Selbstmordes seines Chefs.

Vierzehn Jahre lang fuhr Hitler auf dem Vordersitz mit seinem persönlichen Fahrer ERICH KEMPKA

Hitlers Fahrer KEMPKA und seine Frau mit dem Verfasser nach Kriegsende

Überlebende des Führerbunkers, bei ihrem ersten gemeinsamen Treffen mit dem Verfasser nach dem Krieg im Jahr 1948:

Jakubek   Kannenberg   Loringhoven

Schwägermann   Axmann   Mansfeld   Karnau

v. Varo   Wollenhaupt   Frau Kempka   Frau Kannenberg   Erich Kempka

Frau Junge   Ilse Foucke-Michels (Eva B. Schwester)   Blaschke   Anny Winter

Heinz Lorenz   Fritsche   Johannmeier   Koller

»Warum nicht?«

»Es hätte durchaus die Möglichkeit bestanden, daß sie uns getötet hätten, wenn wir gesagt hätten, woher wir kämen.« Hier ist in der Tat die Geschichte eines Vorganges, die immer und immer wieder in jeder deutschen Schulklasse erzählt werden sollte: daß der große Führer des Deutschen Reiches sein Land und seine Soldaten so maßlos enttäuscht hatte, daß die Träger seines letzten Willens abgeneigt waren, ihre kostbare Fracht auch nur zu erwähnen aus Angst, von den Soldaten getötet zu werden, die zu Hitlers Ruhm seinen Namen auf die Kontinente des Erdkreises geschrieben hatten! Sie hatten genug davon! Während Zander den Piloten noch bat, doch Verständnis für ihre Lage und die Wichtigkeit ihres Auftrages zu haben, versuchte er, vom Boot aus in den Führersitz der Maschine hineinzuklettern. Der Pilot aber warf die Tür mit solcher Gewalt zu, daß Zander ausrutschte, vom Flügel herunterrollte und in den See stürzte. Das Wasser, das unter dem Umlauf der Maschine noch immer in dauernder Bewegung war, trieb das Boot weg, und Zander, der als Schwimmer so kümmerlich war wie als Prophet, schrie um Hilfe. Angestrengt paddelnd und wild rudernd, erreichten die anderen schließlich ihren zappelnden Kameraden und zerrten ihn mit einem Griff in den Nacken über den Bootsrand. Mit dem schwer atmenden Gestrandeten auf den Planken versuchten sie nun wiederum, den Flugzeugführer zu überreden, sie doch an Bord zu nehmen; der aber bestand darauf, daß erst einmal Major Johannmeier, der ja auch für die Herbeirufung des Flugzeuges verantwortlich sei, hergebracht werden müsse. Daraufhin ruderten sie zur Insel, um den Offizier aufzunehmen, mit dem sie dann zurückfuhren. In der Gewißheit, daß ihre Schwierigkeiten nun zu Ende seien, befaßte sich der erschöpfte und dennoch begeisterte Zander im Geiste bereits mit der Abfassung der herrlichen Botschaft, die er dem

Führer über die ruhmreiche Beendigung ihrer Mission senden wollte. Als sich aber die erwartungsvollen Passagiere dem Seeflugzeug bis auf dreißig Meter genähert hatten, hielten sie in hilflosem Erstaunen ihre Ruder an – die Maschine rauschte über die Wasseroberfläche dahin, hob sich dann schneidig und brauste ab.

Es klopft an die Tür

Hitler lebte zwar in einer Welt, die zwei Weltkriege sah, an denen er auch teilnahm, er stand zudem an der Spitze mehrerer revolutionärer Bewegungen, er lenkte mehrere Organisationen, die sich der gewalttätigen Beseitigung ihrer Gegner verschrieben hatten, und doch nahm er selbst nur an einem einzigen Vorgang physischer Auseinandersetzungen teil: Am 9. November 1923 zog Hitler, mit einem Gehrock angetan, an der Seite des aus dem ersten Weltkrieg berühmten Generals Ludendorff an der Spitze eines Aufmarsches bewaffneter Sturmtruppen durch die Straßen der Stadt München. Als statt des von Hitler erwarteten Beifalls der Menge der Aufzug mit Gewehr- und Pistolenschüssen begrüßt wurde, da warf sich der mit Feueratem ausgestattete Revolutionär auf die Erde und benutzte den Körper eines seiner Kameraden, Ulrich Graf, der sich vor ihn hingeworfen hatte, als Schild. Während mehrere andere Kameraden sich verwundet auf dem Asphalt krümmten, eilte Hitler zu einem Auto, das ihn zum Hause von Herrn Hanfstaengel brachte, wo er nach einigen Tagen von der Polizei, in einem Kleiderschrank versteckt, entdeckt wurde.

In seinem langen Leben blutigen Aufruhrs benutzte Hitler bei zwei Gelegenheiten eine Feuerwaffe. Einmal, in der Nacht vor jenem Münchner Aufmarsch, nach einer Rede im Münchner Bürgerbräukeller, feuerte er einen Schuß auf die Decke ab. Noch ein zweites Mal fuchtelte er mit der Pistole herum, aber auch dann wieder nur der theatralischen Wirkung wegen, denn später gab er zu, daß er gar nicht an einen Selbstmord gedacht habe. Dies geschah vor den Augen von Frau Berchstein, die ihm seinen gar nicht beabsichtigten Selbstmord ausredete und ihm dann ein Haus und Geld zum Geschenk machte. Während des Krieges trug er immer eine Pistole an seinem Leibgurt, da er aber dauernd von zahlreichen Adjutanten, Begleitern und Leibwachen umgeben war, hatte er dafür so wenig Verwendung wie für ein Pferd.

Obwohl Hitler sich in dem Glauben wiegte, er sei immun sowohl gegen Unfälle, durch die er zu Schaden kommen könne, als auch gegen die normalen Zufälle, wie sie das Leben mit sich bringt, verzichtete er seit 1941 auf Reisen im Flugzeug, und in den letzten Tagen des Krieges lebte er praktisch dauernd in unterirdischen Räumen aus Stahlbeton.
Nun jedoch sagt ihm sein Verstand, daß der Gedanke an Rettung nur noch ein Wunschtraum und daß ein Entkommen unmöglich ist. Nur einen Häuserblock entfernt stehen schon die Russen, vielleicht sind es noch zwei Blocks; ihre zupackenden Finger sind fast schon zu sehen, ganz gewiß aber sind sie schon zu fühlen. Gefangennahme ist unvermeidlich, und damit wird die höchste Strafe über ihn kommen; zunächst Demütigung, dann Entwürdigung und dann Schmerz und Pein. Ein Weg nur bleibt ihm offen, der unerträglichen Agonie zu entrinnen, und das ist der des selbstgewählten Todes. Noch aber zögert er. Bomben und Geschosse haben die oberste Lage des Betondachs aufgerissen und Mauerwerk zerschlagen, und von der unteren Dachwölbung poltern Trümmer herab, doch immer noch zaudert Hitler. Nun ist die größte Furcht seiner furchterfüllten Tage über ihn gekommen. Gespenstische Vorstellungen von Bankrott, Niederlage und Deportation haben ihn in der Vergangenheit geplagt und gemartert; was aber sind sie im Vergleich zu dem

grauen Vorhang, der sich nun dichter um ihn zusammenzieht, der Vorhang der Vergessenheit für ihn, für einen Adolf Hitler? Das Ende, der Schluß mit allem und jedem! Staub und Asche zu werden, wie sie da von der beschädigten Decke herunterrieseln. Daß er in eine Null, in ein völliges Nichts vergehen kann, das ist zuviel für ihn. Diese Möglichkeit trifft ihn wie ein Donnerkeil, und seine Mitfahrenden auf dem steuerlos dahintreibenden Schiff stellen fest, daß er nicht mehr ihr Kapitän ist, nicht mehr ihr – Führer.

Am Mittagstisch gelten seine Grillen nicht mehr wie stahlverankerte Gesetze. Als Vegetarier beschäftigt er eine vegetarische Köchin zur Zubereitung seiner vegetarischen Mahlzeiten, nun aber steht auf dem Tisch vor ihm ein Fleischgericht. Und ohne an dieser Ungeheuerlichkeit Anstoß zu nehmen, ißt er von dem Fleisch, so, als wisse er kaum, was er kaut.
Er vergißt sogar, sich zu fürchten, er zeigt keine Scheu mehr. Sein Vorzimmer bietet gar nichts Aufregendes mehr. Seine Adjutanten brauchen gar keine zudringlichen Besucher mehr fernzuhalten, Generale nicht mehr gewichtig einzudringen, um ihn mit den militärischen Entwicklungen bekannt zu machen und ihn um seine Stellungnahme zu bitten. Alle Türen stehen offen, und keiner benötigt noch eine Anmeldung. Er, der niemals geruhte, irgendwem einen Besuch zu machen, schlurft nun umher, um jedermann zu sehen und zu sprechen. Keiner springt mehr auf, wenn er kommt; keiner auch schleicht mehr auf Zehen zu ihm. Und – was jede Vorstellungskraft übersteigt – man raucht in seiner Gegenwart! Vor einer Woche noch würde nicht einer gewagt haben, auch nur ein Zigarettenende in den Bunker hineinzubringen. Nun aber raucht keine Geringere als Eva Braun-Hitler – die eigene Frau des Mannes, der niemals ein Streichholz zum Rauchen anzündete, raucht nun. Tabakrauch, den er niemals

ausstehen konnte, umkräuselt den hübschen Mund und die zierliche Nase seiner von ihm einzig begünstigten Gefährtin, doch er hat zu sehr die Fassung verloren, um noch darüber grollen zu können.

Es war seine Absicht gewesen, eines Tages die kleine Stadt Braunau in Österreich, wo Adolf Schicklgruber das Licht der Welt erblickt hatte, in architektonischer Hinsicht und auf kulturellem Gebiet zu glorifizieren.
Jetzt aber kommt die Nachricht, daß soeben alliierte Truppen in seinen Geburtsort einmarschieren. Doch auch das vermag nicht einmal mehr nur die allerleiseste Welle seines Interesses in der brackigen Pfütze seiner dahinsinkenden Existenz zu erregen. Er ist gänzlich erschöpft.
Sein Kopf und seine Hände zittern, sein Rücken ist dauernd gekrümmt, als hätten sich dort alle seine Sünden zu seiner Qual gestaut. Hitler wartet auf die Stunde, die er allein bestimmen, die er aber auch nicht mehr abwenden kann.
Die Generale Krebs und Burgdorf wollen bis zum Ende bei ihm bleiben, denn sie wissen nicht, wohin sie gehen sollen. Über den Tisch von Joseph Goebbels fällt der Schatten des Todes, aber ehe ihm die Feder aus der Hand geschlagen wird, will er auf vielen Blättern vor sich die Monumentalgeschichte des Retters und Märtyrers Deutschlands noch verschönen. Gesandter Hewel spricht heroisch von Kampf und Tod in den Straßen Berlins.
Andere jedoch verlangen nach dem Leben, nicht nach einem Märtyrertum. Drei junge Offiziere, Major Bernd von Loringhoven, Hauptmann Gerhard Boldt und Oberstleutnant Weiß, erhalten von ihren direkten Vorgesetzten Krebs und Burgdorf die Erlaubnis, sich nach einem gesunderen Klima umzusehen. Ein beim Führer eventuell vorgebrachtes Ansinnen jedoch, als ziehe einer die Reise ins Land der Lebenden

dem Verbleib im letzten ruhmreichen Bollwerk des großen deutschen Mannes vor, wäre gleichbedeutend gewesen mit einem Verlangen nach einem Ausflug unter Begleitung in den Garten der Reichskanzlei. Mag Hitler auch ein lebender Leichnam sein, seine SS-Männer stehen zur Eskorte bereit für jeden – wie für einen Fegelein in einer bestimmten Ecke in dem Hofviereck da oben.

Die jungen Männer erscheinen vor dem Führer, um sein Visum einzuholen, doch haben sie sich scharfsinnig eine Ausflucht zurechtgelegt; sie erklären, sie hätten einen Plan ausgearbeitet, um zu Wenck stoßen zu können. Damit haben sie das richtige Wort gewählt: Wenck! Die erloschene Kohle in Hitlers Augen glimmt wieder auf; er arbeitet sich mühsam wieder auf seine Füße und läßt Ermahnungen vom Stapel. Wie ein Wolkenbruch überstürzt er sie mit seinem Rat, welche Richtung sie einschlagen und wie sie die russische Sperrlinie durchbrechen sollen, um Wenck zu erreichen und – was sie ihm ausrichten sollen. In diese Botschaft preßt er allen Eifer und alle Kraftanspannung hinein, wie sie etwa ein Schwimmer entfaltet, der einen Wirbel bezwingen will. »Sagen Sie Wenck, er soll sich sputen, sonst wird es zu spät sein!« Ein schwerer Einschlag von Artilleriegeschossen, dem das Peitschen von Maschinengewehrkugeln folgt, die an den Außenbarrikaden aufklatschen, interpunktiert die Dringlichkeit seines Anliegens und unterstreicht dessen Bedeutung.
»Wenn Sie die Havel erreichen«, so spinnt er breit aus, »müssen Sie ein elektrisches Boot nehmen. Ein solches Boot macht keinen Lärm. Damit können Sie auf dem Fluß vorankommen, ohne von den Russen bemerkt zu werden. Ein mit Benzin getriebenes Motorboot würde ihnen natürlich auffallen, und da sie an beiden Ufern der Havel stehen, würden sie es

schnell versenken. Können Sie ein elektrisches Boot für diese Offiziere bekommen?« Hitler wendet sich an Burgdorf, der bezweifelt, ob ein solches Fahrzeug verfügbar sein wird. Fast wollen die Herzen der drei Offiziere aussetzen. Wo nur ist ein solch magisches Boot aufzutreiben? Es ist so aussichtslos, ein derartiges Boot in Berlin aufzutreiben, wie die Erwartung, in Paris Pardon für Hitler zu finden. Sollen sie nun doch noch sterben, weil sie ein solches von Hitlers Phantasie flottgemachtes Boot nicht beschaffen können? Vorsichtig stößt einer der Männer vor: Sie müßten in der Tat eigentlich ein elektrisches Boot auftreiben, wenn sie an den Fluß gelangen. Wenn das aber nicht gelingen sollte, dann würden sie gewiß ein Kanu oder ein anderes leichtes Fahrzeug finden und eben Paddel benutzen, um kein Geräusch zu machen.
Hitler greift diesen Vorschlag auf. »Jawohl, Sie dürfen kein Geräusch verursachen.« Dann bietet er den unerschrockenen Reisenden eine lahme und feuchte Hand. Sie wissen, sie sehen Hitler zum letzten Male, aber sie rufen nicht »Heil Hitler!«

Oberst Nikolaus von Below, Hitlers Luftwaffenadjutant, der nichts Unsinniges darin fand, daß Hitler den Krieg mit der unverantwortlichen Fortsetzung der unnötigen Tötung von vielen Tausenden des deutschen Volkes noch verlängerte, sah für sich noch weniger Grund vorhanden, bei dem für das Hinschlachten verantwortlichen Helden zu bleiben, und – auch er bekommt die Erlaubnis, zu gehen.

Hitler kehrt zu seinen erbaulichen Betrachtungen zurück, und die Bunkerwelt setzt ihren Kreislauf zwischen Schwindel und Explosion fort. Ein Wort von ihm hätte genügt, und ein Frieden, wie ihn die Hütte eines Naturliebhabers tief im Wald umfängt, hätte sich über das unterirdische Inferno gesenkt. Wohl noch nie waren einem Sterbenden solche Chancen geboten, sich loszukaufen, wenn nicht vor der Welt, so doch immerhin in den Augen des eigenen Volkes. Um den kleinen Fetzen Deutschland zu retten, der noch übriggeblieben war, und um tausende Menschen zu retten, die sonst noch sterben mußten, hätte er sagen müssen: »Ich, Adolf Hitler, bin verantwortlich für all das, was sich zugetragen hat!« Oder aber, wenn ihm das zuviel war, hätte er ganz einfach erklären sollen: »Ich liefere mich den Händen der Sieger aus. Ich ersuche um nichts anderes als um ein faires Gerichtsverfahren, ganz gleich, welche Anklagen gegen mich erhoben werden.« Eine solche Erklärung hätte das Bombardement zum Stillstand und die Geschütze zum Schweigen gebracht. Doch dann wäre auch Hitlers Blut zum Stillstand und sein Herz zum Schweigen gebracht worden, und eben da lag die Hemmung. Und so blutet der zerschlagene Körper Deutschlands weiter rot aus jeder Ader.

Der Bunker ist ein Irrenhaus geworden, dessen Kontrolle ein Irrer hat und in dem die Gesunden die Eingesperrten sind; er ist ein Schiff im Taifun, ohne Ruder, ohne Mast und ohne Kapitän; er ist wie ein Lenkluftschiff ohne Sicherheitsventile; er ist eine Stadt inmitten einer Flut, die schon die Schornsteine erreicht hat. Krebs, Burgdorf und Bormann bringen in so viel Sinnlosigkeit wenigstens noch etwas vom Sinn ihrer eigenen Auffassung hinein. Eine Flasche folgt der anderen, und mit ihrer Hilfe schwimmen sie hinüber in die Narrenwelt eines veralkoholisierten Traumlandes. Andere beschäftigen sich mit allen Möglichkeiten. Dr. Stumpfegger findet keine Ruhe. In dem unterirdischen Lazarettraum der Reichskanzlei amputiert er verwundeten Soldaten, die immer noch das nicht mehr zu haltende Fort verteidigen wollen, Arme und Beine.

Eva Hitler sitzt an ihrem eleganten Mahagoni-Toilettentisch, auf dem goldgefaßte Kämme und Bürsten prunken und wohlgeordnete Reihen von Fläschchen und Tuben der Erhaltung ihres Aussehens dienen. Sie trägt ihren Fingernägeln mehr Rouge auf, und so voll Eifer poliert sie daran herum, daß ihre Fingerspitzen wie schmale Flämmchen erscheinen. Erschrocken springt sie vom Tisch auf. Ihr kommt wohl eben der Gedanke, wie diese hübschen Finger im Feuer schrumpfen und verkohlen würden, und das nimmt ihr die Nerven. Sie wechselt hinüber zu ihrem reich gefüllten, dreiteiligen Kleiderschrank, und im wiedergefundenen Stolz auf ihren Besitz streichelt sie ihre Kleider und Gewänder von modernstem Schnitt, die auf Gesellschaften und beim Tanz vor allen anderen geglänzt hatten. Nie wieder wird sie an Gesellschaften mit Musik, Wein und Gesang teilnehmen. Sie verweilt längere Minuten vor einem Silberfuchsmantel von erlesener Schönheit. »Das werde ich nun wirklich nicht mehr nötig haben‹, spricht sie leise vor sich hin, »wenn ich zu meiner nächsten Gesellschaft gehe – in den Garten.« Sie ruft Frau Junge herbei und schenkt ihr den Mantel.

Auch Frau Goebbels wirkt emsig an ihrer Schönheit. Ihr ungewöhnlich prächtiges Haar ist der Gegenstand ihrer sorgfältigsten Pflege. Es glänzt in seinem ganzen Reiz wie ein von einer Sommerbrise gefurchtes Feld goldenen Weizens, während ihr Kamm hindurchgleitet. Nun sprüht ihr Haar unter den Kammstrichen elektrische Funken – die dem Nationalsozialismus so ergebene Mutter versucht das vor ihr aufsteigende, bedrückende Bild ihrer sechs nun bald toten, zu ihren Füßen liegenden Kinder abzuschütteln. Vom Flur her vernimmt sie ihre unbesorgten Rufe. Sie haben es ihr geglaubt, daß noch alles gut werde.
Frau Junge erhebt sich von ihrer nachtlangen Arbeit und

hütet diese Lämmer mit zerstreuter Sorgfalt. Adolf Hitler humpelt vorbei und wechselt ein Wort mit den zum Tode verurteilten Kindern, die sein schwefliges St. Helena teilen sollen, und schlürft langsam weiter. Gestern war er der Mittelpunkt der Welt, die in ihrem ganzen Umkreis unter seinen Aktionen, Entscheidungen und Launen vibrierte. Heute hat sich der einst so gewaltige Umkreis auf einen Reifen aus Eisen verengt, der nicht mehr als einen Kaninchenschlupf im Boden umfaßt. Gestern noch kamen beschwingte Botschaften an ihn aus allen Ländern der Welt; heute beehrt ihn nicht einmal mehr das kleinste Dorf mit einer Nachricht. Gestern noch war der Tag zu kurz für seine mannigfaltigen Entscheidungen, die wie ein Blitzstrahl in jede bewohnte Ecke der Erdkugel einschlugen. Heute ist er ein müder alter Mann. So beschrieb ihn Frau Junge: »Seine Augen waren nicht mehr in dieser Welt; sie hatten nichts Durchdringendes mehr. Alle Türen standen offen, und keiner brauchte mehr angemeldet zu werden. Er konnte das Alleinsein nicht ertragen. Jeden wollte er sehen, jedem sich nähern; gleichviel, ob da gerade jemand las oder nicht, er setzte sich daneben. Er wollte eben nicht länger allein sein.«

Die Mitreisenden des alten Mannes beschäftigten sich im Geiste dauernd mit dem Plan des Selbstmordes. Wann sollte das Gift genommen werden? Wenn die Russen schon an die Türe klopften? Obwohl Hitler keine Eile hatte, die kleine Phiole zwischen seinen Zähnen zu zerbeißen, versuchte er doch dauernd in weitschweifigen Diskussionen, die geplante Handlung zu rechtfertigen. In den Augen der Damen wollte er immer ein Sir Gallahad bleiben; niemals sollten sie gering von ihm denken, sie sollten ihn in Erinnerung behalten als den klügsten und tapfersten Mann in Deutschland. Niemals sollten sie denken, der Brand sei über Deutschland gekommen, weil er das Streichholz angezündet habe und er sich nun weigere, den griffbereiten Feuerlöscher anzuwenden, damit nicht auch noch der Rest in Flammen aufgehe. Arthur Axmann gegenüber, der in dieser beschwernisreichen Sonntagnacht hereinkam, erging sich Hitler in bis ins einzelne gehende Rechtfertigungen. Der Palast zerbröckele, weil Verräter in seinen Mauern seien. Und angesichts so viel Verrats sei er tief bewegt und erschüttert‹. Axmann will eine Verteidigung an der Havel besprechen, doch Hitler vermeidet eine Diskussion militärischer Fragen; Kanonen, Trompeten und Soldaten im Paradenmarsch beschäftigen sein ermattetes und verwirrtes Hirn nicht mehr. Seine Gedanken, die einmal in Stahlhelmen und eisenbeschlagenen Stiefeln marschierten, biwakieren jetzt in zerschlissenen, abbruchreifen Zelten. Nun frischt er die Erinnerung an Vergangenes auf. Er spricht von seiner Jugend, bekommt eine philosophische Anwandlung und bemerkt, daß die Not der beste Lehrmeister des Mannes ist. Dann befragt er Axmann nach dessen Verwandten, und dann schlüpft durch ein Tor, das in seiner großsprecherischen Natur niemals geschlossen ist, die wehleidige Selbstbemitleidung hinein, und er kommt auf die Folge von Verrat in seinem eigenen politischen Familienkreis zurück, auf Fegelein, Göring, Himmler, Speer – denen er am meisten vertraut hat und die nun desertiert sind.

Einige Minuten lang tritt Schweigen zwischen ihnen ein, und sie lauschen auf die Konversation, die die Kanonen über ihnen führen; es ist die Sprache der Schlachten von gestern und heute. Als sich ihre Stimmen zu einem durchdringenden, prophetischen Gellen steigern – zu einer Prophetie über die allernächste Zukunft –, denkt Hitler wiederum an Wenck. Diesen Wenck kann er niemals vergessen. Die Nacht beschwört einen Zauber herauf, ein dünnes Läuten von

fernen Glocken und eine geisterhafte Rettungsboje auf dem nebligen Meer seines Bewußtseins. »Ich erwarte das Eintreffen von Wenck«, sagt er halb zu Axmann, halb zu sich selbst. »Er steht südwestlich von Potsdam im Kampf. Ich erwarte von ihm, daß er durchkommt, um Berlin zu befreien.«
Befreiung Berlins! Das bedeutet Befreiung und Rettung für Adolf Hitler! Und es bedeutet, daß er es nicht nötig haben würde, Phiole und Pistole zu umklammern. Und das eröffnet auch die frohstimmende Aussicht, daß er dann imstande sein wird, angemessene Rache an dem noch immer lebenden Verräterpaar Himmler und Speer zu vollziehen.
Mit diesem vergnüglichen Ausblick zieht Hitler sich zurück, seiner selbst so sicher wie ein Kriegsmann, der ein Lager von Schlafenden attackiert. Zum ersten Male seit Monaten versäumt er den gemeinsamen Tee mit seinen Sekretärinnen. In diesen Plauderstunden mit der weiblichen Belegschaft seines Etablissements besprach er nichtmilitärische Angelegenheiten, nun aber brennt sein Hirn wieder von Feldschlachten, Angriffen und – Siegen. Wenck marschiert. Und mit ihm marschiert der Sieg. Da klopft es leise an die Tür, und Dr. Stumpfegger fragt, ob er heute abend etwas für den Führer tun könne. Mit anderen Worten: Ist der Führer zum Abgang mit Hilfe wissenschaftlicher Erkenntnisse bereit? Der Führer aber läßt eine Spule wahnwitziger Apostrophierungen Wencks ablaufen – Wenck kommt, der Befreier, der Kämpfer, der einzig wahre und große Soldat des ganzen Krieges.
»Wenck wird hier sein! Stumpfegger – – Wenck!«
Stumpfegger zieht leise die Tür hinter sich zu.

In steinerner Zwangsjacke

Endlich treffen die Meldungen ein. Auf einem Tisch in seinem Arbeitsraum berichtet eine Reutermeldung vom Zusammentreffen der zwölften Armee Wencks mit der neunten Armee Busses. Endlich! Endlich haben sie ihre Streitkräfte vereinigt! Das Herz des Verurteilten gerät ins Hüpfen. Ein Aufschub ist erreicht! Jede Minute müssen nun Wenck und Busse in Berlin einziehen. Hitler liest weiter: »Alles, was von der neunten Armee übriggeblieben ist, eine zerfetzte und verelendete Schar abgemagerter und humpelnder Männer, hat verwundet, hungernd und mutlos die Ufer der Elbe erreicht, wo sie von den nach dem Rückzug von Potsdam verbliebenen Resten der zwölften Armee begrüßt wurden.«

Im Bunker ist es so still geworden wie in einem Bauernhaus an einem verschlafenen Nachmittag. Keine Bewegung ist zu bemerken; einige dösen vor sich hin, mehrere schreiben, andere lesen, wieder andere rauchen. Eben gibt es einige Bewegung durch die Kinder. Sie rennen die dreizehn Stufen vom unteren zum oberen Flur hinauf, dem Krachen der explodierenden Geschosse nach. »War das eine Bombe?« »Nein, das war keine! Das war ein Kanonenschuß!« »Ach, du kennst nicht mal den Unterschied zwischen einem Artilleriegeschoß und einer Handgranate!« Vorwurfsvoll sagt Helmut zu Holde: »Handgranate? Die Russen können keine Handgranaten werfen. Sie müssen nahe herankommen, wenn sie eine Handgranate abziehen wollen.« »Na, ich denke, daß sie bald so nahe sind«, erwidert Helga, die älteste und schlaueste von ihnen.

Soldaten, Sekretäre und Angestellte aus den anderen Bunkern arbeiten sich durch das Labyrinth der Tunnels heran. Sie alle haben erfahren, daß Hitler Selbstmord plant, und sie sind verstört. Verstört, weil die Ausführung so lange auf sich warten läßt. Ist er erst einmal tot, dann können sie versuchen, sich in Sicherheit zu bringen, irgend etwas können sie dann unternehmen. Handeln, gleich was, ist der erstarrten Unbeweglichkeit vorzuziehen, die doch nur mit Gefangennahme oder Tod enden kann. Als ich die Baronin von Varo frage: »Haben Sie im Bunker einen angetroffen – mit Ausnahme von Goebbels und Frau –, der es schwer genommen hat, daß Hitler Selbstmord begehen wollte?« lautet ihre Antwort: »Nein, jedenfalls nicht in meiner Umgebung.«

Hauptmann Boldt, der durch die geschilderte listige Strategie aus dem Bunker herauskam, gab mir offen zu: »Wir warteten die ganze Zeit darauf, daß er mit seinem Leben Schluß mache, so daß wenigstens wir herauskämen.« Andere nahmen Hitlers Tod schon an, ehe er eingetreten war. Sein früherer Sonderzug-Kellner Erwin Jakubek erklärte unumwunden: Soweit es ihn angehe, sei Hitler für ihn von dem Augenblick an tot gewesen, da er seine Abschiedsansprache an sie gerichtet habe. »Wir waren nicht einmal neugierig darauf, auf welche Weise er Selbstmord begehen wollte. Wir dachten nur an uns und wie wir wohl entkommen könnten. Es war auch nichts von einem allgemeinen Bedauern oder Kummer über das zu merken, was den Führer treffen sollte. Tatsächlich waren wir etwas verärgert. Wir hatten so lange unsere Pflicht getan, und wir glaubten, es sei nicht recht von ihm, uns praktisch den Russen auszuliefern und es uns zu überlassen, uns unseren Weg nach draußen zu erkämpfen. Wir hatten das Gefühl, wir wären im Stich gelassen worden.«

Speer, der von sich aus versuchte, das Hinscheiden des

Führers zu beschleunigen, sagte: »Je eher Hitler sich das Leben nahm, um so besser für das deutsche Volk.«

In der Leichenhalle hat die Stunde für das Mittagessen geschlagen. Was auch geschehen mag, der Mensch muß essen, wenn er was zu essen hat. Als am 16. Oktober 1946 Ribbentrop, Keitel, Jodl, Frank und die anderen zum Tode Verurteilten mitten in der Nacht geweckt wurden, um hingerichtet zu werden, bekamen sie zunächst ihre Bekleidung für die Exekution und dann eine Mahlzeit. Woher kommt der Appetit noch an der Schwelle zur Ewigkeit, wenn der menschliche Körper die Sterblichkeit abstreift und die Unsterblichkeit beginnt? Bei Hitler sitzen seine üblichen Tischgenossen: Eva Braun-Hitler, Frau Junge, Frau Christian und Fräulein Manziarly. Die Unterhaltung ist oberflächlich. Keiner erwähnt die Selbstmordabsichten. Zum erstenmal seit vielen Tagen wird das Mahl nicht gewürzt mit einem Ausblick auf den letzten Kilometer. Offensichtlich hat jeder seine Lippen versiegelt, soweit es diesen Gegenstand angeht. Die Gerichte werden hin und her gereicht; Servietten fahren zum Mund und werden wieder auf den Schoß gelegt; Linge, der Diener, kommt und geht mit Kaffee, Tee, Nachtisch.

Nach Aufhebung der Tafel beauftragt Hitler Frau Junge, alle noch im Bunker befindlichen Papiere zu verbrennen, und zwar zusammen mit der stenographischen Aufnahme seines letzten Willens und der Memoranden der vielen militärischen Konferenzen. Dann zieht er sich in sein Privatgemach zurück, wohin er Günsche rufen läßt, mit dem er sich eine halbe Stunde lang bespricht.
Günsche, groß, breitschultrig und stark gebaut wie ein Boxer, taucht offensichtlich bestürzt aus dem Rauen des Führers auf und eilt an den Fernsprecher, der mit der Garage der

Reichskanzlei verbunden ist. Nach kurzer, leiser Unterhaltung hängt er den Hörer ein und geht in den Wachraum der Leibwache des Führers. Einen Augenblick später stürzen sie, ihre Revolver in der Hand, die Treppe hinauf, und dann kehrt Günsche gesenkten Kopfes zu Hitler zurück.
Nach dem Mittagessen hat sich Eva Hitler in ihr Schlafzimmer zurückgezogen, Frau Christian in ihr Quartier, Frau Junge in den Warteraum dem Korridor gegenüber und Fräulein Manziarly in die Küche, um dort die Speisenfolge für die nächste Mahlzeit zu bereiten, die aber nicht mehr eingenommen werden sollte.

Mit einem Male durchdringt ein starker Geruch von Benzin den Bunker, doch keiner fragt hörbar nach dem Grund, denn in diesem Augenblick überwältigt ein weit ungewöhnlicheres Wunder ihre Sinne: Adolf Hitler, der Führer, steht dort mit Eva Braun, seiner Frau, am Arm. Sie ist in Schwarz gekleidet, und die aschenfarbene Blässe ihres Gesichts hebt sich stark gegen ihr dunkles Gewand ab. Hitler trägt seine übliche Uniform, bestehend aus schwarzen Hosen und feldgrauem Rock. Obgleich der Führer in den letzten sechsunddreißig Stunden auf seine Umgebung nicht mehr Einfluß ausgeübt hat als ein Fremder, ist auch jetzt in seiner Erscheinung nichts, was die Bunkerbelegschaft zu der Auffassung verleiten könne, es handele sich hier etwa um einen königlichen Auftritt. Seine Erscheinung ist nicht eindrucksvoller als bisher; er ist eher noch mausgrauer und abgehärmter; ein seltsamer Irgendwer steht in ihrer Mitte. Doch eine unsichtbare, gebieterische Figur steht neben ihm und seiner Frau. Das ist einer, auf den der Bunker schon lange gewartet hat. Keinen Zweifel mehr gibt es über seine Gegenwart – es ist Seine Majestät, der Tod. General Krebs, General Burgdorf, Martin Bormann, Dr. Goebbels und Frau, Frau Christian, Else Krüger, Fräulein

Manziarly, Linge, Günsche, Rattenhuber und andere Angehörige seiner Leibwache sammeln sich um den Führer, um sein Lebewohl entgegenzunehmen. Jedem gibt er seine blutleere Hand und murmelt Unzusammenhängendes. Frau Goebbels fällt vor dem Seltsamen auf die Knie. »Mein Führer, tun Sie das nicht! Bitte, nicht! Wir brauchen Sie, Deutschland braucht Sie, die Welt braucht Sie!« Tränen stürzen ihre gepuderten und rotgefärbten Wangen herab. Das Rot ihrer Lippen löst sich auf. Ihr Kinn ist wie mit roten Pastellfarben beschmiert, und immer noch ist sie schön. Dr. Goebbels beugt sich nieder, um seiner seelisch zerrütteten Frau wieder auf die Füße zu helfen. Unter würgendem Schluchzen wiederholt sie ihre Worte. Der Seltsame taumelt. Frau Goebbels ist für ihn die Verkörperung Deutschlands geworden, der Millionen, die ihm zujubelten und ihn anbeteten, seiner Nationalsozialistischen Deutschen Arbeiterpartei, der Jubelnden des Reichstags und der Paraden, sie ist ihm die Verkörperung des glückseligen Volkes, das ihm die Vollstreckung seiner maßlosen Rache gewährte, wie auch das Sinnbild seiner Triumphe – all das läßt er nun für immer hinter sich. Er murmelt: »Es gibt keinen anderen Ausweg mehr!« Dann wendet er sich an ihren Mann: »Goebbels, ich übertrage Ihnen die Verantwortung für die unbedingte Sicherheit, daß mein Körper und der meiner Frau verbrannt werden.« Er hält keine Ansprache mehr zum Abschied. Der größte Redner des zwanzigsten Jahrhunderts kann keine Worte finden, kommende Bildhauer zu inspirieren, wenn sie mit dem Meißel seiner heroischen Marmorgestalt in Granit den Ausdruck eines Gefühls verleihen wollen. Keine Äußerung mehr kommt von ihm: Ich sterbe für Deutschland, oder: Ich sterbe für den Nationalsozialismus, oder: Ich sterbe für den Sieg – weil er eben nichts finden kann, für das er stirbt. Er will gar nicht sterben. Wenn er schon wegen etwas stirbt, dann aus

Furcht vor den Russen, Furcht vor der Offenbarung, daß er eben doch ein Gefreiter geblieben ist. Und so beschränkt er seine Schlußbemerkung auf der Bühne des Lebens auf die Anweisungen an seinen Propagandaminister, was mit dem entleibten Körper geschehen soll, nachdem der Vorhang gefallen sein wird.

Günsche, dem der Führer die Ausführung aller Einzelheiten der letzten Operation übertragen hat, bemerkt, daß Frau Junge nicht zugegen ist. Sie kommt eilends herbei, als ihr Name gerufen wird. Sie beschrieb mir die Szene: »Ich war wahrscheinlich der letzte Mensch, dem Hitler die Hand gegeben hat, aber ich glaube, er hat mich gar nicht mehr erkannt. Er schien in ganz weite Ferne zu schauen, weit über die Bunkermauern hinaus. Er murmelte ein paar Worte, aber sie blieben mir unverständlich. Seine Lippen bewegten sich, aber ich hörte nur ein Murmeln. Dann gab auch Eva Braun jedem die Hand. Sie umarmte mich und sagte: ›Sehen Sie zu, daß es Ihnen gelingt, durchzukommen nach München, und grüßen Sie mir Bayern schön!‹

Als Günsche Hitler und seine Frau in ihren Wohnraum begleitete, sprach Hitler zu seinem ergebenen Adjutanten von seiner Gemütsbewegung, die durch die Beschwörungen von Frau Goebbels hervorgerufen worden war. Es schien so, als hoffe er, Günsche werde darauf sagen: »Mein Führer, es ist nicht nötig, es durchzuführen. Endlich ist Wenck angekommen!«
Jetzt tritt der Führer in das Arbeitszimmer, in dem er die Austilgung von so vielem geplant hat, und bereitet sich auf die letzte Vernichtung vor. Er nickt Günsche zu, der die Tür schließt und sich davor aufstellt.
Arthur Axmann kommt in den Bunker, um sich von seinem

Chef zu verabschieden, die getreue Wache aber legt einen Finger auf die Lippen, und Axmann versteht. Er zieht sich in das Konferenzzimmer zurück und wartet dort mit General Krebs, General Burgdorf, Goebbels und Bormann.

Erich Kempka, der den Wagen des Führers mit Hitler als Fahrgast vierzehn Jahre lang durch halb Europa gesteuert hat, beschwert sich, weil ihm eine Gelegenheit verwehrt wird, sich von seinem Herrn und Gebieter zu verabschieden. Hitler hielt viel von Kempka und besuchte ihn und seine hübsche Frau Magda oft in ihrem kleinen Heim im Garten der Reichskanzlei. Heinrich Himmler, der auf jeden, der Hitler nahestand, eifersüchtig war, hatte gefordert, daß Kempka sich von seiner Frau scheiden lasse, weil ihre Mutter eine geborene Italienerin war. Kempka wandte sich an Hitler, aber Hitler lehnte es ab, sich in eine von Himmler angeschnittene Angelegenheit zu mischen, und – die Ehe wurde geschieden. Die Kempkas jedoch lebten weiterhin zusammen, und nach dem Kriege heirateten sie zum zweiten Male. Kempkas Treueverhältnis zu Hitler war trotz dieses Zwischenfalles nicht ins Wanken geraten, auch Hitler hatte ihn deswegen nicht anders behandelt. Warum aber rief Hitler seinen Fahrer nicht auch zu der Schlußszene des Abschieds? Glaubte er immer noch an irgendeine Möglichkeit des Entkommens? Zögerte er, Kempkas Gaben und Fähigkeiten, einen Ausweg zu ersinnen, abzustumpfen durch die Andeutung eines Rücktritts oder gar des Todes?

Der Tanz im Garten

Der letzte Akt des Dramas beginnt, und von unseren Plätzen in der vierten Reihe des Chorganges sehen wir einen langen Korridor entlang, an dessen Wänden Gemälde in breiten Rahmen hängen und der in der Mitte von einem Portal durchbrochen ist, das in Hitlers Wohnzimmer führt. In der Tiefe dieses Raumes, vor der Tür, die in Hitlers Arbeitszimmer führt, steht Günsche, so unbeweglich wie eine Statue. Angrenzend an Hitlers Vorzimmer, gleichfalls offen zum Korridor hin, sehen wir das Konferenzzimmer. Hier warten schweigsam und mit Gesichtern so bleich wie Pariser Gipsfiguren Krebs, Axmann, Goebbels, Burgdorf und Bormann. Gegenüber zur Linken windet sich eine Treppe zum Obergeschoß des Bunkers, wo Frau Goebbels wartet und die Kinder spielen.
Aus Hitlers Arbeitszimmer ist der schneidende Staccatolaut einer Pistole zu hören, und die Männer im Konferenzzimmer springen auf. Alle Kinder richten ihre Blicke zur Decke und rufen aus: »Da! Das war bestimmt ein Volltreffer!«
Schnell fällt der Vorhang.
Noch ehe der Widerhall des Pistolenschusses abgeklungen ist, ist Axmann, gefolgt von Goebbels, an der Tür. Günsche tritt zur Seite, und die beiden Männer stürzen hinein. Wenn sie auch auf das vorbereitet waren, was sich ereignet hat, fahren sie doch vor der Wirklichkeit zusammen. Hitler sitzt mit herabhängenden Armen auf dem Sofa, sein Oberkörper ist vornüber mit dem Kopf auf einen kleinen Tisch gefallen. Sein Mund steht offen, aus seinem Kopf tropft über den Tisch hinweg Blut auf den Teppich, der es wie ein ausgedörrter Boden,

der lange auf Wasser geharrt hat, aufsaugt. Hitlers Pistole, seine Walther 7,65 Millimeter, liegt zu seiner Rechten auf dem Boden. Eva Hitler hat den Preis gezahlt, den schon so manche hat zahlen müssen, die sich zu tief in Hitler verliebt hatte. Ihr Mund ist halb geöffnet, ihre Augen sind halb geschlossen, und ihr Kopf ist auf die linke Schulter gesunken. Ihre Pistole, eine Walther 6,35 Millimeter, liegt zu ihren Füßen, aber unabgefeuert. Doch es ist kein Leben mehr in Eva. Dr. Stumpfegger tritt ein und examiniert die Leichen. Er richtet den Körper Hitlers auf und stellt auf dem blassen Gesicht Blut an beiden Schläfen fest. Die von ihm veranstaltete Probe ist hier im Ernstfall bis ins einzelne durchgeführt worden. Die Erschütterung durch die Explosion des Pistolenschusses in den Mund hat die Venen auf beiden Seiten der Stirn zerrissen. In Verbindung mit dem Gift trat die sofortige Wirkung ein. Der Führer ist tot.

Der Ausdruck auf dem Gesicht jedoch ist nicht der eines Selbstmörders. Viel eher der eines Ermordeten – und so fühlte sich Adolf Hitler wohl auch. Er wurde gemordet von Wenck, von Steiner, von Holste, von Busse, von all denen, die ihn im Stiche ließen. Er wurde, an seinen Stuhl gefesselt, zu dieser Tat gezwungen vom ganzen deutschen Volk, das seine Größe nicht zu würdigen wußte und zuließ, daß sich dies hier ereignete. Das waren seine Mörder. Sie haben ihn erschossen, sie haben ihn vergiftet, und sie wurden zum Verräter an seinem größten Geheimnis. Er verachtete sie alle.

Der Ausdruck in Eva Hitlers Gesicht berichtet angesichts der Haltung ihrer Hand und der Lage ihrer Pistole offensichtlich davon, wie sie in der zweiten Phase des todbringenden Selbstvollzuges versagte. Schwäche und Entsetzen, die dem Gift sofort folgten, waren zuviel für sie; als daß sie noch die Kraft aufgebracht hätte, den Hahn abzuziehen. Doch das Kaliumzyanid reichte hin. Eva Hitler ist tot.

Zehn Minuten lang bleiben Axmann und Goebbels in dem Zimmer, und sie wundern sich wahrscheinlich, warum die Flugzeuge immer noch Bomben werfen und warum die Artillerie immer noch ihre Geschosse schleudert. Tapfer widersteht der Bunker jedem Angriffssturm. Unbeugsam und unbezwingbar, deckt er noch den Führer, aber nun ist er keine Feste mehr, nur noch ein Sarg, der den Körper des Reiches birgt. Alles an Schießpulver, Dynamit und Nitroglyzerin, was auf den Sarg fällt, ist vergeudet, der Mann darin ist tot.
Linge, der treue Diener, wirft eine Decke über den Oberkörper seines toten Herrn, wodurch ein Teil des blutbefleckten Kopfes verborgen wird. Martin Bormann tritt ein, richtet die zusammengesunkene Gestalt von Eva Hitler auf und übergibt sie Erich Kempka. Mit einem Blick über seine schwarze Chiffonlast hinweg kann Kempka endlich seinem toten Führer und Chef, der in dem Teppich von Linge und Stumpfegger fortgetragen wird, einen Abschiedsblick schenken. Der Zug mit den Toten verläßt jetzt das Todeszimmer und gelangt durch das Vorzimmer in den Korridor zum Fuß der Treppe. Kempka übergibt die Tote, die er bis hierher getragen hat, nun den stärkeren Armen von Günsche. Das Leichengefolge, darunter als Haupttrauernde Goebbels, Bormann, Krebs und Burgdorf, steigt nun die Treppe hoch, an die Oberwelt.

Das Schlachtenfeuer, vor dem Hitler im Leben schauderte, umfängt ihn als Toten. Flammen und aufsprühende Erde umarmen und umtanzen in tödlicher Lust zum Willkommen das Paar im Garten der Reichskanzlei. Doch nur die Totenträger wagen sich in den wilden Tanz. Die anderen, mit Ausnahme Kempkas, machen an der Betonumfassung, die den Eingang schützt, halt. Günsche und Kempka ergreifen die Benzinkanister, die schon vorher herbeigeschafft worden sind, und leeren sie über die Leichen aus, die wenige Schritte vom

Eingang entfernt auf der Erde hingestreckt liegen. Günsche springt zum Bunkereingang zurück, zündet einen mit Benzin getränkten Tuchfetzen an und wirft ihn auf die improvisierte, primitive Totenbahre, die sofort in Flammen aufgeht, wodurch dem Orchester von Feuer, das seine seltsam wilde Melodie im Palastviereck des toten Herrschers prasselt, noch eine weitere Stimme hinzugefügt wird. Zusammengekauert hinter der schützenden Umfassungsmauer, heben die Mitarbeiter des Führers von gestern ihre Arme zum Faschistengruß.

Unbemerkt von den offiziellen Trauernden steht eine treue Gestalt dicht an dem feurigen Katafalk. Als Hermann Karnau den Auftrag bekam, den Bunker zu verlassen, hatte er angenommen, es solle ein feindlicher Angriff abgeschlagen werden, und als er nun durch den Garten eilte, stolperte er über zwei ihm bekannte Körper. Die um den Körper des Führers geschlagene Decke war von der Mitte aus nach rechts und nach links teilweise zurückgeschlagen, wodurch das Gesicht Hitlers, das Blutspuren aufwies, freilag. Wie betäubt hob Karnau seinen Arm zum Gruß und rannte dann zu dem anderen Bunker zurück, um seinem Kameraden Poppen zu berichten, daß der Führer ›nicht mehr lebe‹.
Erich Mansfeld, der zeitweilig den Beobachtungsturm des Bunkers, auf dem er Wache hatte, verließ, sah, wie die beiden Leichen hinausgetragen wurden, und später beobachtete er, wie sein Kamerad Jansen mit anderen von der SS-Begleitmannschaft das Feuer mit weiterem Benzin nährte. Weil diese Männer dem Artilleriebeschuß ausgesetzt waren, verweilten sie nur immer für einen Augenblick und kehrten von Zeit zu Zeit zurück, um die Flammen mit mehr Benzin weiter zu speisen. Hans Hofbeck, der Wache am Eingang stand, mußte sich die Nase mit der Hand zuhalten und prallte zurück vor den Rauchwolken, die gegen das unterirdische Schloß des ent-

thronten Königs und seiner kurzfristigen Königin anrollten. Erschrocken und doch in ehrfürchtiger Scheu vor dem, was er gesehen hatte, kehrte Karnau in den Garten zurück, um die Auflösung des Mannes zu beobachten, der ihm wie Millionen anderen die Personifikation des Deutschen Reiches gewesen war. Um vier Uhr notierte er, daß die beiden Leichen ›wegen der großen Hitze dampften. Das Fleisch bewegte sich auf und nieder‹. Später ›brannte das Fleisch an den Unterteilen der Leichen weg, und Hitlers Schienbeinknochen wurden sichtbar‹. Noch später berührte er die Leichen mit seinem Fuß, ›und sie zerfielen‹. Um sechs Uhr kehrte er mit Mansfeld zurück. Obwohl die Form von Eva Hitler als weiblicher Körper zu identifizieren war, war keine von den beiden Leichen mehr zu erkennen.

Unter dem Kommando Rattenhubers begruben um 10 Uhr 30 einige Angehörige der Leibwache Hitlers das, was von Adolf Hitler und Eva Hitler-Braun noch übriggeblieben war. Um elf Uhr blickte Mansfeld, der auf dem Turm wieder als Wache aufgezogen war, in den nun dunkel und verlassen liegenden Garten hinunter. Plötzlich wurde der Garten von Leuchtkugeln erhellt, die von russischen Flugzeugen abgeworfen wurden. Direkt im Vordergrund des Gartens bemerkte er einen Bombenkrater von fünf Metern im Durchmesser, halb angefüllt mit Schmutz. Hier, in diesem primitiven Grab ruhte die Asche des verbrannten Scheiterhaufens. Als die Lichter vergingen, erneuerte die Artillerie ihr Konzert, und Feuer durchzuckte den Garten wie Blitzschläge im Sommergewittersturm. Ein Geschoß explodierte nur wenige Schritt von dem Grabe und verbreitete darüber ein geisterhaftgrünes Licht. Und während Mansfeld sich all der Großtage Hitlers erinnerte, spielten Stalinorgeln eine Trauerbegleitung zu seinen Gedanken und hielten dem ruhelosen Geist ein unfreiwilliges Requiem.

Im Korridor
der sterbenden Motten

Mit dem Verschwinden Hitlers hatte der Tod den Bunker verlassen wie ein Gast, dessen Urlaub zu Ende gegangen ist. Zwar waren Giftphiolen wie Eisenbahnfahrpläne verteilt worden, zwar war über Selbstmord mit einer Verläßlichkeit gesprochen worden, als handele es sich um pünktliche Abfahrtszeiten von Zügen, und doch bewies keiner Eile, Hitler auf dem Geleise des Unterganges zu folgen. An die ›Treue und Dankbarkeit bis übers Grab hinaus‹ erinnerte man sich ebenso wenig wie an Adolf Hitler selbst, nachdem einmal der Rauch seines Schusses und seines brennenden, giftverzehrten Leichnams sich mit den düstern Brandwolken über der Stadt vermengt hatte. Frau Junge sagte: »Es gab nicht einen einzigen Menschen, der von Hitler noch nach seinem Tode gesprochen hätte. Nicht einer tat das!« Graf von Schwerin-Krosigk verzeichnete mit feierlichem Ernst in seinem Tagebuch: ›Wir empfingen die erwartete und kaum noch erregende Nachricht, daß der Führer nicht mehr am Leben sei.‹
Keiner hielt ihm eine Lobrede, keine Zeremonie ehrte den hingeschiedenen Oberbefehlshaber Deutschlands, keine öffentliche Rede pries seine Tugenden. Dies eine Mal in der Geschichte der Menschheit ließ der Tod das Antlitz der Menschen sich aufhellen. Von Ägypten bis hinauf nach Coventry ruhten verstümmelte Männer, Frauen und Kinder in Hospitälern ohne Dach und in Gräbern ohne Denkstein leichter, waren sie doch endlich davor sicher, daß der Atem eines Hochmeisters des Hasses keine Schwestern und Brüder der universalen Brüderschaft mehr erreichen konnte.

Die Hamburger Rundfunkstation übertrug die massive Musik der Götterdämmerung, Wagners Requiem für den Überhelden. Als die tragischen Akkorde verklungen waren, die dem ritterlichen Ende des großen Siegfried gewidmet sind, sprach die Stimme von Großadmiral Dönitz von dem Heldentod des Führers. Das war das einzige öffentliche Gedenken zum Tode des Übermenschen Deutschlands und des zwanzigsten Jahrhunderts; und es beruhte auf Erfindung, denn Hitler war nicht kämpfend gestorben.

Von Dönitz muß jedoch gesagt werden, daß er mir in Nürnberg erklärt hat, er habe nur verkündet, was ihm mitgeteilt worden sei. Und ich glaube ihm auch die Aufrichtigkeit seiner Aussage, die er mir in seiner Gefängniszelle so dramatisch in mein Notizbuch diktierte, daß nämlich keiner in Deutschland so überrascht war wie er selbst, daß er statt Heinrich Himmler zu Hitlers Nachfolger bestimmt worden war.
Dönitz bewunderte wohl Hitler, aber er wußte nicht, daß der Gegenstand seiner Bewunderung statt, wie Dönitz behauptet hatte, wie ein Soldat zu kämpfen, wie ein gewöhnlicher Lebensmüder sein Leben gelassen hatte. Hans Messerer, der als Soldat das Ende in der Reichskanzlei miterlebte, erinnerte sich: ›Ich hörte keinen über Hitler nach dessen Tod sprechen. Wir hatten wichtigere Dinge zu bereden.‹
Eines dieser wichtigsten Dinge war das Leben selbst; es winkte in der weiten Außenwelt. Frühling fiel strahlend durch das Gitterwerk, das die Geschosse zogen, und wob sein erstes Muster von Hoffen und Versprechen.

Selbst Goebbels, der großsprecherisch proklamiert hatte, er werde nach Hitlers Hinscheiden den nächsten Blitzzug in die Ewigkeit benutzen, zögerte, als die Reihe an ihn kam, seine Fahrkarte zu lösen. Erst wünschte er einmal die Chancen seines Überlebens zu erforschen, ehe er, ohne gekostet zu haben, auf die nun ererbte üppige Kanzlerschaft des Reiches verzichtete. Jenes ruhmvolle Märtyrertum, das er in seiner finsteren Nachschrift zu Hitlers letztem Willen gemalt hatte, konnte niemals so genußreich sein wie eine Verständigung mit den Russen, falls sie ihm erlauben würden, sich der erfrischenden Frühlingsluft zu erfreuen, selbst inmitten der vom Tod gezeichneten Ruinen von Berlin.

Goebbels diktierte Frau Christian einen an Marschall Schukow, den russischen Kommandeur in Berlin, gerichteten Brief, in dem er ihm den Tod seines Vorgängers mitteilte und seine eigene Nachfolgeschaft ankündigte. Er bat darin um einen Waffenstillstand mit anschließender Diskussion über eine Verständigung und die Gewähr der Freilassung aller im Bunker Anwesenden. Während Frau Christian das Diktat auf die Schreibmaschine übertrug, memorierte General Krebs einige russische Worte, um sich auf das Gespräch mit dem Sowjetgeneral vorzubereiten. In der Hand eine weiße Flagge, deren Auftauchen den Sturm der Schlacht wie mit einem Zauberstab in Stille verwandelte, eilte er zur nächstgelegenen feindlichen Einheit, die eine Linie auf dem Potsdamer Platz hielt. Der an diesem Punkt befehligende Sowjetoberst, telephonierte die Botschaft von Krebs an General Schukow in dessen Hauptquartier auf dem Tempelhofer Flugplatz; General Schukow setzte sich telephonisch mit dem Generalissimus Joseph Stalin in Moskau in Verbindung.

Am nächsten Morgen um acht Uhr dreißig kehrte Krebs nach einer zehnstündigen Abwesenheit mit der weißen Flagge zurück. Als er unter der Oberfläche des Reichskanzleigartens verschwand, brach die Hölle in ihrem ganzen ursprünglichen Furioso aufs neue los. Der Waffenstillstand war abgelehnt worden. Stalin hatte die bedingungslose Übergabe eines jeden gefordert.

Goebbels wußte, was er von einer Übergabe an die Russen zu erwarten hatte, und es bestand auch kein Geheimnis um das, was ihn erwartete, wenn es ihm gelingen würde, in anglo-amerikanische Gefangenschaft zu entschlüpfen. Als Intellektueller verirrte er sich nicht in die dünkelhafte Selbsttäuschung von Himmler und Göring, die meinten, mit Eisenhower vom Standpunkt der Gleichheit aus sprechen zu können. Er war sich bis zum letzten klar darüber, daß es außer dieser Höhle, in der er sich verbarg, keinen Platz mehr in der Welt geben würde, wo seine schandbare Propagandatätigkeit nicht gebührend eingeschätzt werden würde. Seine scharfsinnige Beobachtung – nicht aber die Anhänglichkeit an seinen toten Gebieter – bestimmte seine vierundzwanzig Stunden nach Hitlers Tod getroffene Entscheidung, dessen Beispiel zu folgen.

Den Mord an seinen Kindern überließ er seiner Frau, die sich schon lange auf die Tat vorbereitet hatte und sich jetzt sofort an die Ausführung des Planes machte.
»Nun, wo Onkel Adolf weggegangen ist, wollen wir wieder zurück in unser Haus in Schwanenwerder. Ist das nicht wundervoll?«
Die sechs Kinder, die ihre Mutter umkreisen, schauen sie zunächst ungläubig an, dann rufen sie: »Wunderbar!« Die drei jüngsten bedecken die lächelnde Mutter mit Schauern von Küssen, aber Helga, Hilde und Helmut sind zurückhaltend. Frau Goebbels fährt fort: »Ihr wißt, wie gefährlich das Reisen auf der Straße ist, und so haben wir einen Weg gefunden, dahin zu gelangen, ohne überhaupt reisen zu brauchen. Der Doktor wird euch eine kleine Einspritzung geben, und das wird euch in Schlaf versetzen. Und wenn ihr aufwacht, werdet ihr zu Hause sein, in unserem schönen Haus am Wannsee. Macht euch das nicht froh?«
Obwohl Frau Goebbels den Plan für das Töten der Kinder

ganz geheim mit Dr. Stumpfegger besprochen hatte, durchschaute Helga, die Älteste, den Plan doch und schrie: »Mutter! Mutter! Ich will nicht sterben!«
»Zweifelst du an deiner Mutter?« Frau Goebbels versuchte einen Ton beleidigter Unschuld, aber sie war eine schlechte Schauspielerin und vermochte nicht zu überzeugen. Helga fuhr in ihrer Anklage fort: »Mutter, ich glaube nicht, daß du die Wahrheit sagst! Ich traue keinem in diesem verrückten Bunker hier. Hier ist jeder verrückt, und ich will nicht sterben! Ich will nicht sterben, will nicht sterben!« Sie versuchte wegzulaufen, stolperte aber, als ihre Mutter sie ergriff. Nun erschien der Arzt, und die beiden zogen das Mädchen in den nebenanliegenden Raum, wo der Arzt eiligst sein Besteck öffnete, die Injektionsnadel ergriff und in Helgas Arm stieß, den Frau Goebbels schon freigemacht hatte. Die beiden ließen das getötete Kind, dessen Augen vor Entsetzen weit aufgerissen waren, auf den Boden sinken, um in den ersten Raum zurückzukehren, wo die anderen fünf Kinder unter hysterischen Schreien sich an der Korridortür, die sie nicht zu öffnen vermochten, zusammengekauert hatten.
»Helmut, du bist ein junger Mann! Willst du etwa das Wort deiner Mutter anzweifeln und wie ein Feigling handeln? Ich habe dir gesagt, daß die Medizin dich nur einschläfert. Dann werden wir euch in einen Wagen oder in ein Flugzeug setzen, um euch nach Schwanenwerder zu bringen.«
»Aber du hast doch vorhin gesagt, wir würden schon in Schwanenwerder sein, wenn wir wach würden!« »Nun ja, du wirst auch zu Hause sein, wenn du aufwachst.« Während sie spricht, schleicht sich der Doktor von hinten heran, ergreift den Arm des Jungen und versenkt die schimmernde Nadel darin.
Als Helmut sich unter entsetzlichem Stöhnen krümmt, öffnet Frau Goebbels die Tür und flieht in den Korridor.

In den Armen der Baronin von Varo schluchzt sie: »Ich kann es nicht tun! Ich kann es nicht tun! Geben Sie mir eine Zigarette.« Zwischen kurzen, dünnen Zügen wiederholt sie immer wieder: »Zwei sind schon tot, ich kann nicht mehr weiter!«
»Aber warum müssen Sie denn? Kommen Sie mit mir. « Wir alle gehen heute nacht hinaus.«
»Wohin denn?«
»Wir werden versuchen, durch die russischen Linien zu brechen und dann in amerikanisches oder englisches Gebiet gehen.«
»Nein, nein, das kann ich nicht! Ich habe es dem Führer versprochen, ich habe es dem Führer versprochen!« Sie hebt die Hand wie zur Abwehr gegen eine Versuchung. Sie will dem Ruf des Lebens nicht erliegen. Sie hat den eigenen Tod und den ihrer Kinder versprochen. Sie umarmt ihre Freundin. »Sie verstehen mich nicht, Baronin, geben Sie mir noch eine Zigarette.«
Die Zigarette zwischen die Zähne gepreßt, so kehrt sie in ihr Appartement zurück. Ihr Mann empfängt sie vorwurfsvoll: »Willst du dich der außerordentlichen Ehre, mit der der Führer dich ausgezeichnet hat, unwürdig erweisen – vor allen anderen?« Dabei weist er auf das Goldene Parteiabzeichen hin, das auf ihrer nun zerknitterten Bluse glänzt.
Und Frau Goebbels betritt mit dem Arzt wieder das Kinderzimmer.

Zwei Soldaten stehen vor Goebbels, um seine Befehle entgegenzunehmen. »Sie werden die sechs Leichen in ihre Särge legen, und die Särge werden beerdigt, nicht verbrannt!« Die Soldaten gehen, und nun erscheint sein Adjutant, Hauptmann Schwägermann, vor ihm. »Hauptmann, Sie werden damit beauftragt, unsere beiden Leichen zu verbrennen, die meiner Frau und meine eigene. Damit kein Zweifel wegen meines Todes besteht, trage ich Ihnen auf, mir eine Kugel durch den Kopf zu schießen, nachdem ich das selbst schon getan habe. Das muß geschehen, ehe das Feuer angezündet wird.« Goebbels nimmt ein chromgerahmtes Bild seines Vorgängers und schenkt es dem Adjutanten als Anerkennung für die ihm übertragene Aufgabe. Schwägermann grüßt und zieht sich mit seinem Schatz zurück. Er schickt nach Benzin und bestimmt einen Soldaten, der Goebbels den Gnadenschuß geben soll. »Ich hatte dem Manne drei Jahre lang gedient und hatte eine Zuneigung zu ihm gewonnen«, so erklärte er mir später in seiner Wohnung in Immenstadt. »Es wäre mir unmöglich gewesen, auf seinen Körper zu schießen, selbst wenn er tot war.«

Während zwei Stunden sitzt Goebbels am Tisch und schreibt. Seine Frau sitzt in seiner Nähe und wirft eine Zigarette nach der anderen weg, nachdem sie an jeder nur wenige Sekunden gezogen hat, so daß der Korridor wie von sterbenden Motten belebt zu sein scheint.
Um 8 Uhr 30 legt der neue Reichskanzler wie ein Redakteur, der soeben den Leitartikel für die Zeitung des nächsten Tages beendet hat, seinen Halter hin und geht zum Hutgestell. Er bringt seinen Hut genau in den rechten Sitz, zieht seine Handschuhe an und nimmt seinen Spazierstock. »Magda«, ruft er. Sie erhebt sich zwischen den Motten und nimmt seinen ihr angebotenen Arm. Seite an Seite schreiten sie durch den Korridor und sehen aus wie ein beliebiges Ehepaar, das zu einem Abendspaziergang ausgeht. Am Fuß der Steintreppe werfen sie noch einen scheidenden Blick auf ihre letzte Behausung und das Grab ihrer Kinder zurück. Dann steigen sie die Treppe hinauf und verschwinden im Garten der Reichskanzlei, den immer noch die gelblich-schwarzen Flammen

durchtanzen. Die Linke von Frau Goebbels umklammert eine Phiole mit Kaliumzyanid. Die Rechte von Goebbels dagegen umkrallt in seiner rechten Rocktasche eine Dienstpistole.

Im Mittelpunkt der Arena, die umsäumt ist von brennenden Gebäuden, die die Szene erhellen, feuert Dr. Goebbels den Schuß ab, der ihn fast an genau der gleichen Stelle zusammensinken läßt, an der am Vortage Adolf Hitler gelegen hat. Frau Goebbels zerbeißt das Fläschchen zwischen ihren Zähnen und fällt fast an der gleichen Stelle nieder, wo tags zuvor Eva Hitler gelegen hat. Ein SS-Mann zieht eine Pistole, richtet sie auf den Kopf des einst so glänzenden Propagandisten und drückt ab. Der Körper rührt sich nicht mehr. Dann folgt wieder das Übergießen mit Benzin und wieder das Anzünden des Scheiterhaufens. Alles geschieht genau wie am Vortage, nur in einem unterscheidet sich die Bestattungszeremonie von der des Vortages: Es steht kein ergebener Heizer dabei, der die Flamme mit weiteren Benzinkanistern versorgt.

Schwägermann stürzt die Stufen hinunter, um den Ausbruchsversuch möglichst bald zu starten. SS-Gruppenführer Mohnke, der es entweder nicht weiß oder sich nicht daran stört, daß Hitler befohlen hat, der Bunker solle so bleiben, wie er ihn verlassen habe, damit die Russen auch sähen, daß er bis zuletzt auf seinem Posten geblieben sei, ordnet die Sprengung des Bunkers an. Schwägermann und andere, die auch nicht einen Augenblick überlegen, was die Folge dieses Wahnsinnsaktes sein muß, leeren Kanister mit Benzin im Flur und über die Möbel aus und zünden ein Streichholz an. Im Nu sind sie von Flammen eingeschlossen, und, von Entsetzen gepackt, hören sie, wie die äußere Stahltür, vom Sog erfaßt, zuschlägt. Durch das Feuer hindurch machen sie eiligst ihren Weg zur Tür, an der das Federschloß nur dank einem ganz ungewöhnlichen Zufall nicht eingeschnappt ist. So gewinnen sie Zugang zu dem Tunnel, der nach draußen, zur Voßstraße, führt.

Als wären die Leichen von Hitler und Goebbels gewaltige Klötze gewesen, die einen eingedämmten Fluß zurückhielten, so bricht nun, da diese Hindernisse sich in den gelblichen Rauchschwaden verflüchtigt haben, der Damm, und brüllend befreit sich der Strom. Soldaten, Parteibeamte, Sekretäre, Attachés, Köche und Fahrer brechen aus der Reichskanzlei und ihren unterirdischen Gewölben wie ein reißender Strom durch. Bis jetzt sprach man vom Tod. Nun gilt nur noch das Leben, das Entrinnen. Briten, Franzosen und Amerikaner, die sechs Jahre lang als Feinde betrachtet wurden, sind nun Freunde und Befreier. Der Westen ruft wie ein gelobtes Land, nicht der weitentfernte Westen, vielmehr schon der nur siebzig Kilometer entfernte Westen, die Elbe. Diesen Fluß überschreiten bedeutet den Einzug in das verheißene Land. Der Schrei lautet also: Auf, nach Westen!
General Krebs und General Burgdorf weigern sich, getreu ihrem Gelöbnis, das sie bei ihren Opferflaschen geleistet haben, den Bunker zu verlassen. Als sie vernehmen, daß Hans Fritzsche, der Rundfunkchef im Propagandaministerium, in einer an General Schukow gerichteten Note die Übergabe von Berlin angeboten habe, stürmt Burgdorf über die Straße und stellt Fritzsche: »Ich bin hierher gekommen, um Sie zu erschießen. Der Führer, dessen Befehlen wir noch gehorchen, hat es völlig klargemacht, daß Deutsche sich nicht ergeben dürfen. Da Sie bereit sind, diesen Sonderbefehl zu ignorieren, muß ich Sie töten!« Er legt seine Pistole an und schießt, nur das schnelle Dazwischentreten anderer läßt ihn sein Ziel verfehlen. Nachdem er viele Verwünschungen und Eide mit höchstem Stimmaufwand ausgestoßen hat, kehrt er rasend

vor Wut in den Bunker zurück und schießt mit der Pistole, die er noch in der Hand trägt, den Hals einer Flasche Branntwein herunter. Dann trinkt er, bis er nicht mehr stehen kann, setzt seine Pistole an die Stirn, ruft »Heil Hitler!« und drückt ab. Nach allen zur Verfügung stehenden Beweisgründen scheint festzustehen, daß auch General Krebs sich selbst erschossen hat.

Nachdem diese Verlautbarungen durchgekommen waren, fanden sich etwa siebenhundert Menschen im Kohlenbunker der Reichskanzlei vor dem Hauptverbandsplatz zusammen und machten sich zu einem Massenausbruch bereit. Sie wurden in sechs Gruppen eingeteilt, von denen jede von Frontsoldaten geleitet und gedeckt wurde. Den Soldaten standen dazu die verschiedensten Waffen zur Verfügung: Gewehre, ›Ofenrohre‹, Maschinengewehre und Pistolen. Die Gruppe eins wurde von Günsche geführt; ihr gehörten auch die Frauen aus dem Führerbunker sowie der Gesandte Hewel und andere an.

Der Fluchtplan ging dahin, so schnell wie möglich eine der Untergrundbahnstationen zu erreichen, hinabzusteigen und über die Bahnstrecke an einen Punkt zu gelangen, von wo aus die Aussicht gegeben schien, in Verkleidung oder sonst wie durch die russischen Linien zu brechen. Um Mitternacht ermöglichte ein Loch Ecke Wilhelmstraße und Voßstraße den Flüchtlingen, die Oberfläche zu erreichen. Von da aus sollte fünfzig Meter weiter in Sprüngen die U-Bahn-Station Kaiserhof gewonnen werden. Da diese Station aber unter Artilleriebeschuß eingestürzt war, mußten sie hundert Meter weiter zur nächsten Station stürmen.

Eine andere, von Erich Kempka geführte Gruppe, die durch die U-Bahn-Station an der Friedrichstraße sich nach oben gearbeitet hatte, wurde an der Weidendammer Brücke durch

starke Feindtätigkeit aufgehalten. Sie suchte Schutz im Admiralspalast, und es wurde beschlossen, keinen weiteren Vorstoß ohne Panzerschutz zu unternehmen. Als die Panzer anlangten, folgte die Gruppe im Kielwasser. Ein Tank erhielt einen direkten Treffer, wodurch Panzerteile abgesprengt wurden. Die Männer, die unmittelbar diesem Panzer folgten, nämlich Kempka, Naumann, Stumpfegger und Bormann, wurden alle zu Boden geworfen.
Kempka ist der Meinung, daß Bormann bei dieser Kampfhandlung getötet wurde. Arthur Axmann jedoch berichtete, daß er später Bormann und Stumpfegger an der Invalidenbrücke gesehen habe, und das dürfte bedeuten, daß Bormann nicht von dieser Explosion an der Weidendammer Brücke getötet wurde, sondern daß er Kugelwunden erlag, denn nach Axmanns Bericht war Bormann, als er ihn fand, tot; auch Stumpfegger lag tot auf der Brücke.

So abenteuerlich auch die verschiedenen Ausbruchsunternehmungen der Bunkerbelegschaften verliefen, es ist nicht Raum genug, sie in allen Einzelheiten darzustellen. Obwohl viele bei den Fluchtversuchen getötet wurden, ist es doch einer erstaunlich großen Anzahl gelungen, ernsthaften Verletzungen zu entgehen und schließlich die als Rettung ersehnten britischen oder amerikanischen Gefangenenlager zu erreichen. Die beiden Piloten Hitlers, Baur und Beetz, wurden schwer verletzt; Baur verlor ein Bein, und Beetz trug eine schwere Kopfverletzung davon; sie landeten am Ende in russischer Gefangenschaft. Linge starb inzwischen an Diphtherie; Rattenhuber, der ernstlich verwundet wurde, Admiral Voß, General Mohnke, Professor Haase und Günsche wurden nach der Übergabe in russischen Gefängnissen gesehen. Von Hewel, Naumann und Högl wird berichtet, daß sie in den Straßen von Berlin getötet worden sind.

Im Norden brauchte sich Heinrich Himmler nicht zu beeilen, den russischen Fängen zu entgehen, um die britischen oder amerikanischen Linien zu erreichen, doch er verspürte kein Verlangen, sich einem der beiden Feinde zu ergeben. Bis Hitlers letzter Wille bekannt wurde, hatte er damit gerechnet, seine Nachfolge antreten zu können. Als nun Dönitz die neue Führung übernahm, glaubte er, daß auch weiterhin das Schwert seiner Autorität mit der gleichen Schärfe wie bisher schneiden könne. Er nahm sogar an, daß er direkt mit den im Felde stehenden alliierten Militärkommandeuren verhandeln könne, und so richtete er einen Brief an Feldmarschall Montgomery, in dem er um eine Unterredung bat. Mehreren ihm nahestehenden Kameraden vertraute er an, er habe durchaus nicht die Absicht, zu sterben, und wenn er mit den Alliierten ein politisches Geschäft machen könne, dann werde er das nicht versäumen. Er enthüllte nicht, was er den Alliierten anbieten wollte; es darf aber angenommen werden, daß er mit der ganzen Dummheit seines verbrecherischen Begriffsvermögens erwartete, seine Kenntnis und seine Dienstleistungen als Massenvernichter könnten nun nutzbringend in einem von ihm als sicher erwarteten Kampf gegen die Sowjets verwertet werden. Nach der Übergabe der deutschen Streitkräfte änderte er seinen Namen in Hitzinger, versah eines seiner Augen mit einer Schutzklappe, als habe er eine Augenverletzung, streifte umher und versuchte Verbindungen aufzunehmen, die zu den von ihm erstrebten Zusammenkünften mit Montgomery oder einem anderen der alliierten Befehlshaber führen könnten.

Daß aber dieser Größenwahn von seinem Gehirn noch nicht restlos Besitz ergriffen hatte, wird durch die Tatsache bewiesen, daß er alle Hoffnung aufgegeben hatte, zu Eisenhower zugelassen zu werden. Dennoch war er seiner so sicher, daß er in der Erwartung, selbst hier ein Geschäft machen zu können, aus eigenem Entschluß mit seinem Adjutanten Grothmann in ein englisches Kriegsgefangenenlager ging. Nachdem er mehrere Tage lang die Verhältnisse gründlich ausgekundschaftet hatte, baute er sich vor einer Lagerwache auf und sprach die verhängnisvollen Worte aus: »Ich bin Heinrich Himmler!«

Da nicht im gleichen Augenblick eine purpurrote, aus dem Boden aufschießende Flamme diese Vorstellung begleitete, beruhigte sich der wachhabende Soldat, das Blut kehrte in seine erbleichten Wangen zurück, und er meinte ungläubig: »Cut your kidding! Who are you and what do you want?«

»Ich bin Heinrich Himmler!«

Nun rief der Soldat einen Dolmetscher, um auch sicher zu sein, daß er nicht am hellen Tage Gespenster sehe. Der Dolmetscher bestätigte, der Mann vor ihm sei Heinrich Himmler. Forschend sah der Wachmann den Gefangenen an, er suchte wohl die Hörner und den Schwanz, die doch eigentlich zu einer so grauenvollen Person gehören mußten. »Was ist das für ein Witz! Mich machen Sie nicht schwach. Sie sind nicht der Himmler! Wo sind die Beweise?«

»Ist denn das nicht Beweis genug, daß es weder in Deutschland noch in der Welt einen Mann gibt, der fälschlicherweise von sich behaupten würde, er sei Heinrich Himmler?«

Da umklammerte der Soldat sein Gewehr und rief: »Wachfeldwebel!«

Himmler wurde zur Lagerleitung abgeführt, der Offizier vom Dienst telephonierte mit der Nachrichtenabteilung der Armee um einen ihrer zuständigen Männer für ein Verhör. In der Zwischenzeit bis zu dessen Eintreffen unterhielt sich Himmler ungezwungen mit Offizieren und Mannschaften, die ihn umstanden. Nach einer Stunde traf ein britischer Major ein. Als dieser den Raum betrat, sprang Himmler auf und ging hastig auf ihn zu: »Ich bin Heinrich Himmler, und ich bin bereit, Ihnen alles zu berichten.«

»Maul halten, du Schwein!« brüllte der Offizier ihn an. Himmler blieb wie angedonnert stehen, wie einer, der angeschossen ist. Niemals hatte jemand so zu ihm gesprochen. Er war so allmächtig und gefürchtet gewesen, und diese Worte hatten ihn zutiefst getroffen. All seine Träume, Hoffnungen und Pläne um ein Abkommen mit den Alliierten, die um eine Weiterbelassung in irgendwelchem Amt, um Beibehaltung einer Machtstellung und seiner Vernichtungsmaschinerie gingen, waren mit einem Schlag dahin. Das war zuviel. In seinem Munde hatte er ein Giftröhrchen verborgen, das an einem Backenzahn befestigt war. Als ein Doktor zur Untersuchung herantrat, biß der Mörder von sechs Millionen hart auf das Glasröhrchen, stöhnte auf und fiel, sich krümmend, zu Boden. Der Tod, der seinen Spuren wie ein unverwischbarer Schatten immer gefolgt war, hatte jetzt endlich auch Heinrich Himmler gefällt.

Oben im fernen Norwegen wählte Reichskommissar Josef Terboven beim Eintreffen der schlechten Meldungen aus Deutschland einen einzigartigen Weg zu seinen schon durch Selbstmord geendeten Kameraden. Er verriegelte sich in einem Betonbunker, zündete die lange Zündschnur einer Dynamitbombe an und sprengte sich in das Nichts.

In Nürnberg fällt ein kalter Regen

Anfang Oktober 1946 mühte ich mich eines Nachmittags ab, um durch die formlosen Häuserruinen und den Schutt von Nürnberg den Weg zu dem alten Gefängnis zu finden. Ein kalter Regen fiel auf die melancholisch stimmenden Ruinen und schuf einen widerlichen Geruch von umgehendem Tod und zeitlosem Verfall. Innerhalb des Sterbekleides dieser hingesunkenen Stadt überkam mich eine ungeheure Traurigkeit angesichts einer Welt, die in einem Zeitalter vermeintlicher Ordnung und Intelligenz so fürchterlich im Schlamm versank.
Um den zweiten Stock des Nürnberger Gefängnisses zu erreichen, wo ich Großadmiral Dönitz über gewisse Phasen der Seekriegsführung befragen wollte, mußte ich durch einen Flur, der als Todesgasse bekannt war. Als ich den verliesartigen Gang durchschritt, der zu den Zellen führt, schüttelte mich ein Schauer bis ins Gebein, nicht aber wegen der im Durchgang herrschenden tiefen Temperatur, sondern wegen der Nähe des Todeshauses, das ich eben betrat.

Hier warteten elf Männer auf den einzigen Ausklang des Lebens, auf den Tod, auf ihren baldigen Tod; sie warteten wissend auf einen schimpflichen Tod. Nichts mehr konnten sie unternehmen, ihr erschreckendes Annähern an das Nichts zu verhindern oder auch nur hinauszuzögern. In jeder Zelle wartete, wie ein Truthahn in seinem engen Flechtkorb, einer auf den Bruch des Genickes, der ihn aus der menschlichen Gesellschaft auslöschen sollte.

In der ersten Zelle zu meiner Linken saß, als ich die von Posten mit ihren Gewehren in der Hand bewachte Tür durchschritt, Alfred Rosenberg, der ›Philosoph‹ und Verfasser von Büchern, und tauchte eine lange Feder in ein kleines Tintenfaß. Er sah zu mir herüber, und seine Augen schienen Mitleid zu heischen, das ich auch nicht zurückhalten konnte. Ich war traurig gestimmt, sehr traurig, denn das Leben ist so wundervoll, und der Tod ist so grauenhaft. Mein Auge überflog den Inhalt dieser elenden Behausung: ein Feldbett, ein Stuhl, ein gebrechlicher Tisch, eine Waschschüssel und Bücher auf dem Boden. Meine Augen suchten die Wände nach einem Bilde Adolf Hitlers ab, denn in seinen letzten Stunden würde ein Alfred Rosenberg sicherlich einen Blick auf das Antlitz des Menschen werfen wollen, der ihn inspiriert und reich gemacht und ihm schließlich die Gelegenheit zu Ruhm und Macht gegeben hatte, wie er sie niemals im fernen Estland, woher er stammte, gefunden haben würde. Aber der verschmutzte graue Raum war ganz unschuldig, er enthielt kein Bildnis dessen, der Rosenberg zur Höhe, seines Ruhmes gelenkt hatte, aber auch – zum Fuße des Galgens.

Rosenbergs Nachbar, Hans Frank, der ehemalige Generalgouverneur von Polen, lag auf seinem Feldbett und durchblätterte die Bibel. Bald nach seiner Gefangennahme hatte er unter dem Abfall des Gefängnisses von Mondorf, in dem er festgesetzt worden war, ein Bild des heiligen Florian, des Schutzpatrons von Karlsruhe, gefunden. Nachdem er es betrachtet hatte, kündigte er seine Absicht an, zum katholischen Glauben überzutreten, und im Nürnberger Zeugenstand verblüffte er seine Mitangeklagten wie die Welt mit seiner zerknirschten Reue: »Es mögen tausend Jahre vergehen, aber sie werden die Schuld Deutschlands nicht auslöschen.« Kein Bild jenes Mannes aber, den er nunmehr als die

Inkarnation des Teufels ansah, war in seiner Zelle als unheiliges Gegenstück zum heiligen Florian zu erblicken.

Über der Tür jeder Zelle war in Druckschrift, so ordentlich und sauber wie in einem Schülerinternat, der Name des Insassen angebracht. Das Nachbarschildchen trug den Namen von Arthur Seyß-Inquart, der in glücklicheren Tagen seinem Aussehen nach als ein energischer Hochschulprofessor hätte durchgehen können. Während der Nürnberger Verhandlungen ließen sein zerzaustes, rötliches Haar und seine Brille an jemanden denken, der eben in einer Versammlungshalle eine Rede über die Notwendigkeit von mehr Begeisterung und Freude an allen sportlichen Ereignissen beendet hätte. Als er jedoch vor dem Gerichtshof zur Anhörung des Urteils erschien, verging die professorale Haltung, und er klammerte sich fest an die Rampe. In seiner Zelle hielt er sich weiter fest. Als ich vorbeiging, saß er rittlings auf seinem Stuhl, an dessen Rücklehne er sich festhielt. Als ich zwei Stunden später das Gefängnis verließ, hielt er sich an seinem Feldbett fest. Solange er die ihm vertrauten Möbelstücke fühlen konnte, wußte er, daß ihn noch Leben durchströmte. Ich senkte meine Augen, ich konnte es nicht ertragen, dies Gesicht eines im Meer Ertrinkenden zu sehen. Auch in seiner Todesangst half ihm kein sichtbares Erinnerungsstück irgendeiner Art, mit dem ihn der Mann gelohnt hätte, um dessentwillen er sein Vaterland verraten hatte.

Auf der Rechten des Zellenblocks wurde gerade Wilhelm Frick, der ehemalige Gauleiter von Böhmen und Mähren, rasiert. Frick hatte für Hitler mehr getan, als jeder der anderen zehn Verurteilten, weil er Hitler zum deutschen Bürgerrecht verholfen hatte. Doch das alles lag weit zurück, und Frick verspürt wohl keinen Wunsch, an jenen bösen Tag durch ein Bild des Mannes erinnert zu werden, der seinem Leben diesen Abschluß verschafft hatte.

Mit seinem Gesicht, das an einen Pferdekopf denken ließ, schien Dr. Ernst Kaltenbrunner, der Gestapo-Terrorist, der sich zeremoniell vor dem Richter verbeugt hatte, als dieser ihn zum Tode verurteilt hatte, in diesem vornüber gebeugten Gruß erstarrt zu sein. Er saß in seiner Zelle und studierte ohne Bewegung den Fußboden; er schien zu glauben, so lange er den Blick nicht hebe, könne er auch den bevorstehenden Tod nicht erblicken. Doch auch wenn er sich gerade gesetzt hätte, würde er nicht in das Gesicht seines Chefs geblickt haben, denn auch in diesem kleinen Raum gab es weder eine Zeichnung noch ein Photo von Adolf Hitler.

Feldmarschall Wilhelm Keitel machte gerade in seinen blinkenden schwarzen Stiefeln und seiner graugrünen Uniform mit der violetten Paspelierung im Korridor einen Übungsgang, wobei er an einen amerikanischen Soldaten gefesselt war. Als er vor wenigen Tagen nach dem Urteilsspruch aus dem Gerichtssaal in seine Zelle zurückgebracht wurde, war sein Stolz in eine Woge der Selbstbemitleidung verwandelt: »Der Strick! Der Strick! Das wenigstens hätten sie mir ersparen sollen!« Ich blickte in seine Zelle, sie war die sauberste des Gefängnisses.

Sein Partner vom Militär, Generaloberst Alfred Jodl, lag stumpf und bewegungslos auf seinem Feldbett, der Länge nach hingestreckt. Für ihn war der Kampf aus, die Schlacht war verloren, und in seiner würdigen Resignation lag Weisheit. Als Oberrichter Sir Geoffrey Lawrence seinen Schicksalsspruch verkündet hatte, starrte Jodl in mutloser Erschlaffung geradeaus und meldete dann an, daß er nicht beabsichtige, gegen das Urteil Berufung einzulegen. Nichtsdestoweniger wurde ein Appell von ihm eingebracht. Jodl macht jedoch nicht den Eindruck, als nähre er den Glauben, sein Appell könne Erfolg haben, oder als könne auch nur sein Ersuchen Gehör finden, die Exekution durch Kugeln vornehmen zu lassen. Für ihn war alles zu Ende.

Julius Streicher, der während der Gerichtsverhandlung dauernd Gummi kaute, durchschreitet ziellos seine Zelle. Runde um Runde durchmißt er wirblig den Raum, als müsse er noch eine festgelegte Anzahl von Umkreisungen ausführen, ehe er den letzten Gang antreten wird, von dem es keine Rückkehr mehr gibt.

Fritz Sauckel, in einer Zelle Streicher gegenüber, scheint wie die hölzerne Statue eines Zwerges in Verzweiflung. Unbeweglich und ohne Schimmer sind seine Augen, die nur in weite Ferne starren, während seine leblosen Lippen etwas murmeln, vermutlich etwas über die falsche Auslegung einer von ihm gebrauchten Satzwendung. Er kann es nicht begreifen, daß die Zeugenvernehmungen zu Ende sind, das Urteil gesprochen ist und die Arbeiter schon seine letzte Wohnung aus Holz gezimmert haben.

Wie tief ist doch Joachim von Ribbentrop, der Globetrotter von Staatsmann, gefallen! Selbst im Zeugenstand war nichts mehr von dem gewinnenden, artigen Diplomaten mit dem Einglas, wie man ihn aus der Vorkriegszeit kannte, zu sehen; nichts von dem Mann, den man in den Wochenschauen auf seinen Reisen durch die verschiedenen Kontinente sah. Während der Gerichtsverhandlungen war er sanft und schüchtern und stützte immer sein sorgenvolles Kinn in die vor Furcht zitternde Hand. Doch dieses Bild eines Zusammenbruches war noch ein Turm an Stärke im Vergleich zu dem gebrochenen Rohr, das ich da in seiner Zelle zusammengekauert sah, die für Joachim von Ribbentrop zur Obersten Kanzlei des Universums geworden war.

Dann sah ich Hermann Göring. Trotz seiner scharfen Worte im Zeugenstand, trotz der Übernahme aller Verantwortung für die Untaten des Nationalsozialismus und seiner bei Verfahrensbeginn vorgebrachten Behauptung, er wisse, daß er zum Märtyrertod bestimmt sei, weiß man doch, daß er glaubte, irgendwie der schwersten Strafe entgehen zu können. Und nun, als sie ihm näher rückt, hat er keine Reserven mehr, um dem Unheil zu begegnen, das ihn zu verschlingen droht. Nach außen von gutmütiger Natur, immer auf volkstümliche Gesten bedacht zum Dank für das Lachen und den Beifall einer Zuhörerschar, findet er sich in einer ebenso schmerzlichen Lage wie die anderen. Und so fühlt er sich zum ersten Male traurig gestimmt – um seiner selbst willen.

Ehe ich hochsteige zur zweiten Lage der Zellen, um Dönitz und Räder in der Sonderabteilung für die zu Kerker Verurteilten zu sprechen, halte ich am anderen Ende des Todesganges an. Ich schließe meine Augen in Sorge vor dem Chaos und der Unsicherheit einer Welt, in die diese elf Männer im Nürnberger Todeshaus von den scheußlichen Kräften hineingeschleudert wurden, denen sie, sei es nun willig oder weniger willig, doch gedient haben. Ich wende meine Gedanken ab von den Städten, die in Schutt und Asche gelegt sind, von den wie Wüsten eingeebneten Städten, von den durch Stahl- und Feuertornados zerrissenen Landstrichen, den Brücken und Häfen, Bahnen und Werken, Landstraßen und Warenlagern, die von der Gewaltmacht, der Gier und dem Ehrgeiz zerschlagen wurden. So groß diese Verluste auch sein mögen, die angesichts der vergeudeten Mittel die Erde auf Jahrzehnte verarmt haben – sie sind dennoch unvergleichlich geringer im Wert als die Einbuße und der Schaden, die der menschlichen Würde zugefügt wurden.

Wie geschah das, wie konnte das geschehen? Ein Irgendwer setzte diese unaussprechlich entsetzlichen Kräfte in Bewegung. Hitler und Himmler waren eingefleischte Unholde, doch selbst Unholde verfügen nur über eine begrenzte Fähigkeit zur Ausführung von Bösem. Göring schuf die gefürchtete Gestapo. Fritz Sauckel ließ die Deportation von fünf Millionen ausländischen Arbeitern nach Deutschland zu, wo die Schwachen umkamen, die Starken hinsiechten und wo Familienbande zerschnitten wurden, die nie wieder geknüpft werden. Seyß-Inquart war es, der sein Vaterland verriet und später Holland terrorisierte. Von Hans Frank stammt der Ausspruch: ›Von den Polen, Ukrainern und allen anderen, die da herumlaufen, soll Hackfleisch gemacht werden.‹ Alfred Rosenberg, der so wehleidig dreinsieht, wenn man vorbeikommt, destillierte das Gift des Rassenhasses, der die Exzesse der Gestapo und der SS möglich machte, dieses brutale Töten von Millionen. Und Julius Streicher war es, der nach Vernichtung der jüdischen Rasse schrie. Wilhelm Frick war es, der in Deutschland die Politik billigte, die Irren, Kranken und Alten als nutzlose Esser zu töten. Ernst Kaltenbrunner aber war es, der über das Vergasen, Hängen und die Genickschüsse für die in Schutzhaft befindlichen Gefangenen die Oberaufsicht innehatte. Und es war der sanfte Ribbentrop, der harmlose Völker in die Sintflut hineinlockte, die als Weltkrieg Nummer zwei bekannt ist. Alfred Jodl ist es gewesen, der in streng militärischem Sinn den Krieg mitlenkte, der, bevor er abgelaufen war, schon zwanzig Millionen Tote gekostet hatte.

Demnach sind die elf Insassen im Todesgang Sachverständige für den Tod. Tod ist ihnen nichts Neues. Trotzdem werden sie selbst davon überwältigt, denn der Tod ist in Wahrheit eine Katastrophe. Mehr als das, er ist eine traurige Angelegenheit. Und in ihrer Traurigkeit, ihrer schrankenlosen Selbstbemitleidung denken sie nicht an Adolf Hitler. Keiner behielt sich eines der vielverbreiteten Bilder zurück, einen kleinen Schnappschuß, von denen wohl jeder einzelne von ihnen Hunderte von dem großen Manne gemacht hatte. Nicht einer von ihnen hat das Bildnis seines Idols aus einer Zeitung, einem Buch oder Magazin herausgerissen und vor seinen Augen als Krücke für das Gedächtnis aufgehängt, das nun unter der furchtbaren Last des Wissens um die baldige eigene Austilgung ins Schwanken gerät.

Wie diese Menschen auch sonst gewesen sein mögen, sie wußten alle, daß sie das Nürnberger Todeshaus niemals gefunden hätten, wenn nicht Hitler ihnen den Weg gewiesen hätte. Sie hatten aus ihm eine Religion gemacht, sie hatten ihn an die Stelle Gottes gesetzt. Nicht einer aber, der auf das Schafott stieg auf dem Wege in die Ewigkeit, stieß den bisherigen Ruf der Einheit in Treue aus: Heil Hitler!

Als ich diese Männer während des Gerichtsverfahrens sah, gewann ich den Eindruck, daß sie irgendwie des Glaubens seien, der Geist Hitlers, den sie für allmächtig gehalten hatten, könne nicht ferngehalten werden; als aber aus den Tagen Wochen und aus den Wochen Monate wurden und der Schatten des Henkers sich schon abzeichnete, da verstießen sie ihren früheren Schutzherrn; nicht aber weil er weniger war, als sie von ihm gehalten hatten, vielmehr weil er sie persönlich enttäuscht hatte. Hans Frank sagte mir eines Tages – er hatte in Italien studiert – auf italienisch: »Meine große Sünde besteht darin, daß ich ihn nicht ermordet habe, als ich die

Gelegenheit dazu hatte; denn dann würde ich nicht nur viele Unschuldige gerettet haben, sondern auch meine mitschuldigen Mitsünder, weil sie ohne ihn nicht das hätten anrichten können, was sie angestellt haben.«

Wenn diese Männer fähig waren, im Anblick ihres Grabes Hitler zu verleugnen, zu verstoßen, welche Kraft hatte sie dann an ihn gefesselt, daß er sie bis hierher zu ziehen vermocht hatte? Unzweifelhaft spielten Erwerbstrieb und Selbsterhöhung in einem so mephistophelischen Bund eine bedeutende Rolle. Doch der Verstand, der den Gewinn abwägt, kalkuliert auch das Risiko, und irgendwann auf der Fahrt hat es doch unentrinnbar einmal klar werden müssen, daß sich an der Maschine, die die Beute trug, das Steuer lockerte, während ihre Geschwindigkeit sich steigerte. Warum sprangen dann die elf, die nun im Todeshaus saßen, nicht zeitig ab, ehe es zu spät war? Warum warteten sie, bis der Wagen am Abhang nicht mehr gewendet werden konnte und sie selbst fühlten, daß sie in den endlosen Raum fielen? Die unmittelbare Anziehungskraft Hitlers war stark genug, sie an das schon kieloben treibende Gefährt, dem sie blind vertrauten, noch zu fesseln, obwohl ihnen nicht entgehen konnte, wie nahe das endgültige Scheitern war. Einfältige Menschen und abgöttische Verehrer wie Eva Braun sprachen vom gemeinsamen Tod mit dem Führer, und wenn dieser auch ihren dahingehenden Wunsch erfüllte, können diese Fälle doch nicht als Faktoren herangezogen werden, die Zentrifugalkraft, die von Hitlers Persönlichkeit ausging, wertmäßig zu bestimmen.

Die Fälle von Traudl Junge und von Gerda Christian besagen in dieser Hinsicht mehr. Diesen Mädchen wurde eine Rettungsplanke angeboten, dem Schiffswrack zu entkommen, sie entschieden sich aber zum Verbleiben, während der Sturm immer mehr die Überbleibsel des Fahrzeuges, an das sie sich geklammert hatten, zu Splittern zerschlug. Sie sprachen von der Folgerichtigkeit: Es sei nur ein gutes, sportsmännisches Handeln, auch im schlechten Wetter bei dem Mann zu bleiben, der sich bei gutem Wetter als ein so guter Versorger erwiesen habe. Als ich sie jedoch im Sommer 1949 wieder besuchte, sagte Frau Junge mir: »Captain Musmanno, ich wollte, Sie könnten mir in meinem Konflikt helfen. Seit ich mit Ihnen gesprochen habe, fühle ich ein gewisses Maß von Verantwortung, eben weil ich für ihn gearbeitet habe, ganz gleich, wie mechanisch die Tätigkeit auch gewesen sein mag.«

Wie ganz anders war die Haltung von Oberst von Below, der seinem Groll darüber Ausdruck gab, daß ich Hitler mit der kriminellen Verantwortung für den Tod zahlloser Deutscher belastete, die noch starben, als der Krieg bereits unabänderlich verloren war. Auch General Erhard Christian war Fragen abhold, die Hitler als alles andere als einen Ritter von Ehre erscheinen ließen. Er war am 22. April zugegen, als Hitler das deutsche Volk zum Untergang verdammte, sowie auch den General Steiner und alle die anderen, deren Angriffe mißlungen waren. Als ich den General bat, diese Szene, die mir schon von Augenzeugen geschildert worden war, zu beschreiben, sagte er, Hitler habe einfach erklärt, der Krieg sei nun zu Ende.
Im Dezember 1939 versenkte das deutsche Schlachtschiff ›Graf Spee‹ nach einem ruhmvollen Rückzugsgefecht mit drei britischen Kreuzern sich selbst. Der Kapitän Hans Langsdorff beging auf Befehl Hitlers in einem Hotelzimmer in Buenos Aires Selbstmord. Warum opferte sich ein so brillanter Marineoffizier so unnütz auf den bloßen Befehl eines Mannes hin, der siebentausend Seemeilen von ihm entfernt saß? Warum schlug Rommel, der volkstümliche und gefeierte

General des Afrikakorps, nicht zurück, als General Burgdorf mit der für den Selbstmord bestimmten Pistole im Auftrage Hitlers erschien? Da Tod offenbar ohnehin sein Teil war, warum hat er da nicht wenigstens durch eine Widerstandsleistung seine deutschen Landsleute mit den Tatsachen über den rasenden Führer bekannt gemacht? Warum sich da träge unterwerfen und alle Chancen auf ein Entrinnen wegwerfen? Welche hypnotische Macht übte Hitler über diese sonst so intelligenten Männer aus, daß er sie selbst über große Entfernungen hinweg zu solch vernunftwidrigen Handlungen treiben konnte?

Der Entschluß von Burgdorf, Krebs, von Greim und Admiral Hans von Friedeburg, der in Reims die Artikel der Übergabe unterzeichnete, ihrem besiegten Führer nach Walhalla zu folgen, sowie die Selbstmorde von Langsdorff und Rommel – um nur einige zu erwähnen, und bei allen handelt es sich um intellektuelle, das Leben liebende Menschen –, verraten eine geistige, psychische oder moralische Beherrschung durch Hitler, die nicht übersehen werden kann.

Als Oberster Parteichef organisierte Hitler am 30. Juni 1934 eine Privatexpedition gegen die Rivalen innerhalb seiner Partei. Es wurden dafür Listen der Opfer mit einer Gelassenheit aufgestellt, als handele es sich um Einladungen zu einem Bankett, und unter Hitlers persönlicher Leitung wurden die Ausgewählten kalten Blutes ermordet. In seiner Erklärung im Reichstag gab Hitler zu, daß so 77 Menschen getötet worden seien. In Wirklichkeit soll ihre Zahl tausend überschritten haben. So bedeutend auch der zahlenmäßige Unterschied ist, das wahrhaft Grauenhafte an diesem Massenmord bleibt doch die Tatsache, daß trotz einer regulär eingesetzten Polizei und angesichts von Gerichtshöfen, die im Lande friedensmäßig funktionierten, nicht eines der Opfer vor Gericht

gestellt, ja nicht einmal eines Verbrechens beschuldigt wurde! Auch versuchte Hitler seine Teilnahme an der blutdürstigen Unternehmung in Abrede zu stellen. Im Reichstag proklamierte er vor der Welt:
»Wenn jemand mir mit Vorwürfen kommt und sagt, warum ich nicht die ordnungsmäßigen, zuständigen Gerichtshöfe zur Überführung der Schuldigen angerufen habe, dann kann ich ihm nur das eine sagen: In dieser Stunde war ich verantwortlich für das Schicksal des deutschen Volkes, und daher war ich der Oberste Richter des deutschen Volkes.«

Wie kam es, daß Deutschland, die zivilisierte Nation eines zivilisierten Volkes, widerstandslos die blutrote und zugegebene Schuld Hitlers hinnahm? Daß er den Reichstag beherrschte, die Armee beherrschte, Presse und Radio diktierte und daß er über seine eigene Privatpolizei verfügte, wird zugestanden; daß er ganz Deutschland auf seiner Handfläche hielt, ist einfach eine politische Tatsache, aber er hatte keine Möglichkeit, in die Seele eines jeden der achtzig Millionen Deutschen einen Polizisten zu stecken. Gedanken sind mehr als frei, sie kommen von selbst und sind nicht zu unterdrücken. Und sicherlich hat die ungeheure Mehrheit des deutschen Volkes innerlich gegen ein derartig barbarisches Schauspiel rebelliert. Selbst wenn man annimmt, daß die Taten der Mörder in der Presse entstellt worden sind, so wurde doch kein Versuch unternommen, Hitlers Worte zu verdrehen oder gar zu verbergen, mit denen er öffentlich ausgesprochen hatte, daß er Menschen dem Tode überantworten könne, ohne irgendwem Rechenschaft abzulegen, und daß er das auch tun werde. Hitler kontrollierte wohl die Armee, aber er konnte die Gedanken seiner Generale nicht kontrollieren; er gab wohl den Gerichtshöfen seine Anweisungen, aber er konnte die Gedanken der Richter nicht in Kanäle zwängen.

Daß das Zugeständnis eines Deutschen, er habe den Tod von siebenundsiebzig Deutschen ohne Inanspruchnahme des Gesetzes befohlen, so gar keine Reaktion ausgelöst hat, das kommt einer moralischen Anklage gegen den ganzen deutschen Staat gleich.

Von Bremerhaven bis Breslau und von der Saar bis nach Ostpreußen habe ich gehört: »Wir sind belogen und betrogen worden!« Die Klage ist nicht unverdient angesichts der Tatsache, daß der Betrug hätte abgewandt werden können. Es war vorauszusehen, daß eine kleine Schlange, die sich 1934 von dem Blute von siebenundsiebzig Deutschen – oder ihrer tausend – ernährt hatte, eines Tages erheblich mehr an Kost verlangen würde, die von einer stetig steigenden Zahl von Opfern bestritten werden müßte.

Jeder Bürgermeister und Stadtverordnete, jeder Universitätsprofessor und jeder Landrat, sowie vor allem natürlich jeder Offizier des Heeres und der Marine, alle waren sie verantwortlich ihrem Land und ihrem Volke, doch sie scheiterten an der Erfüllung dieser Pflicht.

Deutschland war so verwirrt von Adolf Hitler, wie der Kopf eines Mädchens von einem draufgängerischen Prahler durcheinandergebracht wird. Mit Worten, die wie eine Glocke auf dem Turm des Nationalstolzes klangen, putschte er die Massen auf, daß Deutschlands zwei Millionen Tote im ersten Weltkriege nicht vergeblich gefallen seien; Deutschland habe den Krieg nicht verloren, es sei betrogen worden! Seine verzückten Zuhörer schluckten diese große Lüge, wie sie auch seine kleinen Lügen schluckten. Eines Tages streuten ihm die Einwohner einer bayrischen Stadt, die seinen Besuch erwartete, Blumen auf den Einzugsweg. Als sich sein Automobil den schönen Rosen, Lilien, Narzissen und Geranien näherte, ließ Hitler seinen Wagen halten und ging um das prächtige und duftige Pflaster herum, um nicht eine der Blumen zu beschädigen. Seine Verteidiger in Deutschland – und auch in einigen anderen Ländern – führten nunmehr an, daß solche Bekundung seiner Gefühle und einer zärtlichen Rücksichtnahme die Gerüchte, als quäle er seine politischen Andersgläubigen in Konzentrationslagern, sehr unwahrscheinlich mache. Die Tatsache, daß er gelegentlich ein Kind an sich zog und zärtlich mit ihm tat, wurde unter farbenreicher Darstellung in Zeitungen und Wochenschauen als Beweis für seine Kinderliebe ausgegeben, obwohl tausende Kinder durch sein Programm der Euthanasie zu Waisen wurden.

Als Marineadjutant beim kommandierenden General war ich am 4. Mai 1945 im Hauptquartier der Alliierten zugegen, als General Fridolin von Senger und Utterlin die deutschen Armeen in Italien und im westlichen Österreich an General Mark W. Clark übergab. Nichts Demütigendes oder gar Resignation gab es da in dem kurzen Salut, der exakten Uniform und dem lebhaften Gehabe, mit dem von Senger, verwandlungsfähig, die stolze Hakenkreuzfahne herunterholte; auch verlangte die Situation keine Bücklinge und keine irgendwie gearteten Bitten. Er war eine Militärperson, die eine militärische Handlung vollzog. Er war eben unterlegen.

Franz Six war einer der gebildetsten Angeklagten, denen ich in den Nürnberger Kriegsverbrecherprozessen begegnet bin. Er hatte an den Universitäten Heidelberg und Leipzig studiert, war Professor an der Universität Königsberg geworden und hatte 1939 den Lehrstuhl für außenpolitische Wissenschaft an der Berliner Universität übernommen. Im Zeugenstand beantwortete er Fragen über die Zerstörung der jüdischen Synagogen, die am 9. November 1938 in Berlin geschehen war. Er erklärte, daß er eine solche Aktion als eine

Schande und einen Skandal betrachte. Als er aber gefragt wurde, ob er den Führerbefehl, der zur Vernichtung der Juden aufrief, auch als Schande und Skandal ansehe, antwortete er verneinend. Er unterschied zwischen den beiden Handlungen, indem er sagte, die Niederbrennung der Synagogen sei ohne Befehl geschehen, und daher stelle diese Aktion eine Schande und einen Skandal dar, während der Führerbefehl zur Vernichtung von Menschenleben vom Staatschef ausgegangen sei und daher nicht unrecht sein könne.
Das ist die Art einer Beweisführung, wie Hitler sie benötigte. Als Mitglied der SS wurde Franz Six General und trug Generalsuniform. Als SS-General konnte er an Hitler nichts Schlechtes finden, denn er war ein direkter Nutznießer des Systems.

Ludwig Graf von Schwerin-Krosigk, ein anderer sehr gebildeter Nutznießer Hitlers, war seines Platzes in der Geschichte so sicher und so stolz auf seine Stellung in Hitlers Kabinett, daß er schon jetzt etwas für seine spätere Wertschätzung tat, indem er durch das Mittel seines Tagebuches seinen Nachkommen genau beschrieb, wie der Mann beschaffen war, der nicht allein in den Jahren größten Aufstiegs dem Reichskabinett angehört hatte, sondern auch in seinem tiefsten Zusammenbruch. Nicht nur Schwerin-Krosigks Nachfahren, sondern auch alle Deutschen werden herausfinden, bis zu welchem Grade banaler Niedrigkeit sich ein angeblich wohlerzogener Mensch hier in verblendetem Stolz auf seine Stellung herabgewürdigt hat.

Als Roosevelt starb, konnte nicht erwartet werden, daß das offizielle Deutschland, das ihn als persönlichen Gegner betrachtete, irgendeine Äußerung des Bedauerns ausdrücken würde; es war aber eine Widernatürlichkeit, daß Hitler, für den es keinen Gott und keine Religion gab, in Roosevelts Tod einen göttlichen Einsatz für sich selbst sehen wollte. Noch lächerlicher aber war es, wenn der Oxfordstudent Schwerin-Krosigk, ein angeblich frommer Mann, in sein Tagebuch feierlich eintrug, Gott habe Roosevelt sterben lassen, um Hitler zu helfen.

Hitler war nur mit dem Mund ein Held, und so würde ihn eine überlegt und entschlossen aufgezogene Opposition ans Laufen gebracht haben. Die wohlgebildeten Freibeuter aber, die professoralen Schmeichler, die politischen Angelwürmer, die kriminellen Opportunisten und die eiskalten Geschäftemacher in seiner Umgebung gewannen Geld, Stellung, Macht und vor allem die Gelegenheit, ihren brutalen Hunger zu stillen, indem sie Hitler an der Macht hielten.

Zur Beantwortung der oben gestellten Frage, welche Nische in der Halle der Geschichte Hitler wohl besetzen werde, brauchen wir nicht weit zu suchen, denn er selbst hat die Antwort geliefert. Am 29. Dezember 1941 schrieb er an Benito Mussolini den folgenden Brief:

›Vor allem aber, Duce, will es mir scheinen, daß die menschliche Entwicklung für 1500 Jahre unterbrochen worden ist und erst jetzt wieder ihren früheren Charakter annimmt. Daß das Schicksal uns beiden eine so hohe Stellung in diesem Kampf zugewiesen, bindet mich Jahr um Jahr enger an Sie.‹

Die von Hitler hier angeführte Unterbrechung von 1500 Jahren weist uns zurück in das Jahr 441, in das Jahr, in dem der Hunne Attila auf dem Gipfel seiner Macht als Eroberer schwacher Nationen, Plünderer von Städten, Räuber privaten Eigentums und unersättlicher Vernichter Europas stand. Das war der Mann, den Hitler als sein Ideal ansah. Seit den Tagen Attilas habe die Menschheit keinen Fortschritt mehr gemacht, die menschliche Entwicklung sei unterbrochen worden – die Fortführung von Attilas Programm der weiteren Vernichtung, der weiteren Unterwerfung sollte wieder aufgenommen werden.

Im Laufe einer langen Unterredung in Nürnberg sagte mir General Halder: »Wir standen bereit, während der Münchner Konferenz gegen ihn zu marschieren, und erwarteten seine Rückkehr nach Berlin. Doch er erreichte aggressive Ziele, ohne einen Schuß abzugeben; die westlichen Mächte beugten sich seinem Willen so völlig, daß eine Erhebung gegen ihn nicht nur nicht populär, sondern auch zum Mißlingen verurteilt gewesen wäre.«
In dieser Hinsicht hat Halder nicht so ganz unrecht. Die Westmächte hätten in München nicht so nachgiebig sein sollen; sie hätten die Remilitarisierung des Rheinlandes nicht zulassen und den Anschluß verhindern sollen; sie hätten Hitler bei der Wiedereinführung der allgemeinen Wehrpflicht, die durch internationales Abkommen verboten war, Halt bieten müssen. Es gibt vieles, was die Westmächte hätten tun sollen, um das Finale einer so gewaltigen Vernichtung zu verhindern; doch das erklärt nicht das tragische Phänomen. Hitler war in erster Linie Deutschlands Tyrann, und bei Deutschland lag die Verantwortung, sich dieses Tyrannen zu entledigen. Deutschland hat keinen Mangel an großen Männern für seine Ruhmeshalle der Unsterblichen: von Humboldt, Beethoven, Mozart, Goethe, Kant, Einstein, Mendelssohn, Schumann, Schiller, Brahms, Lessing, Planck, Herbart, Fichte, Schleiermacher. Wissenschaft und Philosophie, Musik, Literatur und Kunst, wie auch die Menschheit selbst würden ernsthaft Schaden nehmen, wenn all das, was deutsch ist, durch eine Sintflut von seinen ruhmvollen Tempelstätten hinweggeschwemmt würde. Könnte wohl jemand verlangen, daß die Statue Hitlers in einem dieser Tempel aufgestellt

werden sollte – eines Hitler, der nicht einen Vers der Dichtkunst kannte, der niemals ein philosophisches Wort von sich gegeben hat, der all seiner Musikbegeisterung zum Trotz niemals menschlich auf einen einzigen Takt klassischer Melodien reagiert hat, der nichts von Kunst verstand, der nicht eine Seite beitrug zur Literatur der Tage und der allem Menschlichen ganz und gar fremd gegenüberstand? Wäre er nicht besser untergebracht in der historischen Aschenurne, die so vulgäre Kreaturen birgt wie Julian den Apostaten, Caligula den Degenerierten, Tamerlan den Fürsten der Vernichtung, den Hunnen Attila, die Geißel Gottes, und Dschingis Khan, die mongolische Bestie?

Mit nur einigen widersinnigen Ausnahmen plädierten alle Angeklagten in Nürnberg dahin, daß sie Hitler gefolgt wären, weil sie keinen Grund gehabt hätten, an ihm zu zweifeln. Er sei so erfolgreich gewesen. Gerade die Erfolge aber, die sie am meisten bewunderten, waren gewöhnlich dieses Mannes größte Verbrechen. Jeder Angeklagte behauptete, daß die tägliche Propaganda ihnen versichert habe, daß Deutschland dauernd einen Verteidigungskrieg führe. Diese Männer aber waren weder Außenseiter, noch waren sie Kinder. Sie waren ein Teil der Regierung, sie gehörten zum Regime. Es ist unglaubhaft, daß sie angenommen haben könnten, Deutschland sei von Dänemark, Jugoslawien, der Tschechoslowakei, von Griechenland, Belgien oder gar dem kleinen Luxemburg angegriffen worden. Zweifellos schwelgten auch sie in diesen Erfolgen.

Ein Verteidiger erklärte, daß die Angeklagten sehr wohl von Hitler glauben konnten, daß hier ein Mann war, dem keine Macht widerstehen konnte! Und in der Tat: Nie zuvor hat ein Mensch solche Macht ausgeübt, und niemals wurde einem

Lebewesen so unterwürfig von anderen Menschen gehorcht. Nie zuvor krochen Geschöpfe, die der spezies homo angehören, so feige zu Füßen eines tönernen Götzen auf dem Bauch. Es ist aber nicht wahr, daß ihm keiner widerstehen konnte. Es gab Menschen, die sich ihm widersetzt haben oder zumindest sich doch weigerten, an seiner ungeheuerlichen Kriminalität teilzuhaben. Etliche von ihnen verließen lieber Deutschland, als daß sie Hitler als ihren geistigen Führer anerkannt hätten. Andere traten zu ihm in Opposition und endeten in den Konzentrationslagern. Es ist ein Irrtum, zu sagen oder anzunehmen, das ganze deutsche Volk habe den Nationalsozialismus gebilligt und die Verbrechen, die er beging, begünstigt und gefördert. Wenn das wahr wäre, dann hätte es in den Frühtagen der Partei weder Sturmtrupps zu geben brauchen noch die Konzentrationslager und die Gestapo, die eingerichtet wurden, sobald die Partei die Kontrolle über den deutschen Staatsapparat gewonnen hatte.

Denen aber, die die Gewalttätigkeiten des Nationalsozialismus sahen, standen jene gegenüber, die dem Ruhm, dem Gepränge und den Glücksfällen eines Krieges so wenig zu widerstehen vermochten wie der Gier nach zügelloser Herrschaft. Sie schlugen sich mit Eifer und Leidenschaft auf die Seite Hitlers, weil sie glaubten, Hitler könne ihnen eine Befriedigung ihrer aufgeblasenen Eitelkeit und ihrer Gier nach Macht, Stellung und luxuriösem Leben bringen.

Auch wurden nicht alle ihrem ›erfolgreichen‹ Führer abtrünnig. Mehrere Angeklagte, über die ich mit zu Gericht gesessen habe, drückten ihren nicht zu erschütternden Glauben an den Führer aus. Einen konnte man nicht dazu bringen, Hitler die Schuld auch nur an einem einzigen illegalen Sterbefall im Kriege zuzuschreiben. Ein anderer betrachtete ihn weiter als großen Führer, ja sogar als großen Staatsmann. Noch ein anderer vermerkte, daß er sich glücklich geschätzt haben würde, um die Person Hitlers einen Krieg zu beginnen, selbst auf die Gefahr hin, daß die Opfer nicht vorauszusehen wären, daß Deutschland ein Trümmerfeld mit zwei Millionen Toten werden könnte und schließlich ganz Europa der Verwüstung anheimfallen würde.

Der Kampf von Macht gegen Recht hat die Jahrhunderte hindurch zu Folgen geführt, die katastrophal für die Schwachen wie für die Starken gewesen sind. Im pausenlosen Schwung der Zeiten haben Despoten und Tyrannen immer wieder auf die Schwäche ihrer Gefolgsleute gebaut und die primitive Eitelkeit und Anmaßung des kleinen Mannes zur Vollbringung ihrer monumentalen Irrtümer genutzt. Immer und immer wieder ist dieses monotone und wüste Drama auf der Bühne der Geschichte abgelaufen, nie zuvor aber ist es mit solcher Totalität, Raserei und Brutalität gespielt worden, wie es mit dem Nationalsozialismus in der Titelrolle geschah.

Inmitten der Trümmer von vier Kontinenten, inmitten der zerbrochenen Herzen einer Welt und angesichts der Leiden jener, die das Kreuz der Enttäuschung und Verzweiflung getragen haben, verlangt die Menschheit nach Verständigung und einer daraus hervorgehenden heiligen Verpflichtung, daß es keine Wiederholung eines so furchtbaren Unglücks geben darf.

HITLERS BUNKER
IN DER REICHSKANZLEI

1. Betonstufen, die aus dem Garten der Reichskanzlei zum Bunker führten
2. Vorraum
3. Korridor
4. Raum für die Hunde Hitlers und Eva Brauns
5. Konferenzzimmer für Lagebesprechungen mit dem Generalstab
6. Hitlers Schlafzimmer
7. Hitlers Arbeitszimmer
8. Vestibül zu Hitlers und Eva Brauns Aufenthaltraum
9. Badezimmer
10. Eva Brauns Ankleidezimmer
11. Eva Brauns Wohn- und Schlafraum
12. Toiletten
13. Kleiner Waschraum
14. Vestibül
15. Maschinenraum für Heizung, Venitlation, und Beleuchtung
16. Raum für Dienerschaft
17. Telefonzentrale
18. Goebbels' Arbeitszimmer
19. Schlafraum für Diener und Ordonnanzen
20. Wohn- und Schlafzimmer des Leibarztes, das später von Goebbels bewohnt wurde
21. Apotheke und Operationszimmer
22. Stufen aus dem Bunker an die Oberfläche

Namensregister

d'Alquen, SS-Oberst Günter 155
Antonescu, Marschall Ion 103, 118
Atatürk, Kemal 112
Axmann, Arthur 112, 133, 268, 275, 277, 279, 292

Bach-Zelewski, Obergruppenführer der SS 129, 174ff
Bauer, Dr. 74
Baur, Hans, Pilot 133, 292
Beck, Generalstabschef 143, 176
Beetz, Standartenführer 133, 292
Below, Oberst Nicolaus von 28, 43, 125f, 236, 264, 305
Benesch, Präsident der Tschechoslowakei 115
Berger, General der Waffen-SS 147f
Bernadotte, Graf Folke 146, 180ff
Blaschke, Professor Hugo 128
Boldt, Hauptmann Gerhard 39, 133, 262, 271
Bormann, Martin 48, 84, 92, 97f, 116, 120, 124, 141, 178, 215, 233, 235, 247, 265, 273, 276f, 279, 292
Brandt, Dr. Karl 71, 74, 76, 80, 124, 208, 247
Braun, Eva 215, 18, 49, 57, 61ff, 67, 71f, 74, 83, 121, 134, 146, 185, 188, 200, 203ff, 223ff, 30ff, 251, 253f, 261, 266, 272f, 278, 304
Braun, Mutter von Eva Braun 62ff, 71
Braun, Gretl 62, 64, 146f, 186, 225
Braun, Vater von Eva Braun 62ff, 210
Braun, Ilse 62
Burgdorf, General Wilhelm 99, 125, 185, 196ff, 215, 247, 262, 264f, 273, 276f, 290, 306
Busse, General 31f, 44, 154, 220, 270, 278

Christian, Major Erhard 123, 305
Christian, Gerda Dardanowski 49, 57, 59f, 123f, 134, 200, 235f, 272f, 284, 304
Churchill, Winston 107, 136
Clark, General Mark W. 10, 155, 309

Detlevsen, General 42
Diels, Rudolf 130
Dietrich, General der Waffen-SS Sepp 29, 179, 197
Dönitz, Admiral Karl 20, 226ff, 245, 254, 283, 296, 301
Dollfuß, Kanzler 107

Eisenhower, General Dwight 93, 100, 285, 293

Engel, General Gerhard Michael 24, 40, 186, 192
Epp, Lola 70f
Epp, General von 213

Fegelein, Hermann 146f, 185ff, 208, 215ff, 249, 263, 268
Frank, Hans 39, 79, 272, 297, 302f
Frick, Wilhelm 203f, 298, 302
Friedeburg, Admiral Hans von 306
Friedrich der Große 78, 85, 192, 201
Fritzsche, Hans 141, 290

Gebhardt, Dr. Karl 118, 143, 184
Gehlen, General 27
Giesing, Dr. 76
Gießler, Paul 245
Goebbels, Joseph 17, 18, 29, 48, 54, 86, 124, 141, 149, 152, 158, 178, 185, 204, 215, 231ff, 244f, 247ff, 262, 273, 276f, 279, 283f
Goebbels, Magda 87, 235, 266, 273f, 277, 285ff
George, Lloyd 112
Göring, Reichsmarschall Hermann 19, 34, 79, 88ff, 93, 99, 102, 131f, 144, 166, 178, 185, 187, 190, 221, 245, 249, 268, 285, 301f
Graf, Ulrich 259
Greim, Generaloberst Ritter von 162ff, 214, 222, 225ff, 254, 306
Grothmann 294
Guderian, Generaloberst Heinz 21, 27f, 39
Günsche, Otto 60, 134, 253, 272ff, 277, 279f, 291f

Haase, Professor 134, 292
Halder, Generalstabschef Franz 24, 29, 38, 40, 103f, 144, 312
Hanke, Karl 245
Hasselbach, Dr. Karl von 25, 75f
Heinrici, Generaloberst 32, 52, 151, 154, 191
Henderson, Sir Nevile 112
Von Hengel 90f
Heß, Rudolf 98, 109, 115, 130ff, 248
Hewel, Walter 134, 262, 291f
Himmler, Heinrich 20, 71, 98, 114, 119, 142, 146, 170ff, 180, 184, 215f, 226ff, 245f, 249, 252, 254, 268f, 285, 293ff, 302
Hitler, Alois 207
Holste 160, 278
Högl 134, 187f, 292
Hoffmann, Heinrich 74, 205f
Hummerich, Unteroffizier 255

Jakubek, Erwin 247, 271
Jansen 280
Jodl, Generaloberst Alfred 20, 45, 47f, 50ff, 79, 91, 129, 191, 222, 227, 272, 299f, 302
Johannmeier, Major Willi 134, 254f, 257
Junge, Traudl 49, 56, 60, 84ff, 122f, 208, 231ff, 237ff, 251, 266f, 272f, 275, 282, 304f

Kaltenbrunner, Ernst 117, 299, 302
Kannenberg, Arthur 205
Karnau, Hermann 280
Keitel, Feldmarschall Wilhelm 19, 40, 47f, 50, 54, 79, 104,

117, 121, 143, 151f, 191, 227, 272, 299
Kempka, Erich 67, 133, 276, 279, 291f
Kempka, Magda 124, 276
Kersten, Dr. Felix 180
Kesselring, Feldmarschall 100, 155, 177, 254
Klein, Ada 70
Knipfer 35
Koller, General der Flieger Karl 35f, 39, 41ff, 44, 49, 53, 92ff, 96, 100, 116f
Konjew, Marschall 31, 40
Krebs, General Hans 27, 29, 39, 42f, 48, 50f, 125, 133, 160, 185, 196ff, 215, 247, 262, 265, 273, 276f, 284, 290f, 306
Krüger, Else 124, 273
Kunde, Marlene 119f, 124

Laffert, Baronin 69
Langsdorff, Hauptmann Hans 305f
Lawrence, Sir Geoffrey 299
Ley, Dr. Robert 130
Linge, Heinz 134, 214, 272, 274, 279, 292
Lorenz, Heinz 134, 214, 254ff
Loringhoven, Major Bernd von 27, 50f, 78, 99, 133, 177, 210, 262
Ludendorff, General 259

Mansfeld, Erich 280f
Manteuffel, General von 220
Manziarly, Fräulein 49, 57, 60, 83, 124, 272ff
Messerer, Hans 283
Milch, Feldmarschall Erhard 127

Mohnke, SS-General 133, 289, 292
Molotow, V. M. 113
Montgomery, Feldmarschall 293
Morell, Dr. Theodor 73ff, 80, 102
Morzick 43
Mussolini, Benito 22, 103, 311
Musy, Jean Marie 183

Naumann, Dr. Werner 134, 149, 292
Nebe, General de Waffen-SS 173ff

Papen, Franz von 131
Paulus, General Friedrich von 24
Poppen 280

Räder, Großadmiral 301
Rattenhuber, General der Waffen-SS 134, 216, 274, 281, 292
Raubal, Geli 68f
Reymann, Generalleutnant 52, 192f
Riefenstahl, Leni 70
Reitsch, Hanna 162ff, 222, 224ff
Ribbentrop, Joachim von 20f, 79, 134, 136f, 158, 208, 272, 300, 302
Röhm, Hauptmann Ernst 197
Rommel, Feldmarschall Erwin 125, 177, 305f
Roosevelt, Franklin D. 17, 107, 310
Rosenberg, Alfred 98, 200, 203, 297, 302
Rundstedt, Feldmarschall Gerd von 129, 177

Sauckel, Fritz 300, 302
Schaub, Julius 49, 248

Schellenberg, SS-Brigadegeneral Walter 114, 180, 183
Schicklgruber, Marianne 201
Schirach, Baldur von 205
Schörner, Feldmarschall 32, 47, 154, 254
Schreck, Julius 122
Schröder, Christa 49
Schukow, Marschall 32 , 40, 284, 290
Schwägermann, Hauptmann Günther 134, 287ff
Schwarz, Franz X. 74, 110
Schwerin-Krosigk Graf von 110, 142, 158, 282, 310f
Senger und Utterlin, General Fridolin von 309
Seyß-Inquart, Arthur 79, 248, 298, 302
Six, Franz 309f
Speer, Albert 36, 39, 51, 135, 137, 139ff, 142, 144f, 147, 190, 268f, 271
Stalin, Joseph 113, 195, 219, 284
Steiner, SS-Obergruppenführer Felix 41f, 44ff, 50, 96, 150f, 160, 278, 305
Streicher, Julius 300, 302

Stumpf, General der Flieger Hans 43, 78
Stumpfegger, Dr. 102, 134, 252f, 265, 269, 278f, 286, 292

Terboven, Josef 295

Varo, Baronin Irmengard von 82, 246f, 271, 287
Vietinghoff-Scheel, Generaloberst Heinrich von 155
Voß, Admiral 134, 292

Wagner Richard 201,
Wagner, Frau Siegfried 201
Wagner, Walter 233f
Weidling, General 101, 133, 192f
Weiß, Oberstleutnant 134, 262
Wenck, General Walther 52, 54, 133, 151, 154, 160, 166, 189, 191f, 213, 220, 222, 229f, 263, 268ff, 278
Winter, Anni 37, 69, 76f, 210f
Wolf, Johanna 49, 128
Wolff, General Karl 115

Zander, Wilhelm 128, 254ff
Zeitzler, Generaloberst Kurt 24, 29, 143